ビジュアル版

最新ビジネスマナーと

今さら聞けない仕事の超基本

時間管理コンサルタント
石川和男 監修

コミュニケーションコンサルタント
宮本ゆみ子 著

朝日新聞出版

はじめに

石川和男と申します。

私は現在、5つの仕事をしています。

建設会社の総務経理、大学講師、セミナー講師、コンサルタント、そして税理士。

建設会社ではプレイングマネージャー、大学では年下の上司の下で働き、税理士業務では多くの経営者と仕事をし、セミナーでは「時間管理」の講師をしています。

この期間に、就職、転勤、出向、退職、無職、パート、転職、副業、独立と多くの経験もしてきました。

今回、「現役のサラリーマンを含め5つの仕事をし、転職、独立などさまざまな経験をしている立場から、この書籍の監修をお願いします」と依頼を受け、快く引き受けました。

私は社会に出て25年以上経ちますが、多くの成功と失敗を繰り返してきました。

以下は、私の持論です。

『成功は1つしかありませんが、失敗には「良い失敗」と「悪い失敗」がある』

良い失敗とは、新しいことにチャレンジし、企画、提案したことが結果的にうまくいかなかった失敗。チャレンジした結果が、次につながるような失敗です。

これらの失敗は、成功するうえで必然です。繰り返すことで成長し、成功体験も増え、会社に貢献することができます。達成感も生まれ、仕事にやり甲斐が生まれます。

一方、悪い失敗とは、学習していれば回避できた失敗です。

たとえば、名刺交換、乗り物の席次、敬語の使い方、電話のかけ方、文書の書き方……、これらにはルールがあり、そのルールさえ知っていれば失敗は防げます。まさに「知っていたか、知らなかったか」だけの問題。私も20代のころは、歩きながらお辞儀をして叱られ、名刺を両手で受け取らずに注意され、無礼講という言葉を真に受け大騒ぎして先輩に怒られ、「賀正」と書いた年賀状を上司に送って間違いを指摘されました。

これらの失敗は、知っていれば、すべて防げたのです。

まさに、この本を読んでいれば回避できました。

急な接待や社内会議での段取り、自己紹介をする機会などもあります。そんなとき、この本で調べれば、1分で対処法を知ることができ、失敗を回避することができます。

また、世の中に出ているマナー本とは違い、マインド面や時間管理、効率的な働き方についても、載せています。マナーにとどまらず、働き方改革に対応した社会人としてのルール、働き方がこの1冊でわかるのです。

本書の原稿が完成し何度も読み直し、監修しました。監修を終え自信をもって言えることは、本書をよく読み、実践することで、社会人としてのルールを身につけることができます。ルールを知っていれば、臨機応変に対応でき、不安は取り除かれます。不安がなくなると自信がもてます。自信をもつことで仕事の成果も生まれるのです。

この本に出会った今日という日が、あなたのターニングポイントになることを心から祈っております。

Index

Chapter 1 身だしなみ・あいさつ・ふるまい

Chapter 2
言葉づかい・話しかけ

Chapter 3

電話応対・文書・メール作成

Chapter 4

制度・手続き

Chapter 5

効率化・人間関係

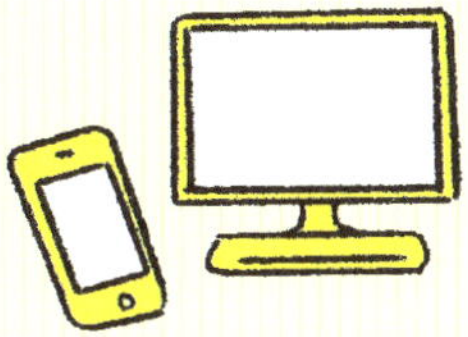

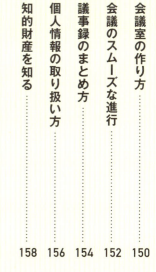

Chapter 6

冠婚葬祭・つき合い

Chapter 7

ビジネスマインド

Chapter 8

より良い関係

役立つ資料集

社会人としての心構え

「社会人」になったら
どんな心構えで臨めばいいでしょうか。
その基本中の基本を確認しましょう。

社会人になったら まず意識しておきたいこと

社会人になったら身につけなければならないことはたくさんあります。業務上必要となる専門知識や技能はもちろんのこと、会社や業界によっては独自のルールがあるため、それらに慣れていかなくてはなりません。専門知識以外に、語学やパソコンの操作などが必要になることもあるでしょう。

実際の仕事の場面ではさまざまなケースに直面することと思いますが、ベースとなっている「社会人としての心構え」を知っておくと、個別の場面で迷ったときの判断の拠り所になります。ここでは、社会人としての基本中の基本である心構えをピックアップしました。

インプット

知識や技術は日進月歩。常に新しい知見に触れるために、社会人こそさらに学ぶ意識が必要です。

時間厳守

「Time is Money」と言われるとおり、時間は失ったら元に戻すことができない貴重な資源。自分の時間を浪費しないだけでなく、他人の時間を奪わないためにも、時間をしっかり守りましょう。

体調管理

体調を崩すと、計画どおりに仕事を進めることができません。しっかり体調管理してプロとしての責任を果たしましょう。シフト制なら同僚に迷惑がかかります。

効率を考える

効率よく作業をすることで生産性を高め、仕事とプライベートの両方を充実させることができます。

GOAL

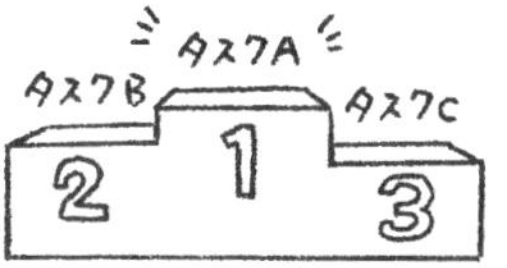
タスクA
タスクB
タスクC
2
1
3

話す・聞く・共有する

どんな勤務体系でも、仕事は1人では完結しません。よい連携をとるために周囲と積極的にコミュニケーションをとり、情報を共有しましょう。

挑戦する

「現状維持」では発展がありません。常に目標をもち挑戦を続けましょう。困難に直面したときには、それを克服するためのチャレンジをすることも必要です。

優先順位を考える

作業効率を上げるためには、どれから先に取り掛かるかの優先順位を見極めることが大切です。

LAW

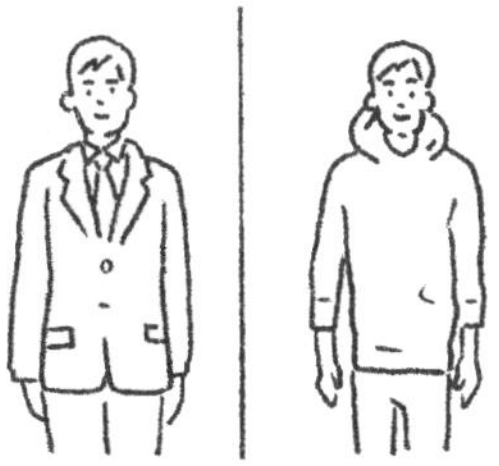

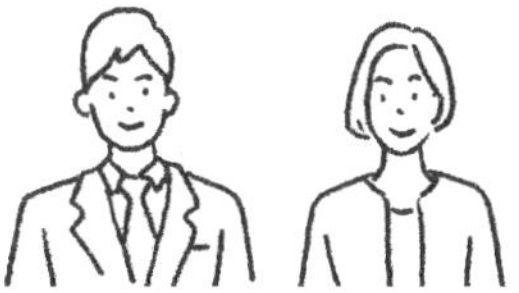

法の順守

個人として法を守ることはもちろんですが、社会人として法律や社会的な規範は必ず守りましょう。

公私を分ける

仕事とプライベートはきっちりと分けて、就業時間中は仕事に集中しましょう。会社の備品を私用に使うのは厳禁です。

身だしなみと印象

身だしなみを整えることは、相手への思いやりの第一歩。第一印象でその人の好感度が決まります。

行動や態度に責任をもち 常に相手の期待を考えよう

「学生」と「社会人」との違いは、
①学生の本分は勉強、社会人の本分は働いて金銭を得ること
②学生の人間関係は限定されたもの、社会人はかかわる人の範囲が広大になり責任も大きくなる
といった点が挙げられます。

また「上司」や「お客様」といった、これまでには登場しなかった人間関係において適切なコミュニケーションをとることも求められます。常に謙虚な気持ちで、相手の期待を考えた行動をとることが大切です。その結果として得られる成果は、たった1人では手にすることができない、大きなものであることを実感できるでしょう。

大変そうだけど、
社会生活全般に
言えることですね

ビジネスにマナーが必要な理由

**ビジネスマナーは、互いを尊重し
よりよいコミュニケーションを
図るために欠かせません。**

マナーは
多様化する働き方における
コミュニケーションのベース

働き方が多様化する現代では、業界や職場・雇用形態によって、互いに全く想像のつかない環境にいることもあり得ます。そんな違いがあるなかで、取引先や提携先など仕事上でかかわりをもつ際に意思疎通の手助けとなるのが、ビジネスマナーです。

ビジネスになぜマナーが必要なの？

たとえ価値観が違っても、一定のルールを理解していれば互いに気持ちよくビジネスを進めることができます。そのためにマナーは必要です。

相手への思いやり

ビジネスマナーは、多様な価値観をもつ人々が互いを尊重しながら共存していくために必要不可欠なもの。相手への思いやりをマナーという行動で表現しましょう。

効率を上げる

意思疎通がきちんとできていないと、互いの思い込みや確認不足からミスが生じがち。ミスが生じると効率も落ちます。それを防ぐためにもビジネスマナーは必要です。

安全な業務の遂行

仕事環境の整理整頓をすることも大切なビジネスマナー。見た目に美しいだけではなく、作業のミスを減らし、職場内でのケガや事故を防ぐためにも役立ちます。

気持ちよく働く

正しいマナーを心得ていると、相手に好印象を与え社会人としてのあなたの評価が高まります。そうなると相手からの協力も得やすくなり、互いに気持ちよく働くことができます。

企業が最も求める能力

経団連が毎年公表している「新卒採用に関するアンケート調査」によると、選考の際に特に重視した点は「コミュニケーション能力」が最多で、「主体性」「チャレンジ精神」等の2位以下を大きく引き離し16年連続で1位に。

学生に求める資質や能力

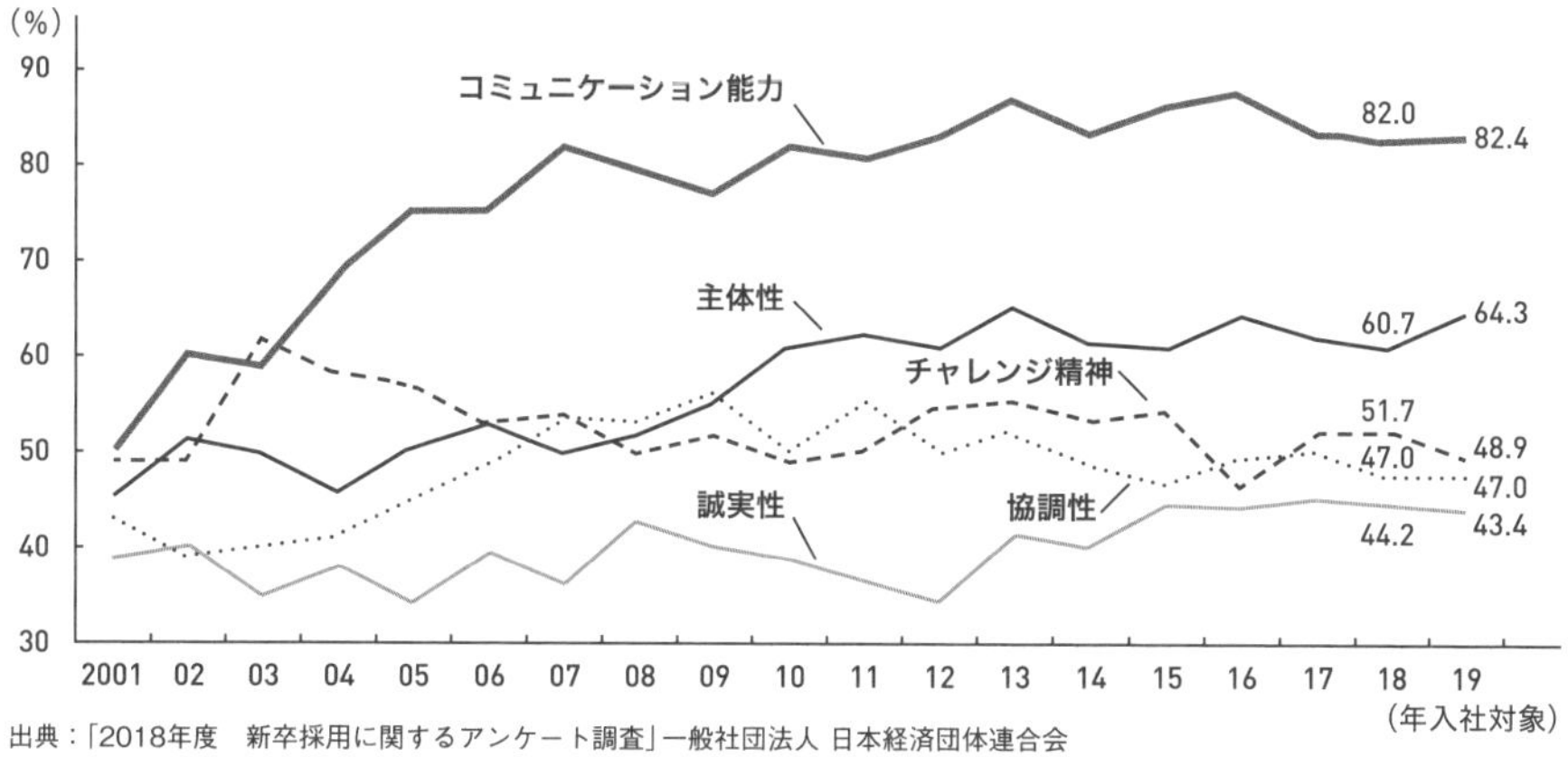

出典：「2018年度　新卒採用に関するアンケート調査」一般社団法人 日本経済団体連合会

学生のコミュニケーション

友達同士、仲間など、ヨコのつながりが重視される。合わない相手とは距離を置いてかかわらないことも可能。

社会人のコミュニケーション

常に上下関係を意識する必要がある。互いを尊重したうえで、感情に流されない冷静なやり取りが重要となる。

「コミュ障」でもマナーを知っていればビジネスでは問題なし

「口ベタだから……」「緊張するから……」と、他人とのかかわりを避けたい人にほど役立つのがビジネスマナー。本来「相手を尊重しつつ、互いに気持ちよく効率的にビジネスを進める」ためのルールなので、その法則にのっとって行動すれば、基本的に相手との摩擦は生じません。たとえるなら、運動が苦手な人でも車の運転を覚えてしまえば遠くまでラクラク移動できるのと同じです。コミュニケーションが苦手でも、マナーを身につければ対応することができるのです。

「思いやり」こそがマナーの神髄

**形式だけのマナーはNG。
相手がどう思うかを考えながら
臨機応変に対応しましょう。**

丁寧な接客が原則。ただし、駅のホームにある売店で求められるのは、丁寧さよりも速さ。

タクシー後部座席の上座は本来、運転席の後ろ（46ページ）。でも足が悪い方には奥の座席をすすめるより、手前に座っていただくのが正解。

すれ違う際、道を譲るのが本来のマナー。でも相手が譲ってくださっているのならお礼を言って速やかに動きましょう。

確認の際はハキハキと復唱するのが基本。でも周囲に聞かれたくない事情がある方もいるはず……。

形式や常識よりも大切なのは目の前の人がどう感じるか

相手とのスムーズなコミュニケーションのためにマナーに関心をもつ人が増えてきたためか「それは意味があるの？」と思うような「マナー」を目にする機会も増えています。マナーの根底にあるのは「思いやり」。相手への敬意を合理的に表したものでなければ意味がありません。

上記4つのケースは、どれも形だけのマナーで失敗している例です。足の悪い方が奥の座席に進むのはつらくないでしょうか。急いでいるときに丁寧にゆっくり対応されたらイライラしませんか。思考停止のマナーは意味がありません。目の前の人がどう感じるかを、常に意識して行動しましょう。

思いやりの欠如が招くハラスメント

パワハラ／逆パワハラ

上司が部下に対して、優位な立場を利用して精神的・身体的苦痛を与える行為。部下からの嫌がらせが「逆パワハラ」。

ジェンダーハラスメント

男性だから、あるいは女性だからという理由だけで能力を評価したり決めつけたりすること。

セクハラ

性的な発言や行動によって、それを受けた相手が不快に思い、自身の尊厳を傷つけられたと感じるような嫌がらせのこと。

アルコールハラスメント

イッキ飲みを無理強いするなど飲酒の強要や、意図的な酔いつぶし、酔ったうえでの迷惑な発言・行動のこと。

モラルハラスメント

言葉や態度などで人格や尊厳を傷つけ、職場を辞めざるを得ない状況になるまでダメージを与え追い込むこと。

エイジハラスメント

中高年の社員に対して、あるいは若手社員に対して、年齢を理由に差別や嫌がらせを行うこと。

ほかにもある！　気をつけたいハラスメント

「ハラスメント」とは、相手を不快にさせたり、尊厳を傷つけたり、不利益を与えたりして脅威を与えること。ポイントはいずれも、行為を行っている本人が意図しているかいないかは関係なく、相手がどう感じたかが重要であるという点です。ここ数年ではあらゆる場面でのハラスメントが指摘されています。たとえば「マタハラ（＝マタニティーハラスメント。妊娠した女性に対して行われる差別や嫌がらせのこと）」「スメハラ（＝スメルハラスメント。体臭や香水のつけ過ぎなど、においで周囲を不快にさせること）」「スモハラ（＝スモークハラスメント。喫煙者が周囲にタバコの害を与えること）」「テクハラ（＝テクニカルハラスメント。IT機器やパソコンの操作に不慣れな人に対する差別や嫌がらせのこと）」など、さまざまな行為がハラスメントと名付けられています。

組織での働き方

仕事の環境は時代とともに変化しています。世代間ギャップの背景を知っておきましょう。

昔の職場

休日は日曜日と祝日、盆と正月のみで、土曜日は半日勤務が一般的でした。
事務的な仕事をするホワイトカラーと工場等の現場で肉体労働を行うブルーカラーに分かれ、分業制で働いていました。

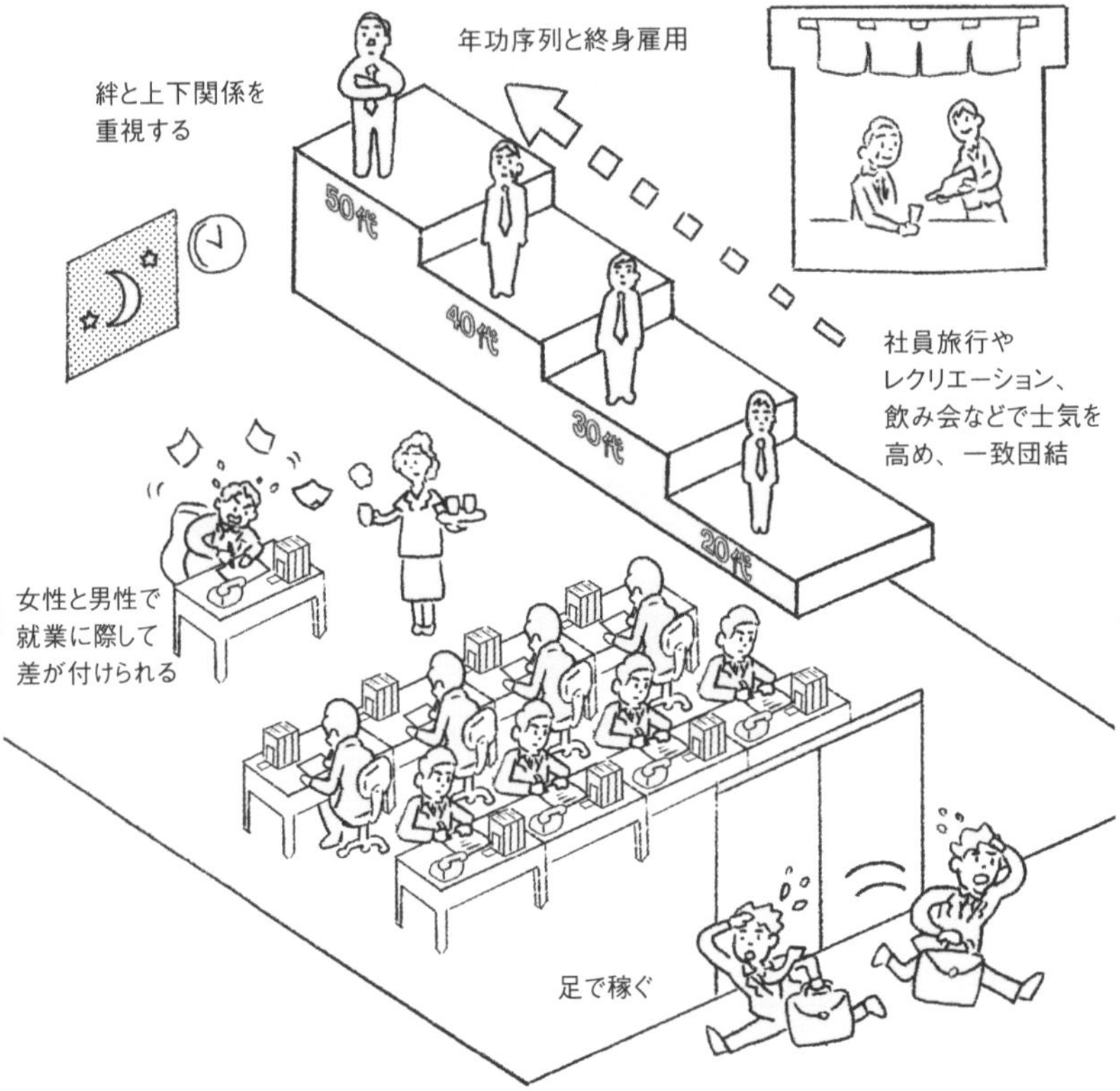
年功序列と終身雇用
絆と上下関係を重視する
50代
40代
30代
20代
社員旅行やレクリエーション、飲み会などで士気を高め、一致団結
女性と男性で就業に際して差が付けられる
足で稼ぐ

産業構造の変化にしたがって働き方も多様に変化

農林水産業が中心だった時代から製造業などが主体となる時代へ、そしてサービス業など、ものづくり以外の産業が中心となった時代へ。中心となる産業が変わると、働く人たちのスタイルも変化します。

終身雇用が一般的だった時代には現代以上に現場でのチームワークが重視されました。しかし、現代では転職も珍しいことではなく、それぞれの価値観や生活スタイルに合った働き方を選べるよう変化しました。ただし、時代とともに働き方が変わっても、それぞれの役割や立場を自覚して仕事に責任をもつという本質は変わりがありません。

現代の職場

1992年に国家公務員が完全週休2日制を導入して以来、後を追うように週休2日制を取り入れる企業が一般的になりました。現場では肉体労働が減った分、作業の管理をする人材が必要となりました。

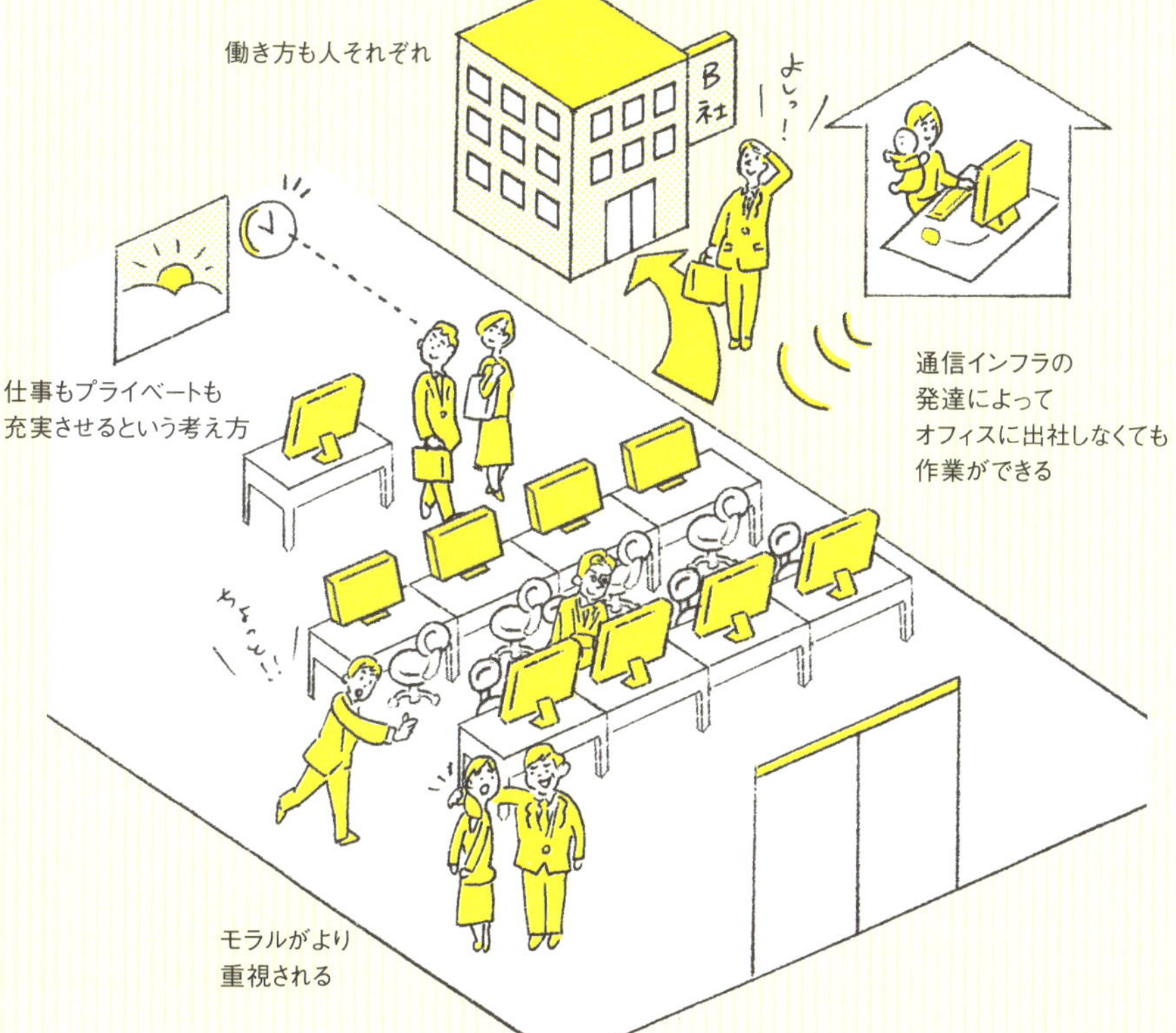
働き方も人それぞれ
B社
よしっ!
仕事もプライベートも充実させるという考え方
通信インフラの発達によってオフィスに出社しなくても作業ができる
ちょっと!!
モラルがより重視される

働き方改革の背景にあるのは少子高齢化の労働力不足

日本では長い間、1日8時間フルタイムで定年まで働く勤務形態が一般的でした。しかし、15歳から65歳未満までの生産年齢人口が1995年をピークに減少の一途をたどるいま、この形を続けると働く人口は減少せざるを得ません。

そこで、生活スタイルに合わせた多様な働き方を推進し、潜在的な労働力を掘り起こそうとする取り組みが「働き方改革」です。定年を超えた高齢者や、専業主婦となっていた女性など、それぞれの背景を尊重し、裁量労働制の拡大や残業時間の短縮、在宅勤務の推進、一定の条件での長期休暇を認めるなど、個人の生活スタイルに合わせた職場を提供することで労働人口を増やすことが狙いです。しかし、育児や介護の支援環境の不整備や、正規雇用と非正規雇用の賃金や労働条件の格差など、改善すべき課題は山積しています。

すべての社員が会社の顔

周囲はあなたを通して会社を見ます。社外の人と接するときは会社の代表という意識をもちましょう。

声だけのやり取りだからこそ「態度」はあからさまに伝わってしまうもの。目の前に先方がいるイメージで話しましょう。

ほんの数秒のおじぎでも、相手に対しての敬意や謝辞を表現することができます。

マナーの基本は「ちょっとした気づかい・思いやり」。日ごろから心がけましょう。

あなたの会社を訪問した人にとっては、対応をしたあなたの態度＝会社の態度です。

他人に迷惑をかけないことも、自立した社会人として大切なこと。通勤中も自覚をもった行動を。

社外の人と直接かかわるシーンこそ、ビジネスマナーの発揮のしどころ。

自分が会社の看板を背負っている自覚をもとう

社会は人と人とのつながりで成り立っています。社会人としての第一歩を踏み出したら、その瞬間から責任をもった行動をとることが求められます。1人の社会人として他人に迷惑をかけるような行為を慎み、社会のルールに従って、常識やマナーをわきまえましょう。

特に、就職して企業などの組織に属した場合は、たとえ新入社員でもその会社の一員であることに変わりはありません。社内での自分の役割や立場を意識するだけでなく、社外の人に対しては自分が会社の看板を背負っていることを自覚して、社会的な信頼を損ねることのないように、責任をもって行動しましょう。

顧客の存在を意識する

働くことによって生み出される製品やサービス等を受け取る人がいるからこそ企業には利益が生まれます。
直接的な接客の場面以外でも「お客様の存在」を意識して行動しましょう。

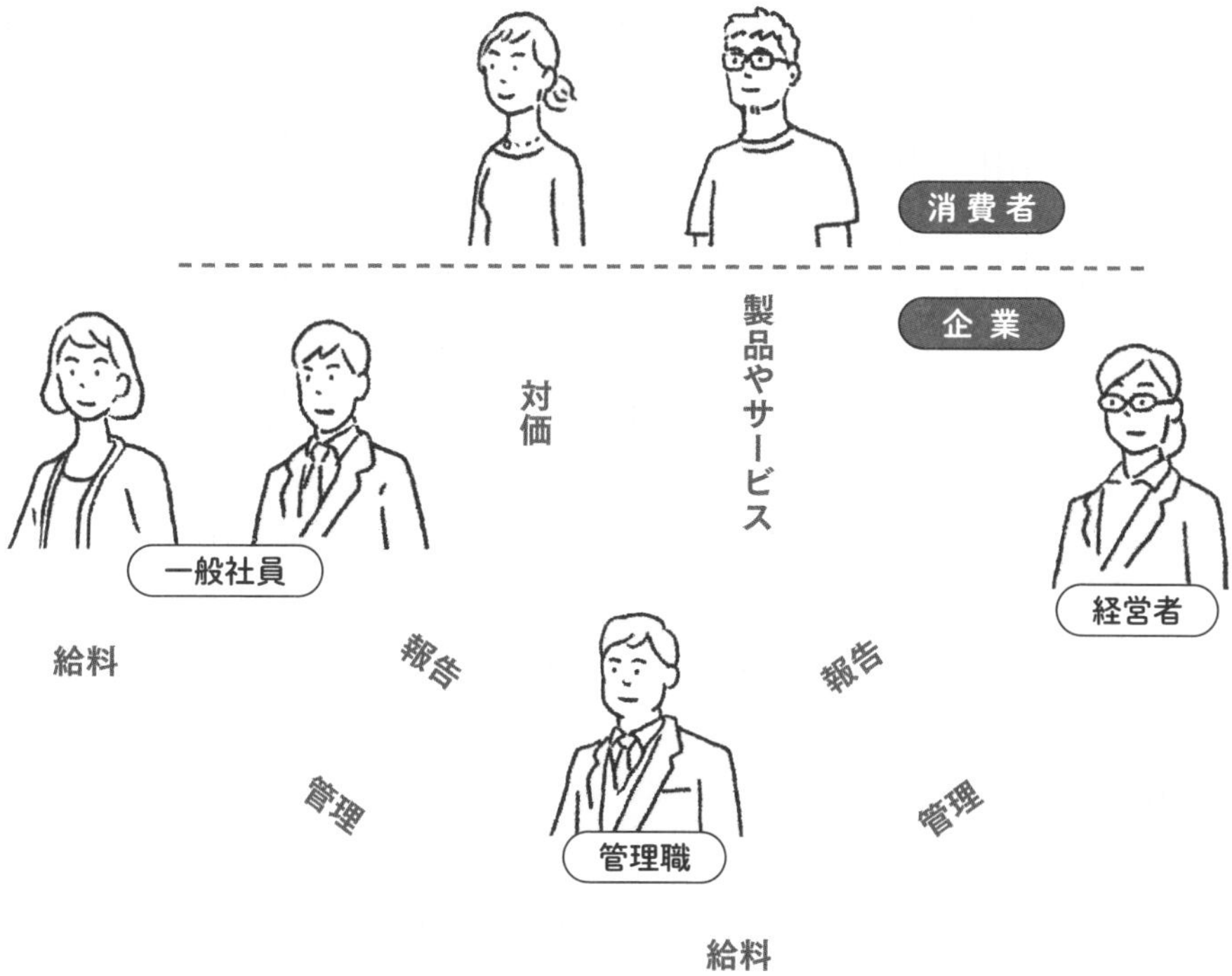

あなたの給料は、どこから出ている?

アルバイトの経験があっても、学生の間は「収入を得ることに対する責任」について、あまり意識したことがないかもしれません。しかし、社会人になったら社会を構成する一員として、また、就職した会社などの組織に属する一員としての責任があることを自覚しましょう。

企業は、営利を目的として活動する社会的な組織です。社会的な信頼を高め利益を出していくためには、1人ひとりの心構えが重要です。それぞれが仕事に責任をもち、互いにかかわり合っていくことでビジネスが円滑に進み、その先にいる最終的な消費者に製品やサービスが届いて対価が支払われ、利益が生まれます。

さまざまな関係者の先にお客様がいることを意識して適切な対応を心がけ、良好な関係を築いていきましょう。

仕事の相関図を理解する

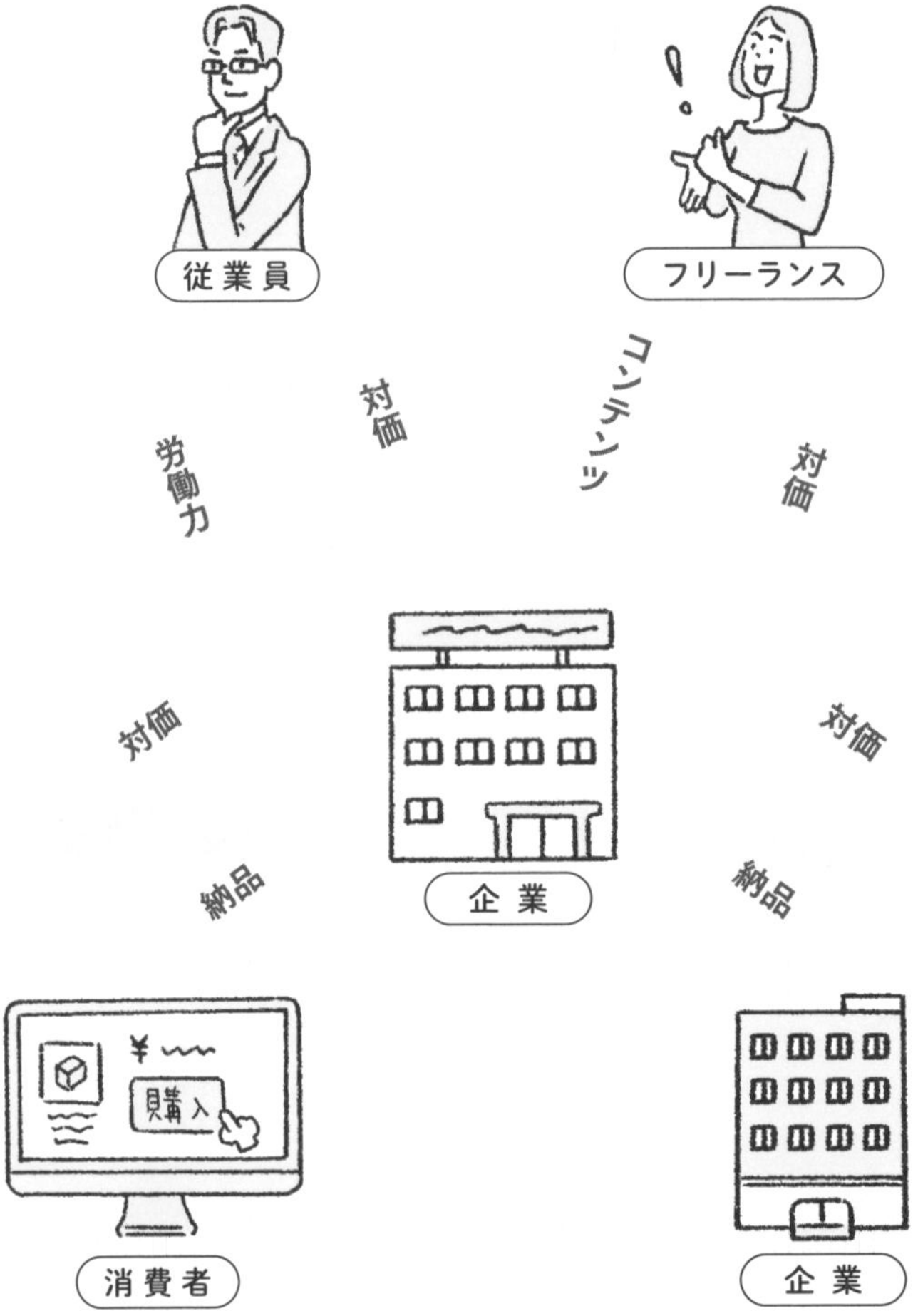

仕事は1人では完結しません。さまざまな人がかかわり合って成り立っています。

自分の仕事のその先に、何がつながっているのか

社会人になって企業や組織の一員になったら、自動的に給料や報酬が支払われるというわけではありません。求められる商品やサービスを提供したり、必要とされる作業を基準の時間内に行ったりすることで、はじめて対価として給料や報酬が支払われるのです。

社会は、働く人や組織がそれぞれの立場で責任を果たしながらかかわり合っています。あなたの仕事のその先に何がつながっているのか、それがどういう形で社会に役立っているのか。身近な人間関係や目の前の仕事だけでなく、常にその先を意識しながら、誠実に仕事を進めていきましょう。

取引形態別の特徴

取引にはさまざまな形態があります。どの立場の二者間で取引されるかによって、
扱う商品の種類やマーケティング手法に違いが出てくるため、以下のように分類されています。

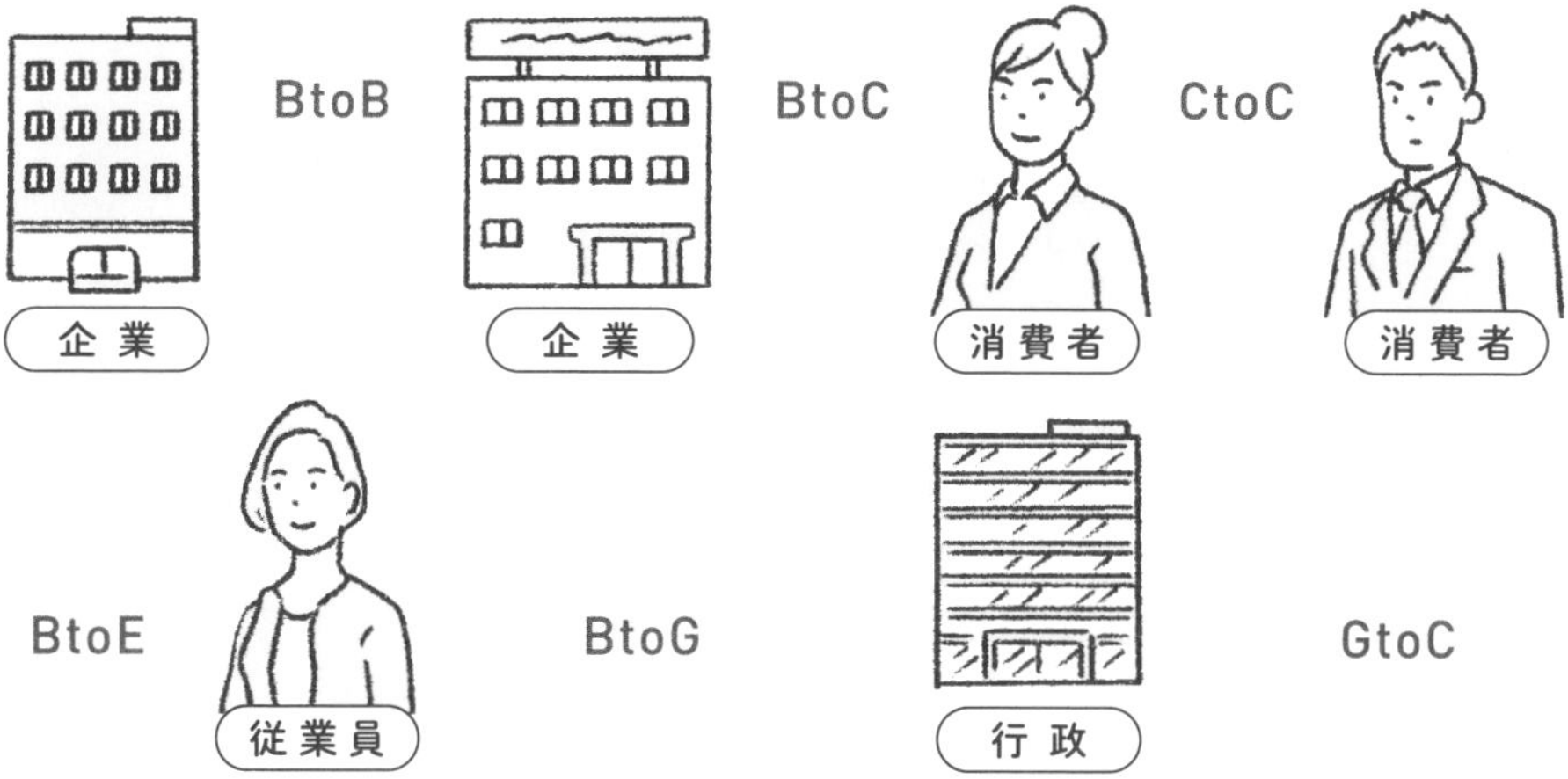

BtoB
企業間の取引。
特徴：取引相手が企業のため、取引当たりの単価は高くなるが、購入決定者が複数いることが多いため購入までに時間がかかることも。

BtoC
企業と消費者間の取引。実際の店舗や通販サイトなどウェブ上で売買が行われ、消費者にとってはとても身近な取引といえる。
特徴：いわゆる「消費者」が取引相手。不特定の個人の購入意欲を刺激するために、広告によるイメージ戦略が重要となる。

BtoE
企業と従業員の取引。社員食堂や社販など。
特徴：どちらかというと福利厚生的な意味合いをもつ取引。自社の製品やサービスだけでなく他企業と契約して購入代金が安くなる形態も。

BtoG
企業と行政の取引。行政に対して商品やサービスを提供するもの。
特徴：契約の手順は法律で定められている。一般競争入札・指名競争入札のほか「随意契約」があるが新規参入は難しい。

CtoC
消費者間の取引。フリーマーケット、フリマアプリやインターネットオークションなどはこれにあたる。
特徴：消費税がかからない。「届いた商品の状態が説明と違っていた」などトラブルも多いので自己責任での取引が前提となる。

GtoC
行政と消費者の取引。パスポートや住民票を取得するような場合があてはまる。
特徴：日本ではまだまだ伸びしろのある分野。海外では行政主導のさまざまなプログラムが用意されている例がある。

リアルなお仕事事情

好きなこと・得意なことを活かして自分らしい働き方をする

川崎ちはるさん（仮名）　26歳　女性

パソコンのインストラクターとして働く川崎さんは、もともとは大手企業の事務職でした。転機が訪れたのは短大を出て入社３年目の春。同じ部署に２年ぶりに新入社員が入り、後輩のパソコン指導を任されました。

「それまでいちばん下っ端だった私が教えるなんて、なんだかエラそうで嫌だなと思いました。私より、もっとパソコンに習熟した人が教えればいいのに、って」。

でも、ちょうどその頃に参加したビジネスセミナーで、講師が「自動車教習所の教官はF1ドライバーじゃないし、ゴルフのレッスンプロは賞金王じゃない。新入社員の指導は『少し先輩』くらいの人のほうが教え方も内容もレベルが合うから、入社２年目とか３年目の先輩がやるのがちょうどいいんです」と言ったのを聞いて、だったら教えるのは私でいいのかも、と思い直して後輩の指導を引き受けました。すると、思いのほか教えることが楽しく、後輩からもわかりやすいと高い評価を受けました。もっと本格的に教え方を学びたいと思ってインストラクターの資格を取得。ついに転職して、パソコンを教えることが本業となりました。でも独立して起業したり、フリーランスになることは考えていないそうです。

「自分らしい働き方＝独立、っていうのは、ちょっと違うと思うんです。私は会社員として働くことが好きなんですから」。

Chapter 1

身だしなみ・あいさつ・ふるまい

社会人として身につけておきたい身だしなみやあいさつ。
これができているだけで、印象がぐっと良くなります。

01

出会って7秒の印象がついて回る 身だしなみで第一印象が決まる

第一印象の良し悪しがその後のビジネスを左右

第一印象は、最初の7秒間で決まるとよく言われます。じっくり相手のことを知る機会のある学生時代と違って、ビジネスの場面では一度ついた印象はなかなか変えることはできません。**初対面の相手への第一印象を良くすることは、その後の関係を築くために欠かせません。**

そのためにも、身だしなみを整えることはとても重要です。**ポイントは「清潔感」と「機能性」。さらに周囲との調和も心がけましょう。**ビジネスの場面では、個性よりも立場や役割、場所などをわきまえて、相手に信頼感や安心感を与えることを最優先にしましょう。

どちらが好ましい？

白衣の店員とポロシャツの店員。急病でドラッグストアに駆け込んだとき、どちらの人に対応してもらったほうが安心ですか?

ドラッグストアに薬剤師免許をもった店員ともっていない店員がいることを私たちは日頃からの情報として知っています。急病で駆け込んだときには薬に対する知識のある薬剤師に相談したいもの。白衣の店員が薬剤師であると、見た目で判断する人が多いのではないでしょうか。

知って おきたい

職種による求められるものの違い

周囲との調和をはかり、取引先やお客様に安心感を与えるのも、身だしなみを考えるうえで大事なことです。広告やデザインの会社ならば、無難な服装よりもむしろ個人の感性や個性を表現した服装が求められるでしょう。アパレルならば、自社ブランドの商品を身につける必要があります。何が求められているか、それぞれの立場や役割を自覚して身だしなみを考えることが重要です。

ビジネスに適した小物を持とう

身だしなみは細部まで気を配ることも必要です。
ここでも個人的な好みではなく、ビジネスにふさわしい機能性で小物を選びましょう。

バッグ

最低でもA4サイズがラクラク入る大きさで適度なマチがあり、脇に置いたときに倒れず自立するものを選びましょう。

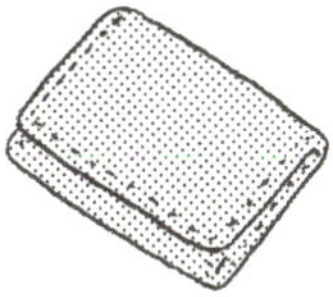

名刺入れ

黒または濃茶など落ち着いた色の、装飾のない革製のシンプルなものがベスト。会社で支給される場合は職場の慣例に従います。

腕時計

スマートフォンで代用せず、文字盤が見やすいシンプルなものを1つ持ちましょう。デジタルよりアナログ針のものが好まれます。

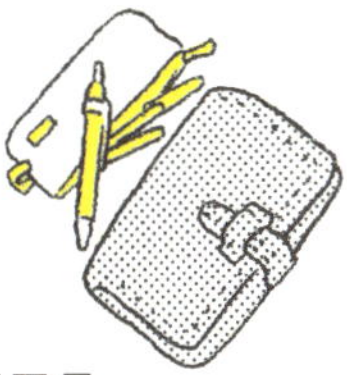

筆記用具

インク切れ・替え芯切れのないように注意。消せるペンだけでなく、普通のボールペンや万年筆も持ちましょう。手帳も必須です。

スマートフォン

突然の電源切れに備えて、モバイルバッテリーを準備。スマートフォンケースは個性が出やすいものですが、派手なものは控えましょう。

財布

名刺入れに準じた、落ち着いた色のもの。レシートやポイントカードなどがあふれ出したりしないよう、常に整理を心がけましょう。

ほかにも持っておきたい小物

手鏡・くし

窓ガラスなどで身だしなみのチェックをするのはNG。

こんなものも

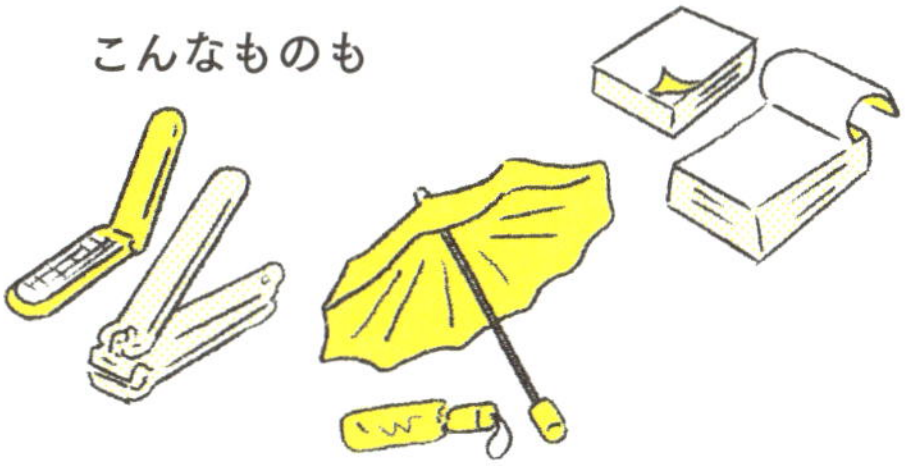

爪切り、折りたたみ傘、メモパッドもあると便利。

ハンカチ・ティシュー

衛生面を考慮するのもマナーの1つ。ハンカチは毎日替えましょう。

会社に置いておくなら

汚したり伝線したりしたときのために、男性なら替えのワイシャツ、女性なら替えのストッキングを準備。また、弔事に備え、喪服を1セット常備しておくと安心です。

02

デキる男は基本を守る

男性の身だしなみ

清潔感は必須

男性の好感度を左右するのは、何よりも「清潔感」です。スーツの汚れやシワのほかに、頭髪の汚れや顔周りのムダ毛、体臭などにも注意しましょう。

シャツ

白い無地のものがベスト。柄物・色物は避けてください。

ネクタイ

スーツの場合、ネクタイを着用。スーツの色に合ったベーシックなものを選びましょう。

スーツ

黒やグレーなどの落ち着いた色のシンプルなデザインのものを選びましょう。サイズが体に合っているかも確認を。

ベルト

黒または茶色の革製を。布製はカジュアルな印象になるので避けましょう。

ネクタイは派手なものは厳禁ですが、黒一色では弔事になってしまうので注意

靴下

黒いひざ下までのソックスが基本。パイル地のような厚手のものは避けてビジネス仕様の機能性があるものを選びましょう。

靴

意外に他人の目に入りやすいのが靴。黒・茶などのダーク系でひも付きやスリッポンタイプなどのシンプルなものを。汚れにも注意。

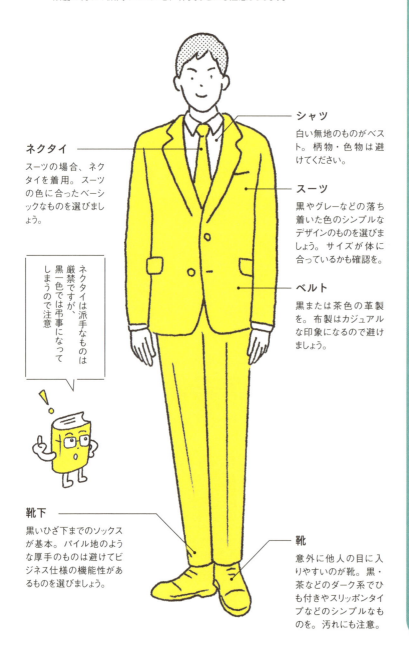

顔周り

顔周りは、最も視線が集まる部分です。清潔感を大切にすれば、表情もより活きてきます。

髪型

前髪は目にかからない長さで。サイドは耳が出るくらいの長さだと清潔感が感じられます。フケや寝ぐせにも注意。

ひげ

新入社員のうちはひげを伸ばさないほうが無難です。だらしなく見える無精ひげは厳禁。

まゆ

整えすぎはむしろ自意識過剰に見えてマイナス。自然に整える程度にしておきましょう。自分で整えるのが難しければ理髪店に行って頼むこともできる。

鼻毛

自分では気づきにくく他人からは気になりやすいのが鼻毛。清潔感を損なわないよう外出前に必ずチェックを。

肌

視界に入る面積が大きく、健康状態が如実に表れるので他人からは気になるポイント。食事に気をつけ、日ごろの手入れを心がけましょう。

耳

身だしなみがバッチリでも耳垢がのぞいていたらアウト。触りすぎて傷めてはいけませんが、定期的なそうじを。

爪

長すぎても短すぎてもNG。爪を噛むくせのある人は学生を卒業するのを機に直しておきましょう。

チェックポイント

- □ ビジネスにふさわしい髪型ですか?
- □ 髪の色は自然ですか?
- □ 前髪が目にかかっていませんか?
- □ 寝ぐせやフケはありませんか?
- □ きれいにひげを剃っていますか?
- □ 爪が伸びすぎていませんか?
- □ においはきつくないですか?
- □ スーツやネクタイ、ワイシャツにシワやほころびはありませんか?
- □ ワイシャツの襟や袖口が汚れていませんか?
- □ スーツのポケットのフラップが左右で同じ状態になっていますか?
- □ シャツがズボンからはみ出していませんか?
- □ ネクタイが曲がっていませんか?
- □ 靴は汚れていませんか?

自分では判断が難しいと思ったら、遠慮せず親や友人、上司や先輩にチェックしてもらい、アドバイスを受けましょう

スーツとオフィスカジュアル

ユニフォーム着用の場合でも、職場によっては
出社時の服装に気をつかわなければならないこともあるでしょう。

スーツ

新入社員のうちはリクルートスーツの延長が無難です。黒系やベージュでシンプルなシルエットを選びましょう。

ネイル

凝ったネイルアートは厳禁ですが、薄いピンクやベージュなど目立たないものならマニキュアも可。業務に支障のない長さにそろえ、清潔感を保ちましょう。

靴

黒や茶・ベージュなどの落ち着いた色で、派手な飾りのないベーシックなパンプスを。ミュールやバックストラップは安定せず仕事向きではないのでNGです。

アクセサリー

ピアスやネックレス、指輪などをつけるなら、小ぶりなものをワンポイントで。相手の視線がくぎづけになるような派手なものは控えましょう。

シャツ・ブラウス

襟付きのブラウスや綿のシャツがベスト。シンプルな白のカットソーでもかまいませんが、胸元が大きく開いたものは避けましょう。

ストッキング

薄いベージュがベストで色柄ものは厳禁です。逆に生足もマナー違反。伝線していないかチェックすることをお忘れなく。

基本はテーラードジャケットとスカート。スカートなら、丈は座ったときに膝が隠れるくらいのやや長めが好印象。身体の線が出やすいものや、スリットの入ったものは避けましょう。

オフィスカジュアル

シャツ

襟付きの無地のシャツがベストですが、襟なしのカットソーや淡い色合いのもの、ニットなどカジュアル素材でもOK。カジュアルすぎないか気になる場合は、ジャケットを羽織りましょう。

ボトム

デニム以外のカジュアル素材もOKですが、スーツと同様に丈が短すぎないことや身体の線が出すぎないことに気をつけましょう。

靴下や靴

カジュアルとはいえ、スニーカーやサンダル、ブーツはNG。ヒールの高すぎない落ち着いた色合いのものを選びましょう。

顔周り

濃いメイクはNGですが、まったくのノーメイクもかえってマナー違反。ナチュラルメイクを心がけましょう。気になる部分がある人は、メイクでカバーすることもできます。

髪型

おじぎをしたとき髪が顔にかかるなら、ゴムやピンなどでスッキリとまとめておきましょう。凝ったヘアアレンジは避けましょう。

ファンデーション

自分の肌の色に近い健康的な色で、テカリのない薄めのファンデーションが好印象。すっぴんは逆にマナー違反です。

まゆ

流行は多少意識しても大丈夫ですが、太すぎたり細すぎたりする不自然なまゆは避けましょう。色味もベーシックなものを。

くちびる

顔色全体を左右するので、肌の色との相性を考えて選びましょう。濃い色、テカりすぎはNG。

目

アイシャドウは薄い色を。ブラウン系でラメのないものが好印象です。マスカラやエクステは、ほどほどに。充血のないよう、目の健康にも気をつけましょう。

チェックポイント

- □ 髪の色は自然ですか?
- □ 長い髪はシンプルにまとめていますか?
- □ 前髪が目にかかっていませんか?
- □ ビジネスシーンにふさわしい清潔感のあるメイクですか?
- □ 爪が伸びすぎていませんか?
- □ 派手なネイルアートをしていませんか?
- □ 化粧品や香水のにおいはきつくありませんか?
- □ ジャケットやシャツ・ブラウス・スカートにシワやほころびはありませんか?
- □ スカートの丈は短すぎませんか?
- □ シャツの胸元は開きすぎていませんか?
- □ 下着が透けたり、はみ出したりしていませんか?
- □ シャツの襟や袖口は汚れていませんか?
- □ 小物やアクセサリーはビジネス向きですか?
- □ ストッキングは伝線していませんか?
- □ 靴は汚れていませんか?
- □ ヒールの高さは7センチ以内ですか?

知っておきたい　香水の使い方

香りの好みは個人差が大きく、自分では心地よい香りだと思っていても他人は不快に感じることも少なくありません。つけすぎは厳禁。手首や耳の裏、足首に「少なすぎるかな」と思うくらいで十分です。

04 スタンダードをおさえたうえで 職場ごとのルールに合わせる

会社ごとに定められた独自のルールにも注意

働く環境によっては、一般的なビジネスマナーとは異なるルールが存在することもよくあります。最初は「なぜ?」と思うかもしれませんが、その独自ルールを採用するのはきっと理由があります。**先輩方がさまざまな経験を積み上げたうえでそれが便利で合理的だと思うから採用しているることがほとんどだからです。**仕事に習熟してはじめてその合理性に気づくこともあるでしょう。

しかし一般的なビジネスマナーも、社外の人と接するときには必要となります。**スタンダードなビジネスマナーを理解したうえで、それぞれの職場に合った独自ルールにも合わせていきましょう。**

クールビズの場合

環境に配慮して夏にはクールビズ、冬にはウォームビズとして普段よりカジュアルな服装が推奨されることもあります。ここではクールビズの例を見てみましょう。

だらしない、
相手への敬意が
感じられない、
露出が多すぎるなどは、
NGだよ

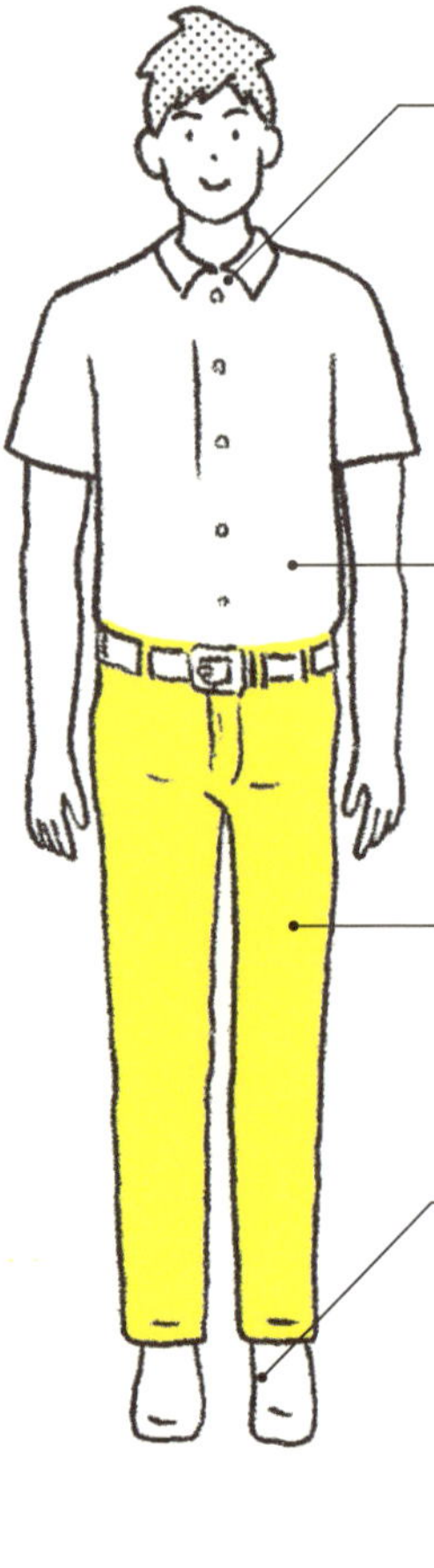

ノージャケット・ノーネクタイ
通勤時や社内ではクールビズスタイルでOK。ただし、いつ何があってもいいようにネクタイとジャケットは準備しておくといいでしょう。

シャツ
動きやすく、汗やにおいを吸収しやすい素材がベター。

ズボン
綿のパンツなどもOK。短パンやジーンズは不可。

靴
職場によってはスニーカーが許可されることもありますが、ローファーやスリッポンがおすすめ。

職場によっては OKなもの

モノトーンのスニーカーやニットタイなど

職場のルールに従う

独自ルールは、細かいところで決められているケースが多く、新入社員のうちは見落としてしまうかもしれません。周囲と調和を保つことも大事なビジネスマナーの1つ。上司や先輩に確認しながら慣れていきましょう。

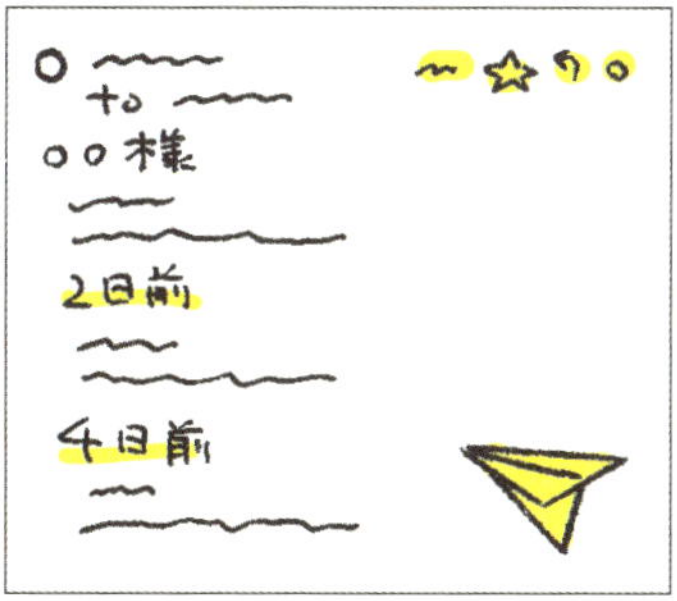
○○様
2日前
4日前

同じトピックで議論が続く場合は件名を変えないで「Re:○○○」で送ることが一般的ですが、変えることが通例となっている職場ではそのルールに合わせましょう。また、相手からのメール本文を消去せず引用返信で返すのが一般的ですが、長くなりすぎたら不要分は消す、というルールがあなたの職場にもしあれば、職場のルールに従いましょう。

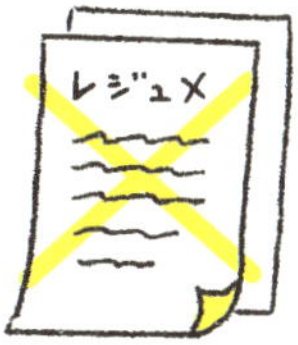
レジュメ

社内打ち合わせには紙に出力した資料を使わないルールを設けている職場もあります。また、プリントアウトする場合は必ず両面印刷・2画面を1枚に、など、細かいルールが存在することも。上司や先輩にあらかじめ確認しておきましょう。

遅刻や欠勤の連絡は、これまでの一般的なビジネスマナーではLINEやメールでするのは失礼とされていますが、職場によっては連絡ツールをLINEなどに限定し、一斉送信して共有する仕組みを作っているところも。

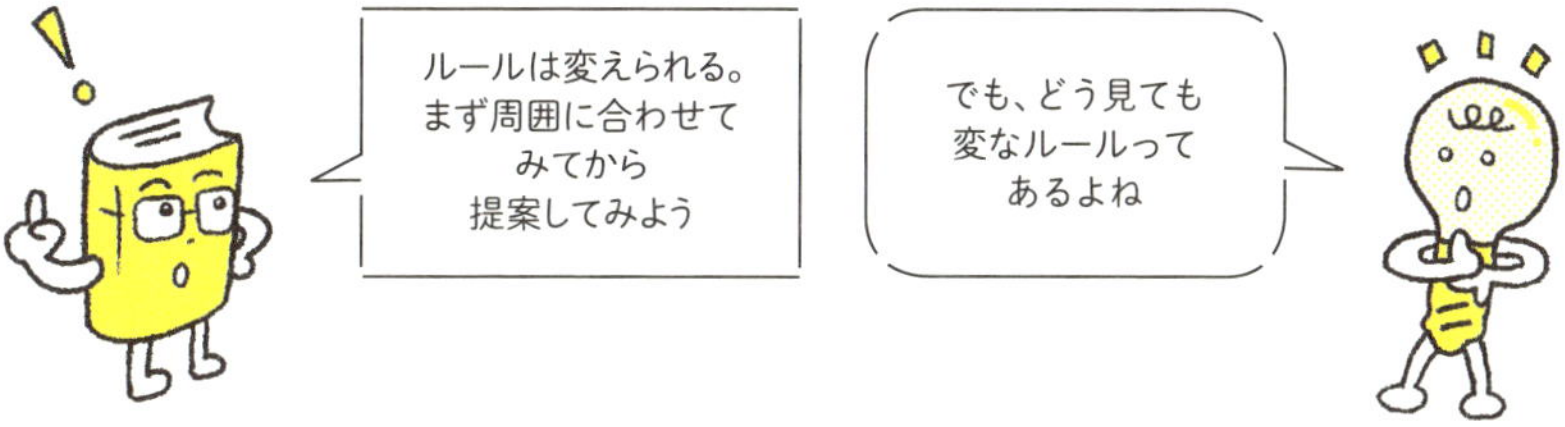
ルールは変えられる。まず周囲に合わせてみてから提案してみよう
でも、どう見ても変なルールってあるよね

知って
おきたい

職場の決まりを優先

たとえば名刺入れ。一般的なビジネスマナーでは革製の名刺入れが好ましく、アルミ製の名刺入れは不向きとされていますが、これも職場によって事情が違います。社名入りのアルミ製名刺入れが新入社員に配られ、それを使用するのが通例となっている会社もあります。名刺入れは携帯しやすく頻繁に使う機会があるので社名が目に入る機会も多く、他社に向けてのPRになるばかりでなく、社員本人にとっても帰属意識や士気が高まること、アルミ製はカスタマイズがしやすく革製よりコストがかからないことなどが理由のようです。頑なに一般的なビジネスマナーにこだわるよりも、自分が働く職場のルールを優先して周囲との調和をはかりましょう。

05

短い言葉で好感度アップ
場面に応じたあいさつとおじぎ

あいさつはなぜ重要なのか

- **コミュニケーションの始まりになる**
  ⇒あいさつをきっかけとして会話が始まります。
- **雰囲気が明るくなる**
  ⇒さわやかなあいさつで空気を朗らかにすることができます。
- **メッセージを伝えることができる**
  ⇒相手を気づかう気持ちやこちらの体調を、短い言葉で伝えられます。
- **防犯や安全につながる**
  ⇒存在を知らせることで、盗難や万引きなどの犯罪を防ぎます。

基本のおじぎ

おじぎには次の3つがあります。

	最敬礼	敬礼	会釈
目線	相手のつま先が見えるくらい	相手の膝のあたり	相手のベルトのあたり
場面	感謝を述べるとき、お詫びするとき	上司からの指示を受けたとき、出社時／退社時	目上の人や顔見知りとすれ違ったとき

おじぎのチェックポイント

- □ 目線をきちんと相手に向けているか
- □ 元気な声が出ているか
- □ 背筋が伸びた良い姿勢をとっているか
- □ 言葉（あいさつ）と行動（おじぎ）を同時に行っていないか
- □ おじぎのあとに再び相手に視線を向けているか

すべてのおじぎに共通すること

- おじぎの前後にきちんと相手の目を見る
- 言葉（あいさつ）のあとで行動（おじぎ）をする
- 首だけを下げるのではなく腰から曲げる
- 背中を丸めず、良い姿勢を保つ

職場での元気なあいさつは信頼関係への第一歩

コミュニケーションが活発な職場は、それだけで活気があります。もちろんムダ話や私語が多いという意味ではありません。会話のない職場はどこか空気が重く、ビジネスが順調には感じられません。**あいさつには、声を出して互いを認識し合うことで心と心をつなぎ、スムーズに会話をスタートさせる効果があります。**あいさつのほんの短い言葉の中に、互いを尊重し思いやる気持ちを表現することができるからです。

どんな人間関係でも、はじめの一歩はあいさつからスタートするのです。もしかしたら、最初はハキハキと声に出してあいさつをすることが照れくさかったり恥ずかしかったりして躊躇する人もいるかもしれませんが、是非慣れてください。たったひと言の元気なあいさつが、ビジネスを円滑に進めるためのカギになります。

NG こんなあいさつはやめよう

- 相手の目を見ないあいさつ
  ⇒いかにもやる気がないように感じられます。
- 相手の目を見ながらのおじぎ
  ⇒首を突き出す姿勢になり、相手に失礼です。
- 歩きながらのあいさつ
  ⇒必ず一旦立ち止まってあいさつしましょう。
- 照れながらの中途半端なあいさつ
  ⇒相手をバカにしているように見えてしまいます。
- 気づかないふり
  ⇒信頼が損なわれます。

ほんとうに
気づかなかったときは
どうしたら
いいんだろう？

気がついた時点で
声をかけて
お詫びすれば
大丈夫！

知っておきたい 初対面で相手の心をひらくあいさつ

他人に近づかれると不快に感じるエリアを「パーソナルスペース」と言います。初対面の相手に不快な思いをさせないためには、このエリアの分、適切な距離を取ることが肝心です。具体的には、お互いが腕を正面に上げて「前へならえ」をし、指先が触れるか触れないか程度の距離を保つこと。これを目安に、近づきすぎず離れすぎない距離であいさつを交わしましょう。

言い慣れておきたい社会人の基本のあいさつ

- ありがとうございます
- いつもお世話になっております
- よろしくお願いいたします
- かしこまりました
- 恐れ入りますが少々お待ちいただけますか？
- 大変お待たせいたしました
- 恐れ入ります
- 申し訳ございません
- 失礼いたします

06

渡し方でレベルがわかる!? デキる人に思われる名刺交換

名刺交換は先手必勝 正統派をマスターしよう

ビジネスパーソンにとって人脈はとても大事なもの。出会った人との絆を深める最初の作業が、名刺交換です。ビジネスの世界ではあいさつは目下の者から先にするのが常識。先手必勝と心得て、緊張しても照れくさくても、**まずは自分から名刺交換を申し出ましょう。** ここでは基本中の基本である正統派の名刺交換のしかたをご紹介します。

鉄則

準備を怠らない

その日に何人くらいと名刺交換をする予定があるか事前に確認・予測しておいて、名刺切れがないように必要枚数＋αくらいの予備を含めて準備しておきましょう。

名刺交換のポイント

慣れるとなあなあになってしまう名刺交換だからこそ、基礎をしっかりおさえ、きちんと交換できれば好感度アップ！　初対面の相手にしっかり印象づけましょう。

受け取るとき

- **両手で受け取る**

両手で渡し両手で受け取るのが本来のマナー。

- **名前を確認する**

「頂戴します」と言って受け取ったらその場で読み方を確認。

- **胸の高さに保つ**

名刺は相手そのもの。決して下げないように。

- **名刺入れの背を相手に向ける**

手前に向かって開く向きに持つのが正式な持ち方。

手渡すとき

- **相手の目を見て名乗る**

あいさつをするときと同様にさわやかに。

- **相手に名刺を向ける**

差し出す際は相手から見やすいように。

Q&A こんなときどうする?!

同時に出したら？

一旦ひいて先に相手の名刺をいただきます。その後「申し遅れました」とひと言添えて、改めて自分の名刺を渡します。

複数人で交換するときは？

上司どうしが先に交換し、次に上司と相手の部下、自分と相手の上司の順に交換。最後に部下同士が交換します。上司どうしが交換している間、部下は待ちましょう。

NG こんな名刺交換は悪印象

- 名刺入れを使わず、財布等で代用している
- 名刺がボロボロ
- 渡す際に名乗らない
- 相手の名刺を片手で奪うように取る
- いただいた名刺を落とす
- いただいた名刺をすぐにしまう
- いただいた名刺をズボンの後ろポケットにしまう
- いただいた名刺をもてあそぶ
- 相手の目の前で名刺に書き込みをする
- いただいた名刺を忘れて帰る

知っておきたい 名刺入れは正しく扱う

・素材
茶色や黒の革素材がベスト。

・どこに入れるか
男性は胸ポケット。女性はバッグに入れましょう。

・名刺交換のときに名刺入れが必要な理由は？
名刺入れはお盆の代わりで、侍が名前を書いた紙を差し出して位の高い方に謁見を申し込み、その紙が盆に入れて運ばれたことに由来。着座したら、いただいた名刺は自分の名刺入れに載せましょう。

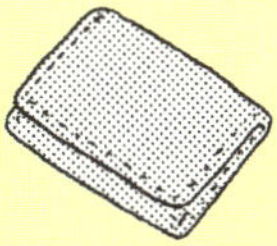

うっかり名刺を切らし、後日、郵送

コンサルタント・42歳

以前、うっかり名刺を切らし、ごあいさつのときに名刺を渡せず、後日、お詫び状とともに名刺を速達で送ったことがあります。そのときは先方からすぐに電話があり、その電話で契約が成立しました。もちろん、本来は切らしてはいけないものですが、迅速な対応でピンチをチャンスに変えることができました。

名刺交換で使ってはいけない言葉づかい

〜でいらっしゃいます

〜でございます

自分に対して「〜でいらっしゃいます」や相手のことを「○○様でございますね」はNG。尊敬語と謙譲語を混同しないように注意。

〜のほう

「お名刺のほう頂戴します」「こちらのほうでよろしかったでしょうか」等の意味のない「ほう」は、年長者に嫌われます。

肩書と呼び名

肩書はそれだけで敬称になります。「○○社長様」「××部長様」とならないように。また、相手に対して自分の会社の上司に敬語を使わないように。

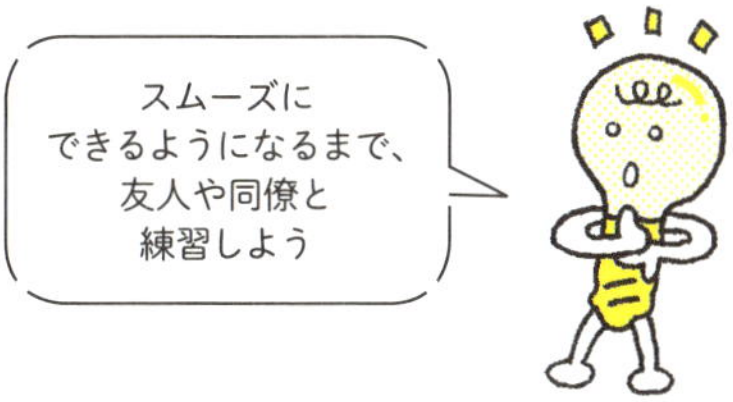
スムーズに
できるようになるまで、
友人や同僚と
練習しよう

07 〝お客様〟になってはダメ 訪問するときの心構え

何のために訪問するのか目的をしっかり意識する

ビジネスのシーンでは、社外の方に会う機会が頻繁にあります。こちらから先方に伺うのは、新任のあいさつ、営業、打ち合わせ、あるいはお詫びなど、何らかの目的があるでしょう。**訪問は先方の貴重な時間をいただいていることをしっかり自覚して、予定どおりに終えられるよう行動しましょう。**遅刻しないように訪問するのは言うまでもありませんが、早すぎる到着も相手には迷惑。予定時刻に面会がスタートする感覚で調整しましょう。

訪問先では自分が会社の代表として見られていることも意識して、失礼のないように丁寧な言葉づかいと態度で過ごしましょう。

訪問前にすべきこと

訪問を有意義なものにするためには事前準備が重要です。
下記のほかに、遅刻しないよう交通手段や所要時間を確認して、
10分前には到着するよう整えておくことも忘れずに。

訪問前の準備
予備知識なしで会ってはいけません。初めての場合は特に、会う相手とその会社について下調べしておきましょう。

←

出かける前にすること
忘れ物のないよう、必要な持ち物の確認を。資料は少し多めに用意しましょう。

←

身だしなみは適切か
ネクタイは緩んだり曲がったりしていないか、靴は汚れていないか、髪は乱れていないか等々、鏡を見てチェック。

知っておきたい

上手なアポイントの入れ方

ビジネスで人と会う場合、事前にアポイントを取ることが必要です。電話やメールであらかじめ訪問の目的をきちんと伝え、伺っていいかどうかの許可をいただきましょう。所要時間の目安や同行する人数も伝えます。また、日程は相手の都合を優先させるのが原則。先に相手の希望の日時を聞きます。その日程に合わせるのがベストですが、もしどうしても都合がつかない場合は、代替案を2つ3つ提案しましょう。

訪問の流れ

訪問先であわてないよう、基本の流れを参考にしてイメージを作っておきましょう。

受付
きちんとあいさつをして社名氏名と訪問先を告げ、アポイントの有無を伝えます。

→

名刺交換
（34、35ページ）

→

着座
すすめられてから着席。いただいた名刺は名刺入れに載せてテーブル上に。

↓

話の流れ

導入
いきなり本題に入らず、緊張をほぐすような軽い雑談をします。事前準備で調べたことがここで活きてきます。

→

本題
訪問の用件が伝わるよう、簡潔に。時間をいただいているという謙虚な気持ちで丁寧な言葉づかいを心がけます。

↓

切り上げ（クロージング）
訪問側が切り上げるのが本来のマナー。面会いただいたことに感謝を述べて、名刺をしまいます。

→

退出
忘れ物がないように確認を。案内を待たず、自分から先に退出します。

Q&A こんなときどうする?!

遅刻しそう！
すぐに訪問先に連絡を。お詫びとともに到着予定時刻を伝え、大幅に遅れるようなら相手の都合に合わせましょう。

トイレを借りたい
訪問前に済ませておくことが大前提。やむを得ない場合は「お手洗いをお借りしてもよろしいでしょうか」と先方に確認しましょう。

相手が遅れている、不在
自社に状況を伝え、問題がなければ受付などで待たせてもらいましょう。

スマートフォンの電源は？
切るか、音が一切出ないようにしておきます。バイブレーションもオフに。

出された茶菓は？
（43ページ）
話の邪魔にならないタイミングで、「いただきます」と言ってから口にします。

帰社したら
戻ったことを上司に報告します。必要があればレポートを提出しましょう。

08

今さら聞けない「上座」・「下座」

応接室・会議室の席次

**座席の位置で敬意を表す
さりげないおもてなし**

ビジネスにおいて何よりも大切なのは、信頼関係です。相手への敬意を示すためのさまざまな表現がありますが「上座・下座」に代表される席次もその1つ。**どこに座ってもらうかによって、相手への敬意やもてなしの気持ちを表現できる決まり事で、マナーの基本としてとても重んじられています。**言葉づかいや態度がしっかりしていても、席次を知らないために評価が下がってしまうのはもったいないこと。慣れるまでは戸惑ってしまうかもしれませんが、ベースとなる考え方を学んでしまえば大丈夫。しっかりと覚えておきましょう。ここでは応接室・会議室での席次を学びます。

応接室の基本

一般的な応接室の図です。普段から上座と下座を意識しておいて、
訪問する際も来客を迎える際もスマートに着席しましょう。

- 基本は、入口からいちばん遠いところが上座
- ただし、窓から素晴らしい景色が望めたりする場合は、入口に近くても景色が見える側が上座
- 3人掛けのソファは基本的に来客用
- 椅子の形式で分けると、長椅子が上座。次いで1人用の肘掛け椅子、背もたれのある椅子、背もたれのない椅子の順
- 要するに、最も快適で安全な席が上座

鉄則

**訪問する側が上座に座り、
迎える側が下座に座る**

たとえ迎える側が顧客や年長者でも、
上座は訪問する側の席。

上座・下座の考え方

「危険は入口から侵入する」と考えると、最も安全なのが上座。

会議室の席次

応接室だけでなく、さまざまな場面に上座と下座があります。基本的な考え方は応接室と同じ。入口から最も遠いところが上座です。

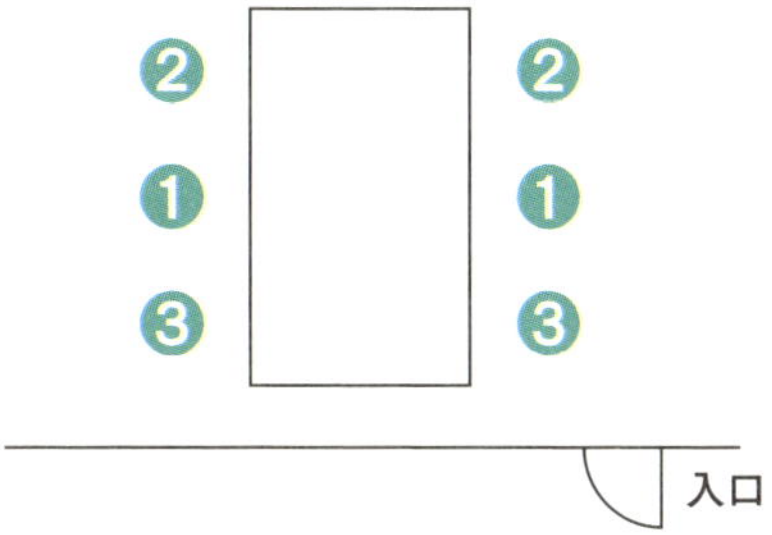

議長のいる会議の席次

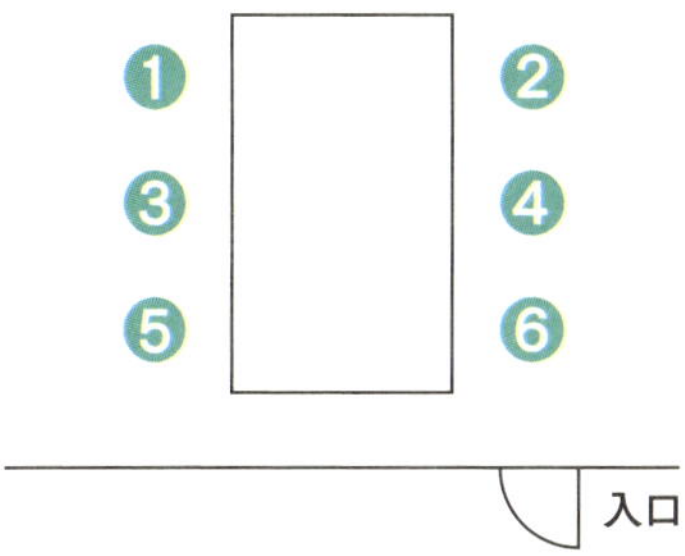

円卓で行う会議の席次

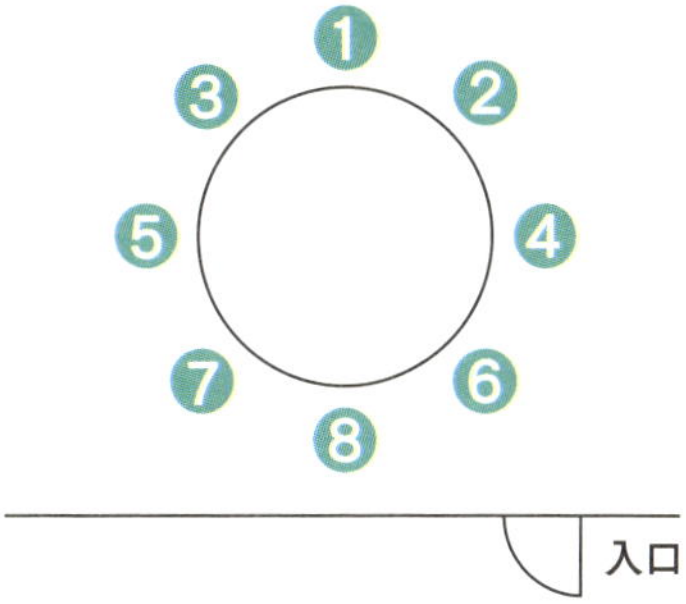

Q&A こんなときどうする?!

人と待ち合わせるとき、下座で待つべき?

喫茶店などカジュアルな場所ではあとから来る先方が見つけやすいように上座で待っても問題ありませんが、基本は目下の人が下座に座り、そろったら上座を譲りましょう。

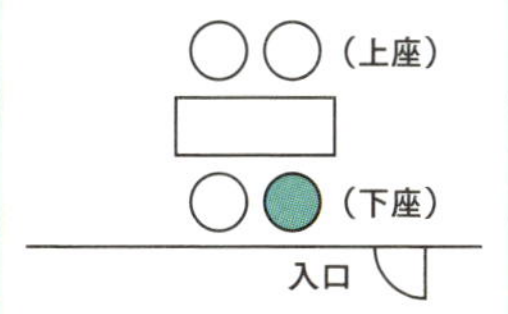

下座のほうがゆったりしているとき

最も安全で快適な場所が常に上座です。入口から遠くても、席の幅がせまいなどで後ろの人とぶつかりそうなど、快適でない席は上座とはいえません。より快適な席をすすめましょう。

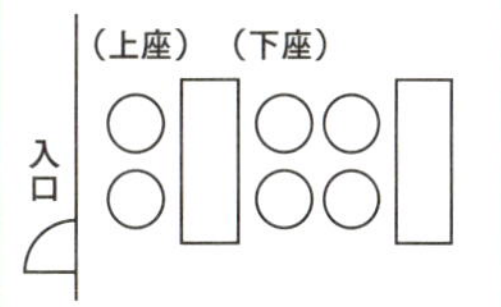

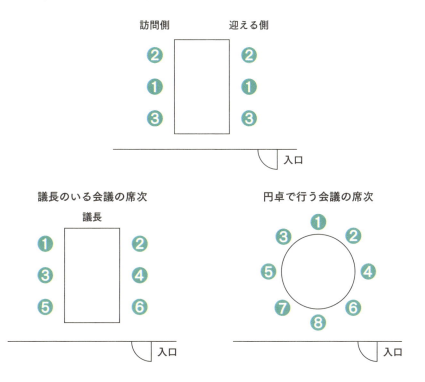

09

プラスアルファの気づかいを

手土産の渡し方・受け取り方

訪問するときに渡すなら名刺交換のすぐあとに

ビジネスを円滑に進めるための気づかいとして欠かせないのが、手土産。ここでも大切なのは、相手に対しての敬意と思いやりです。お渡ししたら相手がどう感じるかに思いを巡らせながら手土産を選ぶのがポイント。相手の立場を考えて最善を尽くすことが、誠意として相手に伝わります。その際、直接渡す相手のことだけでなく、訪問先の職場の皆さんのことも考慮に入れましょう。相手の好みや環境に合わせたものや地元の特産品などを選ぶと、より強くこちらを印象づけることもできます。渡す際にも礼儀を欠かさずマナーを守って、良好な関係を築いていきましょう。

どんなとき手土産を持参するか

これから取引を開始する先へのあいさつや、日ごろから大変お世話になっている方との打ち合わせの際、あるいは、心からの謝罪が必要なときにも手土産を持参します。

こんな言葉を添えて渡そう

- ぜひ召し上がってください
- ほんの気持ちです
- お口に合えば幸いです
- 皆様でどうぞ

紙袋はあくまで持ち運び用。相手に渡すときは袋から出して差し出します。

「つまらないものですが」等の謙遜は、かえって失礼であるというのが現代のマナー。相手に喜んでいただくために選んだのですから、笑顔で堂々とおすすめしましょう。

NG 相手が公務員などで、手土産が贈収賄に該当するおそれのある際は控えます。

どんなものが望ましいか

渡す相手本人だけでなく、同じ部署の皆さんや職場環境についても考慮して、最適な手土産を選びましょう。

相場は？

初めて訪問する相手には3000円～5000円、謝罪のときには5000円～1万円が相場と言われています。

選び方

個包装で日持ちがする食べ物が無難。ただし珍しい旬のものや特産品は、個包装でなくてもOK。

手土産をいただいたとき

いただいた手土産はお客様のご厚意です。失礼のないように取り扱いましょう。

• どこに置くか

スペースがあればテーブルの端に。床に置くのは避けましょう。

• いただいた食べ物はお出しするか

その場で食べるのに不便でなかったら、お出ししてもいいでしょう。

• すぐ開けるべきか

珍しいものをいただいたときなどは相手の許可を得てすぐ開けてもOK。

• いただいたものを出すとき何と言うか

「せっかくですから、よかったらご一緒に」と、相手にもすすめます。

いただいたらこう言う

お気づかいありがとうございます

ありがたく頂戴いたします

気づかって
いただいた感謝を
素直に伝えれば
いいんだね

Q&A こんなときどうする?!

複数人で訪問。誰が渡すの？

同行者の中で最も地位の高い上司が、訪問先の上席にいる方に渡すのが基本。タイミングによっては、窓口となっている直接の担当者に渡してもかまいません。

渡すタイミングを逃した

打ち合わせの間は、カバンの上などに置いておきましょう。床に置くのはNG。一通り話が終わったタイミングや帰り際に差し出せば問題ありません。

何を持っていけばいいかわからない

女性の多い職場なら人気のスイーツ、年長者の多い職場なら和菓子など、訪問先の職場の状況に合わせたものを選ぶのがポイント。

いただいたとき、
いる人だけで
分け合わず、
外出中の上司の分も
取っておこうね

10 一歩進んだおもてなし 茶菓の出し方・いただき方

お客様に対して、お茶を出すときに気をつけること

わざわざ足を運んで訪問してくれたお客様にお茶を出すのは「ようこそお越しくださいました」という歓迎の気持ちの表現。**暑い日だったら冷たいもの、寒い時期なら温かいものというように、状況に合わせて最適なものを用意する余裕がほしいものです。**テーブルの配置などによって下記の順番で出すことが難しい場合には、邪魔にならないことを第一に考えて、臨機応変に行動しましょう。

打ち合わせが始まってから出すときは目礼のみにとどめよう

お茶を出すタイミング

お客様を応接室や会議室に通したら、すぐにお茶の準備を。
対応する者が遅れる場合でも、お茶を出して待っていただきます。
お茶を出す際は「失礼します」や「どうぞ」のひと言を添えましょう。

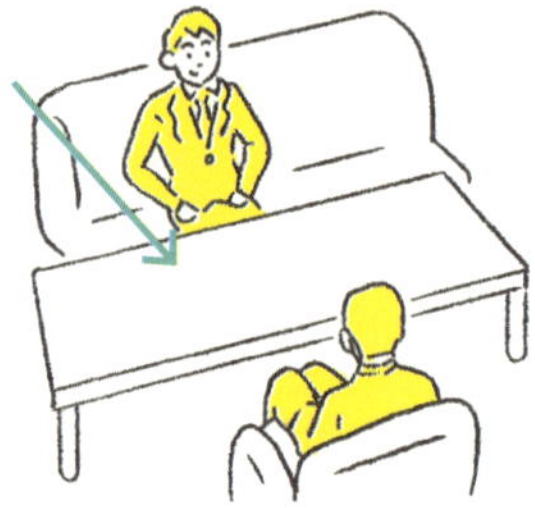

お茶を出す順番はお客様が先。お客様から見て右手に、後ろからお茶を出すのが一般的。

①
②
③

お客様や応対する側が複数人いるときには、お客様側の上席の方から順に出します。

■ お茶の入れ方と出し方

①

お茶がすぐに冷めないよう、湯呑みにお湯を入れて温めておきます。

急須に茶葉を入れ、番茶なら熱湯を、煎茶なら80℃前後の湯を入れ1分蒸らします。

②

濃さが均等になるよう、人数分の湯呑みに少しずつ注ぎます。お盆の上で入れないようにしましょう。

③

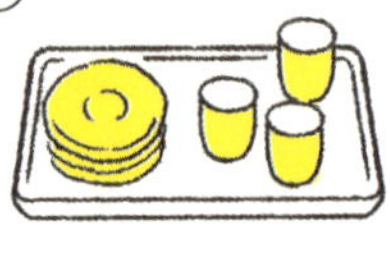

湯呑みと茶たくは別々にお盆に載せて運びます。出す際に、茶たくをセットしましょう。

お茶を出した人の気持ちを考えた行動を

出されたお茶をいただくときに意識したいのは、そのお茶を用意してくれた人の気持ちです。手をつけるタイミングこそ気をつけたいものですが、**温かいものは温かいうちに、冷たいものは冷たいうちにいただくことが本来のマナーです。**茶菓も、もちろん手をつけてかまいません。食べかけや飲みかけで去ることは相手の厚意をないがしろにします。**退出する際には、片付けが楽に済むような状態に整えておきましょう。**

いただきます、
ごちそうさまでしたを
忘れずに言おう

Q&A こんなときどうする?!

いつ飲めばいい？

出していただいてすぐに飲んでも失礼ではありません。「いただきます」と言ってから飲みましょう。飲むタイミングに迷ったら、上司が手をつけてからにすると無難です。

お茶は残したほうがいい？

用意してくれた人のことを考えると、飲み切るのが正しいマナーです。「ごちそうさま」の言葉を添えましょう。

湯呑みにふたが!? どこに置く

左手を湯呑みに添えて右手で水滴が飛ばないように手前からゆっくりふたを開けます。取ったふたは、仰向けにして湯呑みの右側に置きましょう。

誰が出す？

お客様のことをわかっている同じチームの後輩が出すのがベストですが、基本は男女を問わずそのときに手が空いている人が出せばいいでしょう。

喫茶店での打ち合わせでは何を頼むのがスマートか

飲食が目的ではないので、気になるメニューがあったとしてもコーヒー・紅茶等の定番を選びましょう。迷ったら相手や上司と同じものにすると無難です。

知っておきたい ペットボトルでの出し方、いただき方

改まった会議などの場ではペットボトルの提供は避けましょう。打ち合わせや顔合わせ程度であれば問題ありません。紙コップを添えるといいでしょう。出されて飲み残したら、放置せず持ち帰るのが基本のマナー。飲み切ってしまった場合は、先方の指示に従い所定の場所に捨てて帰ります。

11

どんな場所にも上座・下座がある
エレベーターや廊下でのマナー

エレベーターでも最も安全な場所が上座

エレベーターは本来「危険な箱」。**お客様を中に1人にしないことが鉄則です。**扉が開いて中に人がいないときは、先に乗りあとから降りる習慣をつけましょう。

エレベーターの中では、いちばん奥が上座になります。

乗るときの順序

〈中に人がいないとき〉

- 「失礼します」と、同行者にひと言断って先に乗る。
- 操作盤の前に立ちボタン操作、同行者を案内する。
- 完全に乗り切ったことを確認してから閉ボタンを押す（押さなくてもよい）。

〈中に人が乗っているとき〉

- ドアを押さえて、中から降りる人を待つ。
- そのあとで先に同行者を通し、自分は最後に乗る。

■ エレベーターの席次

5人で乗るとき

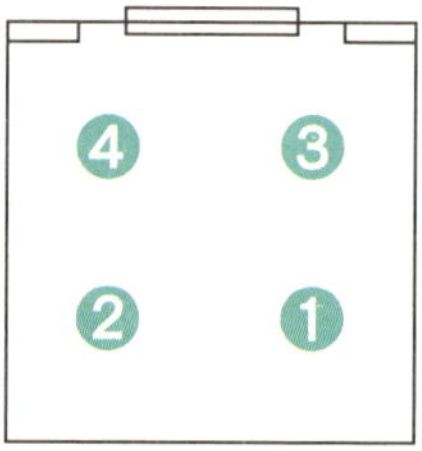

操作盤が2つの場合

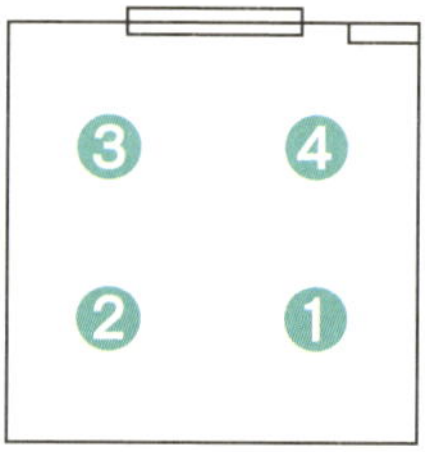

操作盤が1つの場合

■ 降りるときの順序

操作盤の前で開ボタンを押して、先に人（同行者を含む）を通し、自分は最後に降りる。

Q&A
こんなときどうする?!

エレベーターが混んでいた

急がないときは見送り、次を待ちましょう。お客様には「混み合って申し訳ありません」と、ひと言添えましょう。

一度に乗り切れないときは？

階が近ければお客様だけ乗っていただき、自分は階段を利用しましょう。階が離れているときは、先にお客様に乗っていただき、目的のフロアでは一旦、同僚に案内を頼みましょう。

廊下では一旦立ち止まって通路を譲る精神が基本

廊下や階段で人とすれ違う際は、**一旦立ち止まって軽く会釈をし、通路を譲ります。**このとき背中を丸めたり卑屈な姿勢になったりせず、余裕をもった謙虚な笑顔で行動できるようにしましょう。走って追い越したり、数人でダラダラと広がって歩いたりしないようにします。

どんなとき譲る？譲らない？

通路は譲るのが基本。でも、譲ると逆に失礼になる場面もあります。どんなシチュエーションが想定できるか、確認しておきましょう。

普段から端を歩き、人が来たら譲る

お客様を案内しているときは譲らない

階段では常に外側を歩く

NG

〈エレベーター〉
- 降りる人がいるのに乗り込もうとする
- 扉の真正面で待つ
- 操作盤の前にいるのにボタン操作をしない
- 乗ってくる人がいるのに閉めようとする
- 携帯電話・スマートフォンでの通話や操作
- 飲食やおしゃべり

〈廊下〉
- 走って人を追い越す
- 広がって歩く

知っておきたい エレベーターや廊下は公共の場

エレベーターや廊下は声が響きやすいもの。姿は見えなくても、話し声は誰かに聞こえているかもしれません。そもそもエレベーターや廊下は公共の場ですから、社内事情やお客様のことなど仕事に関する話はやめましょう。

12

相手との位置で敬意を表す
乗り物にもある席次

誰が運転するかによって上座の位置が変わる

乗り物の席次でも、最も安全で快適な席が上座である基本は同じです。車の場合は、運転席の後ろがいちばん安全とされていますが、状況によっては上座が変わりますので注意が必要です。

車の席次

誰が運転するかによって微妙に変化する上座の位置。状況に応じた車の座席を知っておきましょう。

タクシー

足元がシャフトで盛り上がっていて乗り心地が良くない後部座席中央は下座。

上司やお客様が運転する車

助手席が上座。運転手と格の合う人が座る。

7人乗りの車

乗り降りしにくい最後部座席は下座。

大型バス

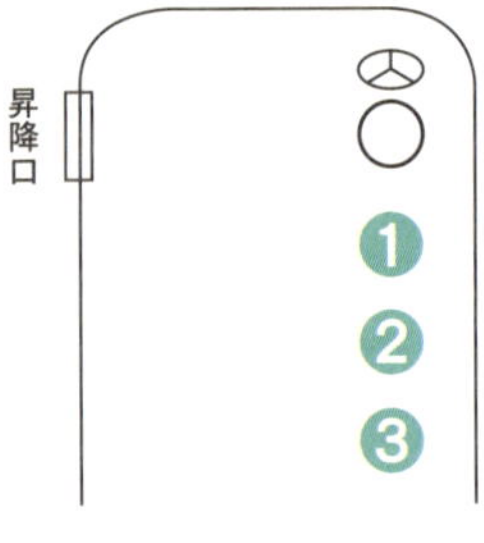

運転手のすぐ後ろの席が上座。

後部座席のシートベルト

2008年より改正道路交通法によって後部座席のシートベルト着用が義務化されています。安全のためにも、上座のお客様や上司にもシートベルト着用をお願いしましょう。

飛行機・列車の席次

「窓側が上座」というより
「通路から遠いほうが上座」と覚えましょう。

安全性と快適さが上座の位置を決める基準

飛行機や列車でも上座・下座はあります。**通路から遠い奥の席が上座ですが、3人掛けの場合は真ん中の席が下座です。**両側の方が快適なように気を配りましょう。乗り物がどちら向きに進むのかも席を決める大事な要素。上座・下座の考え方に加えて、思いやりが大切です。

飛行機

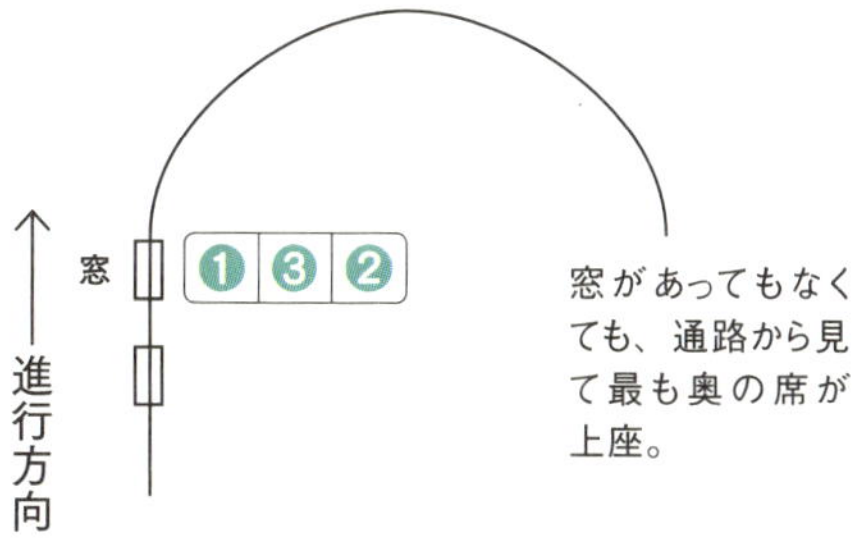
窓
❶ ❸ ❷
進行方向
窓があってもなくても、通路から見て最も奥の席が上座。

列車③　ボックスシート

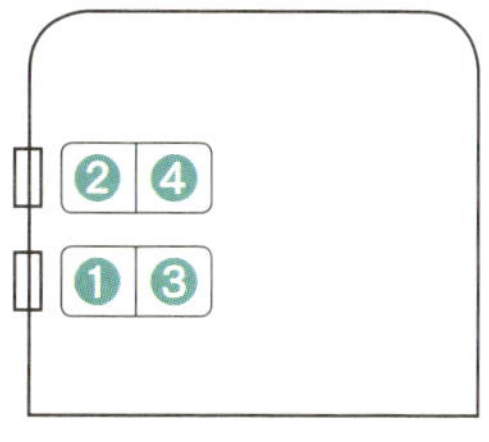
❷ ❹
❶ ❸
進行方向

向き合った4人掛けシートの場合は、進行方向を向いた奥の席が上座。

列車②　2列で座るとき

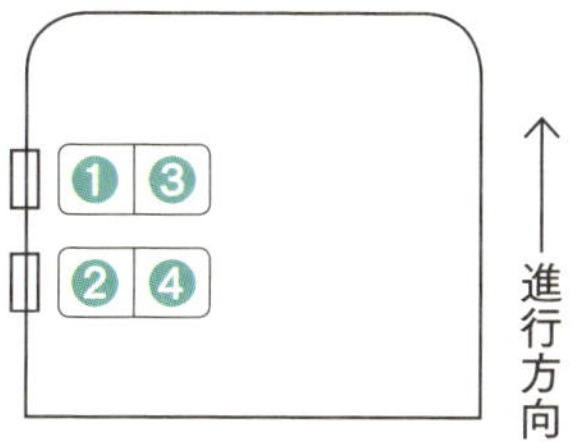
❶ ❸
❷ ❹
進行方向

進行方向を向いた2人掛けの席を2列使う場合は、前列奥が上座。

列車①

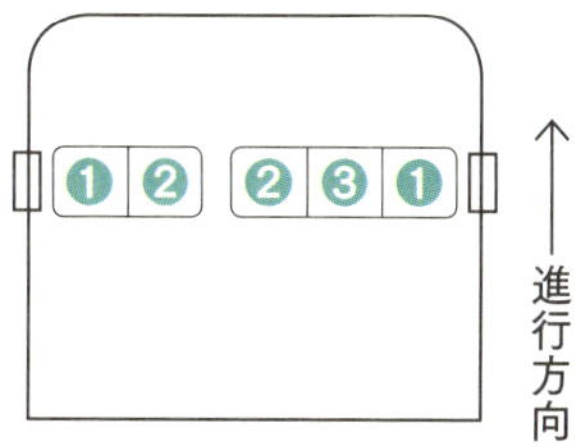
❶ ❷
❷ ❸ ❶
進行方向

2列掛け・3列掛けとも、通路からいちばん奥の席が上座。

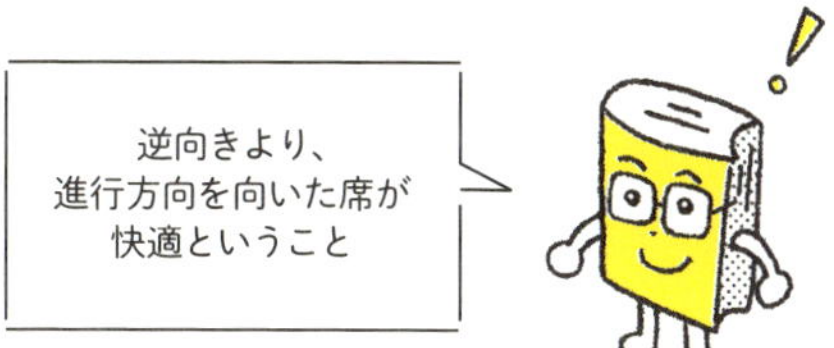
逆向きより、
進行方向を向いた席が
快適ということ

Q&A
こんなときどうする?!

例外には柔軟に対応を

頻繁にお手洗いを使用する可能性がある場合は、上司が自ら通路側を希望するかもしれません。本人の希望が強い場合は通路側に掛けてもらってもかまいませんが、基本は目上の方が奥の窓側の席。上司が通るたびに立ち上がって道を作りましょう。進行方向を向いた2人掛けの席を2列使う際、上位者どうしで話す必要がある場合には、前の席に上位者①②が、後ろの席に③④が座ります。

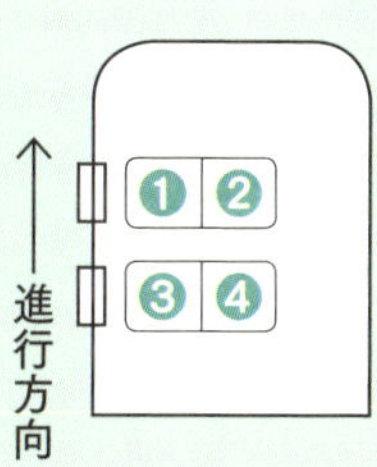
❶ ❷
❸ ❹
進行方向

13

余裕をもった1日を始めよう 出勤もマナーを守ってさっそうと

始業時刻≠出社時刻 余裕をもって出勤しよう

始業時刻が決められている場合、その時間ギリギリに出社すればいいというわけではありません。**始業時刻は業務を開始する時間のこと。その時間から仕事をスタートできるように余裕をもって出社するのが鉄則です。**交通機関の乱れがあってもできるだけ影響を小さくできるように、早めに出社したり、複数の通勤経路を確認したりしておきましょう。朝礼が行われる場合には、朝礼が終わったらすぐに業務に取り掛かれるよう、仕事に入る前の準備は朝礼前に済ませておきます。その日1日の作業予定や仕事の優先順位を確認して、効率よく仕事が進むように整えます。

遅刻しそうなときの対応

社会人として遅刻は厳禁。でも交通機関の乱れや体調不良など、やむを得ない事情で遅れてしまいそうなときは、必ず連絡を入れましょう。交通機関の乱れの場合、会社から遅延証明書の提出を求められているなら、もらっておきましょう。

連絡方法

基本は電話で連絡を。会社や部署によって遅刻の際の連絡方法が決められている場合は、それに従います。予測がつく場合は、だいたいの到着予定時刻も併せて伝えましょう。

早めに家を出て朝活

事務・23歳

以前は始業ギリギリに駆け込むことが多かったのですが、1時間早起きをして出勤するようにしたら仕事の効率が一変しました。ラッシュにも巻き込まれないから朝からイライラしないし、早く着きすぎるので会社の周りを散歩してみるようにしたら、いろんな発見もあってアイデアが湧いてきます。これも私なりの「朝活」です。

毎日の出勤に余裕をもつためのチェックポイント

- □ 持ち物や服装は前夜に確認し、準備しておく
- □ 目覚まし時計は確実にセット
- □ 天気予報を見る習慣をつける
- □ 家を出る前に交通機関の乱れがないかチェック
- □ 通勤ルートは複数確保しておく
- □ マイカーや自転車で通勤の場合は、日ごろからこまめにメンテナンス

遅刻しないために

交通機関の乱れを考慮して、常に早めに家を出る習慣をつけましょう。早く着きすぎたら、近くでコーヒーを飲んだり、お手洗いで再度身なりを整えたりすることもできます。

通勤中も社会人としての自覚をもつ

会社の看板を背負っていることを意識して。
通勤途中でも、常に社会人としての自覚を忘れないようにしましょう。

- **交通機関のマナーを守る**

駆け込み乗車や迷惑行為は厳禁。

- **機密保持の意識をもつ**

通勤中に開いたスマホやPC画面をのぞかれて情報が流出することも。

- **自転車、車通勤の場合**

交通ルールを守って安全運転を。

- **徒歩・ジョギングの場合**

ビジネス用の替えの靴を忘れずに。

■ 通勤時間の長さ

長時間を占める通勤時間。仕事の優先順位をつけたり段取りを考えたりと、有効活用したいものです。

	全国平均	1 時間 19 分
1 位	神奈川県	1 時間 45 分
2 位	千葉県	1 時間 42 分
3 位	埼玉県	1 時間 36 分
4 位	東京都	1 時間 34 分
5 位	奈良県	1 時間 33 分

出典：「平成 28 年社会生活基本調査結果」総務省統計局

■ フレックスタイム制

始業や終業の時間を自分で決めることができる制度。上手に活用すれば充実したワーク・ライフ・バランスに。

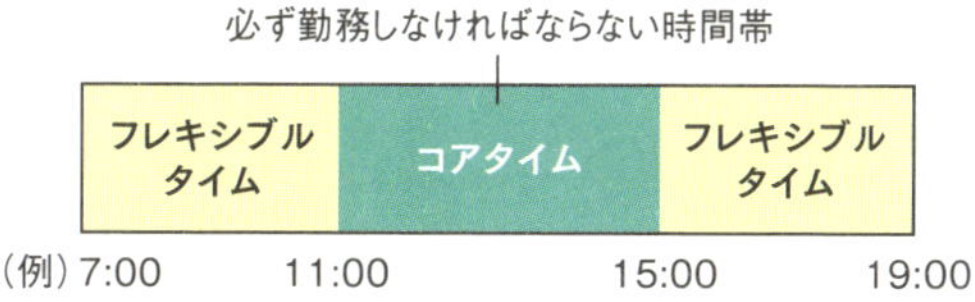
必ず勤務しなければならない時間帯
フレキシブルタイム
コアタイム
フレキシブルタイム
(例) 7:00
11:00
15:00
19:00

出勤後、始業前にやりたいこと

朝の始業前に余裕があると、1日の行動がスムーズになります。

- **メールチェック**

すぐ対応すべきものと、あとからでいいものを仕分けておきましょう。

- **その日の ToDo 表作成**

朝の時間帯に1日の業務をデザインしましょう。

- **デスク周りや共有スペースの整理整頓**

スッキリした環境なら気持ちよく仕事がはかどります。

トイレの鏡で笑顔のチェック

企画・25歳

私は出社したらまず、入室する前にトイレに寄って鏡を見ることにしています。電車が込んでいたり寒い日だったりして、知らず知らず険しい表情になっていることがあるからです。鏡を見てにっこり笑い、表情を整えてから入室することを心がけています。

まずは
元気にあいさつして、
社内の空気を
さわやかにしよう

14

退勤時のマナー

やるべきことをやって早めに帰ろう

帰るときにも、周囲への思いやりを忘れずに

新入社員のうちは、終業時刻になっても帰っていいタイミングかどうかわからず、戸惑うこともあるかもしれません。かつては上司や先輩が仕事をしていたら、部下がさっさと帰ることは快く思われていませんでしたが、いまはむしろムダな残業は避ける流れにあります。仕事を終えて周辺の片付けをしたら、**上司や一緒に仕事をしている人にひと言、何か手伝うことはないか声をかけ、なければきちんとあいさつをして帰りましょう。**もちろん、やるべきことはきちんと済ませていることが前提です。また、何かの理由で早退する場合は、業務に影響が出ないよう引き継ぎをしっかりと行いましょう。

退勤時にしておくべきこと

無言で帰ってしまうのは社会人として失格。本来の業務のほか、もち回りで分担している当番の仕事などもきちんとしたうえで、周囲にひと声かけて帰りましょう。

• 上司への報告

報告・連絡・相談は業務の1つ。仕事の進み具合を上司に報告しましょう。

• デスク周りの整理整頓

取り扱っている書類などが他人の目に触れないようにすることも大切です。

• 翌日の段取り

帰る前に翌日の段取りを確認しておくと、次の日の仕事がさらにスムーズに。

• 必要ならば引き継ぎ

継続中の案件は放っておかずに周囲と情報を共有しましょう。

仕事が残っているときは必要な残業か考える

ダラダラ仕事をするのは避けましょう。

急に早退しなければならないときにしたいこと

• 仕事の分別

ほかの人に引き継ぐべき仕事と、後日でも大丈夫なものとに分別。

• 周囲への告知と気配り

早退することで影響が出る人には必ず早退の事実を伝え、次に出社した際に感謝とお詫びの気持ちを伝えましょう。

退勤時の言葉

うっかり使っていると失礼にあたる言葉を、ここで正しく覚えましょう。

- ✕ ご苦労さまです → ○ お疲れさまです
- ✕ 何かありますか？ → ○ 何かお手伝いできることはありますか？
- ✕ お先です → ○ お先に失礼いたします

社員証やIDカードをつけたまま帰るのは、何かとトラブルの元になるから注意

総実労働時間指数の推移（平成27年を100とした指数）

パートタイム労働者に関しては、労働時間は5年連続で減少しています。

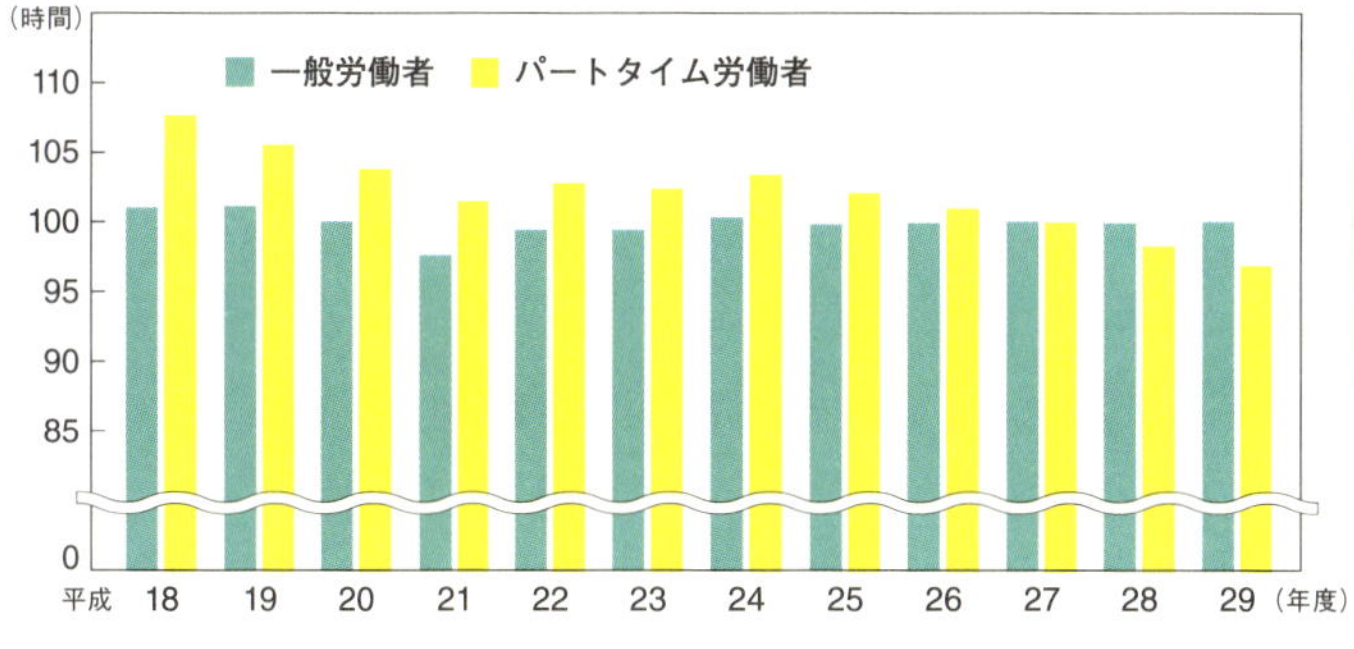

平成29年は、月換算の実労働時間で一般労働者＝168.8時間、パートタイム労働者＝86.1時間。

出典：「毎月勤労統計調査」厚生労働省

残業は美徳ではない

本来の業務時間内に仕事を終わらせることが求められています。残業は、なるべくしないように努力しましょう。

知っておきたい

日報・上司への報告の意義

仕事は上司の指示から始まり、報告に終わります。上司は部署や会社全体の仕事の流れを把握する必要があり、そのためには、あなたの仕事が現時点でどこまで進んでいるかを知っておかなければなりません。日々の業務を報告することで仕事の改善につながったり、ミスを未然に防いだり、さらに良い仕事につなげていったりすることも可能です。日々の報告は業務全体をより良くしていくために、実は欠かせないことなのです。

リアルなお仕事事情

渡した名刺が目の前でヨレヨレに立場のある人なのに……

町田さくらさん（仮名）　28歳　女性

出版社に勤める町田さんは、雑誌の編集をしています。自分自身で原稿を書くことも多く、足で稼いだ情報を丹念に精査してまとめた記事は、とりわけ年齢層の高い読者の支持を得ています。

「取材対象も年上の方が多いので、あいさつや名刺交換は特に意識してきちんとするようにしています。ただその分、相手のマナーも気になってしまいますね」。

あるとき、図書館の館長の訪問を受けました。

「責任のある立場についていらっしゃる方のお話はとても興味深いので、そのときもとても楽しみにしていました。でも……」。

名刺交換を済ませたあと、図書館についての話を始めた館長の手が町田さんの名刺に伸びると、話をしながら角を指でいじったり両手でぐにゃぐにゃともて遊んだりし始めたのです。みるみるうちに町田さんの名刺は、角がヨレヨレに波打った状態になってしまいました。

「おそらく、館長さんは無意識でなさっていたんだと思います。でも、なんだか私のこともそういうふうに雑に扱うのかな、って思うと決して気分良くないですよね」。

館長から「あなたの雑誌に、うちの図書館のこともぜひ取り上げてね」と熱心にアピールされましたが、町田さんがその気になれないのも無理はありませんね。

Chapter 2

言葉づかい・話しかけ

仕事相手との間に安心感、信頼関係を築くには、
まず丁寧で適切な話し方をすることが不可欠です。

01

慣れればカンタン！

敬語の種類と使い分け

席次と同じく上下関係を理解できれば大丈夫

目の前の相手や、話題に上っている人に対して敬意を表すのが敬語です。ルールさえ覚えて使い慣れれば意外と簡単なもの。席次では位の高い人が上座、下の者が下座という決まりがありましたが、実は敬語もこの考え方と同じなのです。

相手に対しての尊敬の念を表現するために、相手を高めるのが「尊敬語」で、自分や身内を下げるのが「謙譲語」。上司と社外の人、先輩と上司など、自分より上の人が複数いる場合は、誰をより上に位置づけるか。それが理解できれば敬語は使いやすくなるでしょう。もちろん、尊敬語と謙譲語以外でも丁寧な言葉づかいを心がけましょう。

上・下による使い分け

敬語の基本は上下関係を表すこと。敬語の5種類のうち、尊敬語と謙譲語、丁寧語の使い方を確認しましょう。

きみが食べた
部長が召し上がった
尊敬語
私が食べた
私がいただいた
謙譲語
今度食べよう
食べましょう
丁寧語

上司や先輩のほか、社外の顧客などに対して使う。相手の動作や状態について敬意を表す。

上司や先輩のほか取り引き先などに対して自分を下げ、相対的に相手の立場を上げることで敬意を表す。

「です」「ます」「ございます」などを使って丁寧に表現する言葉づかい。上下関係は表現しない。

主要な言葉の敬語対応表

	尊敬語	謙譲語
会う	お会いになる、会われる	お会いする、お目にかかる
言う	おっしゃる、言われる	申す、申し上げる
聞く	お聞きになる、聞かれる	うかがう、拝聴する、承る
見る	ご覧になる	拝見する
与える	お与えになる	差し上げる、献上する
来る	いらっしゃる、お見えになる、お越しになる	参る、うかがう
する	なさる	いたす
知る	ご存じである	存じている、存じ上げる

間違って使いやすい敬語

相手を敬ったり、へりくだった表現をしたかったのに、使い方を知らずに間違えていた……なんてことはありませんか？　間違いやすい敬語をピックアップしました。

NG		OK
● 高萩様がなさっていらっしゃった （二重敬語）	→	● 高萩様がなさった
● とんでもございません （「とんでもない」で1つの形容詞なので、「ない」だけを敬語にすることはできない）	→	● とんでもないことでございます
● 領収書のほう、いただけますか？ （方角や位置を表さない「ほう」は使わない）	→	● 領収書をいただけますか？
● 佐藤様でございますね （「ございます」は謙譲語。相手には使わない）	→	● 佐藤様でいらっしゃいますね
● 岡崎さんはおりますか？ （「おる」は謙譲語。相手には使わない）	→	● 岡崎さんはいらっしゃいますか？
● お世話様です （「お世話様」は目上から目下に使う言葉）	→	● お世話になっております
● 太田様でよろしかったでしょうか？ （過去形にしない）	→	● 太田様でよろしいでしょうか？
● お名前を申し上げたうえでご発言ください （「申し上げる」は謙譲語）	→	● お名前をおっしゃったうえでご発言ください
● こちらが見積書になります （「〜になる」は状態が変化するときに使う）	→	● こちらが見積書でございます

内・外による使い分け

上司は自分にとって尊敬語で表す対象でも、外部の人に対して話すときは「身内」。
社外の人に話すときは上司の動作や状態に尊敬語をつけず、謙譲語で話しましょう。

社外など相手側＝外
部長の
○○が申した
社内など自分側＝内
○○部長が
おっしゃった

知っておきたい　美化語とは

名詞に接頭語の「お」や「ご」をつけて丁寧さを表す敬語。世代によっては「美化語」が通じないことも。外来語には美化語をつけないのが基本です。
・例　お名前・ご住所

内と外の区分け

外	内
顧客	自社の人
取引先	自社の人
家族・親族以外	家族・親族

02 使いこなせたら一目置かれる ビジネス特有の言葉づかい

相手の立場を尊重する表現に馴染もう

社会ではさまざまな人が、それぞれの立場で動いています。互いに尊重し合い尊敬の念をもつことで、豊かなコミュニケーションと信頼関係を築くことができ、より良い仕事につなげていくことができます。そのために敬語が重要なのは54ページでも述べましたが、**ビジネスの世界には敬語以外にも、相手を尊重する慣用的な表現がたくさんあります。**知らなかったからと間違った使い方をすると、知らず知らずのうちに相手を傷つけ信頼が損なわれてしまいかねません。より良い人間関係を保ちながら仕事を進めていくために、ビジネス特有の表現に慣れて、使いこなせるようになりましょう。

人の呼び方、言い方

社内で呼ぶ場合と、社外の人に対して言う場合の、呼び方の違いをおさえましょう。

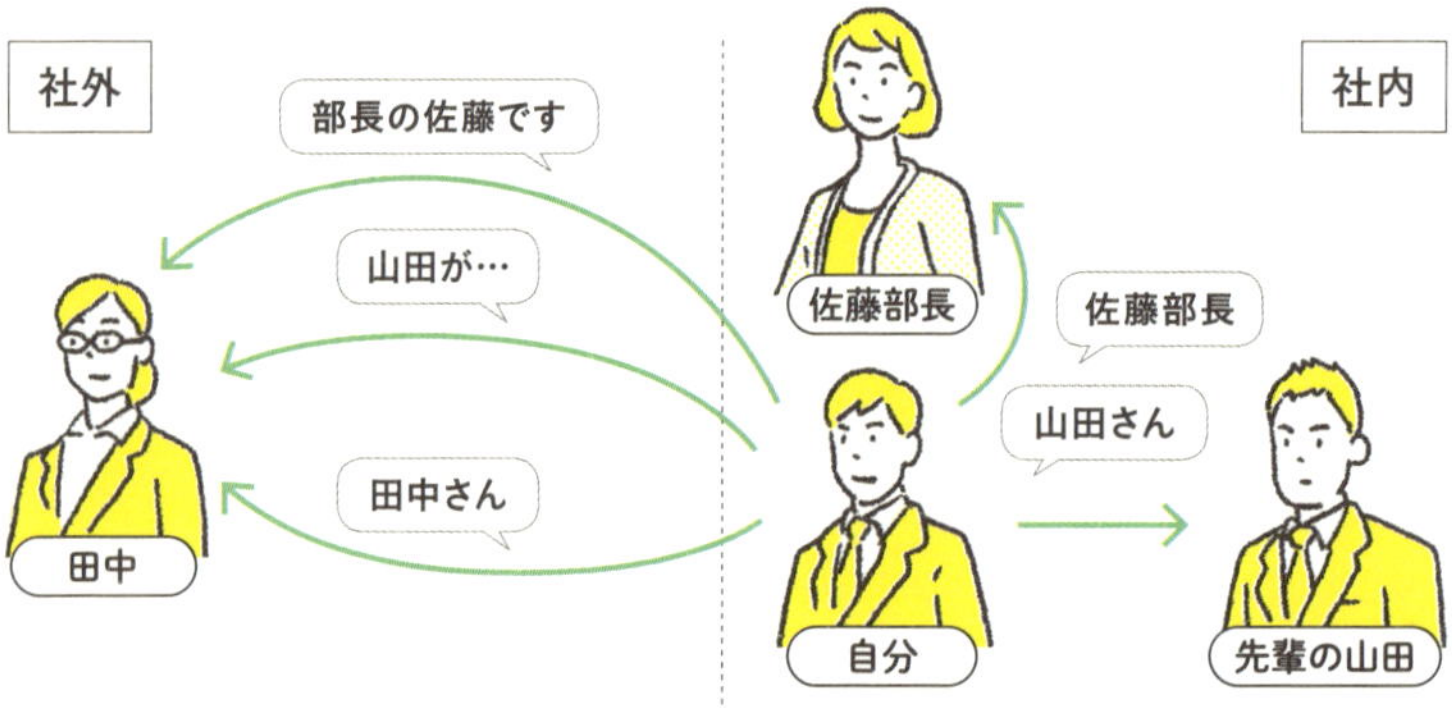

- 社内では、役職についている人は役職名で、役職についていない人は「さん」付けで呼ぶ（職場によって違うのでルールに従う）
- 社外の人に対しても同様
- 社内の人について社外の人に言うときだけは特別で、呼び捨てにする。役職についている人のことは「役職名＋呼び捨て」が一般的

知っておきたい

役職名は間違えない

役職上の上下関係はとてもデリケートなもの。間違えると大変失礼にあたるので、社内の役職を覚えておくのはもちろんのこと、取引先企業の役職も頭に入れておきましょう。

社内外で使い分ける用語

社内外で言い方が異なるものをまとめました。

社外		社内
御社（主に口頭で）、貴社（主に文書で）、そちら様	会社	当社（基本的に社内で）、弊社（口頭、文書ともに）、小社（主に文書で）、わたくしども
貴協会、貴会	団体	本会、当会、弊会
社長の○○様、○○社長	役職	わたくしどもの社長の○○
そちら様（名前が不明のとき）	本人	わたくし、こちら、当方、小職
お連れ様、ご同行の方	同行者	連れの者
ご来社、お立ち寄り、お越し	訪問	参上、ご訪問、お伺い
お品物、ご厚志、結構なお品	物品	寸志、粗品
ご書面、貴信、貴書	文書	書面、書中、弊書
お納め、ご笑納	授受	受領、拝受
お住まい、お宅	家	拙宅、小宅

1人称は男女とも
「わたくし」「わたし」
がいいね。
オレ、ぼく、
あたしは使わないよ

ココに気をつけるだけでデキる印象がぐんとアップ！

つい学生時代のままの言葉づかいをしていませんか？

普段の会話のくせを修正するだけで、一気にビジネスパーソンとしての品格が漂います。

あいまいな言葉	「～的な」「だいたい」「～かなぁ、なんて」といったあいまいな表現は、友達どうしの間ではやわらかさが表現できて便利です。しかしビジネスシーンではあいまいな表現は誤解やトラブルの元。使わないようにしましょう。
若者言葉	「ワンチャン」「じわる」といった若者言葉を仕事で使うのはやめましょう。ビジネスシーンにふさわしくないばかりか、「安定。」は、若者間では「間違いない」の意味で使われていますが、一般には「落ち着いた状態」を表すなど、違う意味に受け取られて誤解を招くことも。
語末を上げる	「それではお手続き?に入りますので、まずこちらの?ご住所?から順に?お書きいただけますか?」のように、語末を上げるクセが染みついてしまっている人がいます。友達どうしの会話ではほとんど気にならないかもしれませんが、ビジネスシーンでこの半疑問形を使うと、相手は不安に感じます。なげやりな印象をもたれて信頼関係を損ねてしまう可能性があります。そのほか、「それでー」「えっとー」などと語尾を伸ばすのも、幼い印象を与えるのでやめましょう。
「ら」抜き言葉	「×見れる⇒○見られる」「×出れる⇒○出られる」のように、可能の意味を表す「～られる」の「ら」は抜かずにきちんとつけましょう。ら抜き表現はよく耳にしますが、ビジネスではまだまだ嫌がる人も多くいます。

言い換え＆クッション言葉の達人になろう

催促や依頼、断りを入れるときなど、ちょっと言いづらいことを言わなければならないときには言い換えたり、「クッション言葉」を挟んだりして印象をやわらかくしましょう。

■「命令」は「依頼」に

お待ちください ➡ お待ちいただけますか？

■「否定」は「肯定的な言い方」に

ありません ➡ 切らしております
できません ➡ 致しかねます
わかりません ➡ わかりかねます

何か言う前に
ひと言置くのが
クッション言葉だね

■ クッション言葉

質問するとき 恐れ入りますが　失礼ですが　差し支えなければ
つかぬことを伺いますが

提案するとき よろしければ　差し支えなければ

依頼するとき 恐れ入りますが　お手数ですが　ご面倒ですが
ご迷惑でなければ　恐縮ですが

断るとき 申し訳ございませんが　残念ですが　あいにく　せっかくですが
ありがたいのですが　恐れ入りますが

ねぎらうとき お熱い中を　お寒い中を　雨の中　お足元の悪い中
ご足労いただきまして　お忙しいところをわざわざ　ご遠方を

使ってしまいがちな不適切な表現

上から目線の言葉づかいは相手にとって不快です。
気をつけているつもりでも、ついついこのような表現を使ってしまっていませんか。

ですから…

相手には、いかにも面倒くさいと思っているように伝わってしまいます。また、言い訳を言っていると受け取られてしまうこともあります。

それはですね…

あのですね…

相手がこちらの話をちゃんと聞いていないと思ったときに、うっかり使ってしまいがち。言われた側は見下されていると感じます。

おわかりになりましたか？

お教えできません

これらの言葉は、目上から目下に対して使う表現です。「ご不明な点はございませんか?」「ご案内することができません」と言い換えましょう。

誤解を招きやすい言い方

NG

✕ あ、水でいいです。
○ お水をいただきます。

「〜でいいです」は消極的な選択で、不満があることを暗に意味しているように聞こえます。

✕ 大丈夫です。
○ 問題ありません。差し支えありません。

「大丈夫」はあいまいな表現で、肯定的にも否定的にもとれるため、誤解を招きやすく注意が必要です。

✕ それ違いますよ。
○ いま一度、ご確認いただけますか?

相手が明らかに間違っているとしても、頭ごなしに否定せず、疑問形で確認を促すようにしましょう。

✕ どこがいけないんですか?
○ ご意見をいただけないでしょうか。

「どこがいけないんですか?」では喧嘩腰です。感情的にならないためにも、言い換えたほうがいいでしょう。

✕ おわかりになりましたか?
○ おわかりいただけましたか?

「おわかりになりましたか?」では、わかったかどうか上から目線で尋ねているようです。相手の理解力を信頼していない言い方で、相手を不快にさせます。

✕ 伺わせていただきます。
○ 伺います。

二重敬語であるうえに、「〜させていただく」の乱用です。「させていただく」は相手の許可を得て何かをするときの表現です。

知っておきたい

その間違いは「下品」です

「部長はゴルフおやりになりますか?」「何かスポーツをやられますか?」という言い方の「やる」は「する」の俗語的な表現。尊敬を意味する「られる」「お〜になる」をつけて「おやりになる」「やられる」にしても敬語にはなりません。「なさる」と言い換えましょう。冒頭の例では、「部長はゴルフをなさいますか?」「何かスポーツをなさっていますか?」のように言います。

敬語やビジネス用語は覚えるより慣れましょう

敬語には法則があって、その法則に従って考えればいいとわかっていても、慣れるまではなかなか難しいかもしれません。ビジネス特有の言い回しや、カドの立たない表現なども、考えれば考えるほど何が正しいのかわからなくなってしまうこともあるでしょう。

だからといって、失敗を恐れて黙っていては、いつまでたっても正しい言い回しが身につきません。**間違ったら上司や先輩に指摘してもらい、その指摘を素直に受け止めながら繰り返しトライしていくことが大事です。**たとえて言うなら、海外で外国語を身につけようとするときと同じです。周りの人が使っている言い回しに耳を澄まし、まねをして自分でも口にしてみることによって、少しずつ自分のものになっていきます。慣れるころには、仕事もスムーズに回るようになっていくでしょう。

03

社会人になると意外と機会が多い 自己紹介のポイントとコツ

「仕事をするならあの人と」と思わせる自己紹介を

取り扱う商品やサービスだけでなく、自分のことを覚えてもらうのも社会人の仕事。自分自身も魅力あるものでなければなりませんし、その魅力を表現できなければいけません。**あの人と仕事をしたいと思ってもらえたら大成功。**ハキハキと元気よく、あなたの人となりが伝わるような自己紹介を心がけましょう。

ビジネスで自己紹介する場合に欠かせない3要素

1 あいさつ
2 所属と名前
3 意欲の表明
（社外の人に対しては、自分の担当している仕事内容）

自己紹介の例

自己紹介に欠かせない3要素を、実例で見てみましょう。

おはようございます。営業部に配属になった室屋輝一です。海外に日本のおいしいお酒を届けたくて、日本酒の輸出取り扱いナンバーワンのこの商社に入りました。精一杯頑張りますので、どうぞよろしくお願いいたします！

はじめまして。内田怜です。株式会社オールアウトで、キャリアコンサルタントをしています。転職希望の方の魅力をすべて引き出して、よりよい環境で働いていただけるよう頑張ります。よろしくお願いいたします。

■ 大人数の前で自己紹介するとき

来歴や趣味など自分の特徴を入れて、印象づけるような自己紹介を心がけましょう。ただし、笑いを取ろうとしてふざけすぎないこと。

■ 1人ずつ自己紹介するとき

1人ひとり自己紹介するときはあいさつが長いと時間がかかってしまうので、名前と「よろしくお願いいたします」だけ、笑顔で伝えましょう。

好感をもたれる自己紹介

人の印象は、言葉だけでなく外見も含めた全体で決まります。

- **姿勢**
  脚を揃えて膝を引き締め、真っすぐ立ちます。背筋も伸ばしましょう。
- **動作**
  あいさつをしてからおじぎを。言葉と動作が一緒にならないように。
- **身だしなみ**
  清潔感のある服装を。髪も整えましょう。

- **表情**
  話す相手の目を見て、にこやかに話しましょう。
- **話し方**
  ハキハキと明るい声で、スピードはややゆっくりめに。
- **気持ち**
  「伝えたい」という思いが大切。わかりやすさを心がけましょう。

NG

- **長い**
  相手の時間は貴重です。話しすぎないように注意。
- **緊張のあまりもじもじ動く**
  動きばかりが気になって、肝心の言葉が頭に入ってきません。
- **自慢話**
  自己アピールのつもりが嫌味や高慢になっては印象が悪くなります。
- **ネガティブな発言**
  聞くほうがつらくなってしまいます。

名前だけでも
覚えてもらえれば、
ひとまず自己紹介は
成功

言葉づかいで印象が変わる

「言葉づかいは心づかい」とよく言われます。言葉はその人自身の心の表れ。何を話し、どんな言葉づかいをするかによって、育ちや学歴、性格、考え方などを見透かされてしまうのです。どんなに美しく着飾っていても、言葉づかいが汚いと乱暴な人だと思われてしまうし、あえて方言で話せば、ふるさとを大事にする朴訥とした人というイメージに変わります。どんな人になりたいかをイメージして、それにふさわしい言葉づかいをするように心がけましょう。

「さりげない気配りが
できる」と感じさせる
言葉づかいが必要だよ

04 人をつなげて仕事をつなげる
人を紹介する

目上の人に目下の者を先に紹介するのが鉄則

ビジネスのシーンでは人を紹介したり、紹介されたりする場面がよくあります。入社したばかりのころは、自分が紹介される側のことが多いかと思いますが、次第に他人を人に仲介することも増えてくるでしょう。

紹介には順序があります。お客様と社内の人を引き合わせるときは、先にお客様に社内の人を紹介し、次に社内の人にお客様を紹介します。もちろん社内の人に敬語、敬称は使いません。**必ず、立場が下の側から先に紹介することがポイントです。**

取引先同士を紹介するときは、より密接につき合いのあるほうから紹介します。あなたの仲介から新しいビジネスに発展するかもしれません。

人を紹介するとき

紹介するときは、紹介する理由に添えて会社名や部署（所属）・役職・名前だけでなく、経歴・専門なども簡単に伝えると信頼感が増します。

必ず「目上の人に目下を紹介」が先！

伝える項目：
会社名・部署（所属）、役職、名前、紹介する理由、経歴・専門など

Q&A こんなときどうする?!

序列に差がないとき

同じ程度の二者を引き合わせるときは、立場、肩書き、年齢などを比べて、目下の人から先に紹介しましょう。

複数いるとき

まず社内の者を上司から順に紹介し、続いてお客様側も同様に上位者から順に紹介します。

家族を紹介するとき

家族を社内の人に紹介する場合は、もちろん家族を紹介するのが先です。

敬語の使い分け

人を紹介するにあたって気をつけたいのが敬語。

誰が上で誰が下か、自分の立ち位置をはっきりさせるためにも正しく敬語を使いましょう。

■ 尊敬語と謙譲語の混合に注意

最もあやふやになるのは「〜でいらっしゃいます」「〜でございます」の使い分け。55ページで確認しましょう。

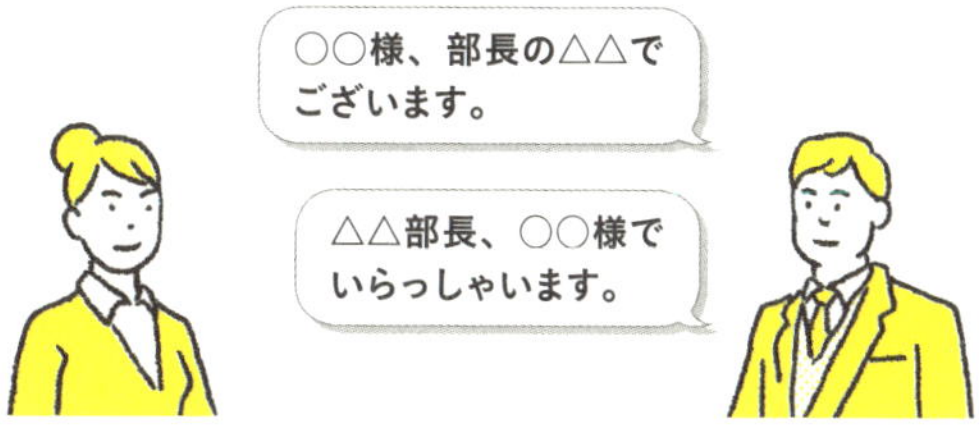
○○様、部長の△△でございます。
△△部長、○○様でいらっしゃいます。

目上の人・お客様

NG 紹介で避けたい4つのこと

● 内輪話をする

せっかく紹介したのに、全員が参加できない話をするのはマナー違反。話題に注意しましょう。

● 紹介したことを恩に着せる

その後の商談が発展したとしても、引き合わせたあなたが恩着せがましい態度をとってはいけません。逆に、あなたが紹介された方との商談が発展したら、必ず紹介者に経過報告をしましょう。

● 紹介中に中座する

紹介者はその会談の進行役。途中で席を外さないようにしましょう。

● アポなし訪問で紹介する

紹介は必ず事前に連絡を入れてから。先方が知らない人を突然連れて行くのは失礼です。

知っておきたい

休日、家族や友人といるとき、ばったり上司に会ったら

軽くあいさつをして、「友人の○○です」「私の母です」などと紹介しましょう。紹介せずに隠しておくと、後ろめたい関係なのかと誤解を招いてしまいます。

自社内で紹介する場合

社内で同じ部署の人を他部署の人に紹介するときも、先に身内（同じ部署）の人から紹介します。敬語は上下関係に従って正しく使いましょう。

そうか。
自社内でも身内と
外という考え方が
成り立つんだね

05

聞き上手はなにかとおトク！
信頼される話の聞き方

たとえ話しベタでも、聞き上手なら大丈夫

「ビジネスにはコミュニケーションが重要」と聞くと、「私は話しベタだから……」と自信をなくしてしまう人がいますが、それは大きな間違い。話す側だらけでは会話も信頼関係も成立しません。投げたボールを受け止める人がいて初めてキャッチボールが成り立つように、コミュニケーションにおいても「聞き役」が重要な役割を担っているのです。**話しベタでも、聞き上手になれば信頼関係は成り立ちます。**むしろ話しすぎの人より強い信頼を得られるものです。ただうなずくのではなく、適切なあいづちを打ったり姿勢に気をつけたりして、能動的な聞き方を心がけましょう。

好感をもたれる聞き方とは

能動的な聞き方をすることで、あなたの評価はぐんとアップします。
姿勢や表情に気をつけましょう。

話を聞く姿勢

- 身体を相手に向ける
- 軽く前傾
- メモを取る

話を聞く表情の基本

- 笑顔（口角を3ミリ上げる）
- あごを引く
- 相手の鼻のあたりと目のあたりを交互に見る

相手の共感を引き出す聞き方

相手が話しやすい雰囲気を作ることも必要です。その手順を確認しておきましょう。

まずは話を聞くことに集中する
途中で話をさえぎったり、ほかのことをしながら聞いたりするのはNG。

←

肯定的なあいづちを打つ
「そうですね」など、相手の話を肯定的に受け止めていることを表すあいづちを打ちましょう。「そうですね」だけでなく、あいづちのバリエーションも増やしておきましょう（左ページ）。

←

積極的な反応をする
無反応は、最もしてはいけないこと。大きくうなずいたり、メモを取ったりと、積極的に聞いている姿勢を見せましょう。

NG

相手を不快にするあいづち

- 「はいはいはい」
- 「なるほどですね」
- 「は?」
- 「うそ！」
- 「ああ……」
- 何を聞いても同じあいづち

OK

聞いていることが伝わるあいづち

- 「はい」
- 「ええ」
- 「そうですね」
- 「おっしゃるとおりです」
- 「さすがですね」
- 「そう思います」

NG

やってしまいがちなNGな聞き方

● 勝手に結論づける

相手の話の最中で「つまりこういうことですね」と勝手に決めつけてはいけません。

● 話題を奪う

相手が話している内容の一部分を抜き出して自分のことに結び付け、いつのまにか話の主役になってしまうのは、悪印象です。

● 話をさえぎる

聞いてもらえなかった、相手にしてもらえなかったという印象を与えます。

● ながら聞き

真剣に話を聞いていないと受け取られます。話を聞くことに集中していないと、大切な用件を聞き漏らしてしまうこともあります。

● 否定的なあいづち

なかでもいちばんやってはいけないのは「は?」というひと言。たったひと言で相手を傷つける最凶のNGワードです。「ええ?」も言わないほうがいいでしょう。

知っておきたい 上級者の聞き方

神経言語プログラミング（NLP）というコミュニケーション、心理療法の技法の1つを利用した、相手の共感を得る聞き方のテクニックをご紹介します。

● ペースを合わせる

相手の話し方や呼吸などのペースを合わせること。声の大きさ・音程・スピード・リズムを相手と同じにします。

● 鏡合わせの動作をする

相手が腕を組んだらこちらもさりげなく腕を組むといったように、鏡に映したかのように、相手の身振りや動作をまねましょう。

● オウム返しをする

「あの映画、おもしろかったよ」「おもしろかったんですね！」というように、相手の言葉をそのまま使って返事をすること。一字一句同じでなくてもかまいません。

相手の感情も
受け止める聞き方が
ベストだよ

06

「何を言うか」＋「どのように言うか」

好感をもたれる話し方

話の内容だけでなく話す態度にも気を配ろう

プレゼンテーションなどの場で改まって大勢の前で話すときだけでなく、報告・連絡・相談や電話での応対など、話をする機会は日常のあちこちにあります。特にビジネスにおける会話では、情報を正しく、わかりやすく伝えることが重要です。**声のトーンや大きさ、言葉づかいや話の組み立てなど工夫する要素はたくさんあるので、まずは改善できるところを良くしていきましょう。**コミュニケーションは信頼の積み重ねで深まっていきます。そのためには、話す内容だけでなく話すときの態度も重要です。自分の感情や都合よりも、相手にどう伝わるかを意識して話すようにしましょう。

話し方の基準

コミュニケーションは、投げたボールを受け取ってもらわなければ成り立ちません。キャッチしやすいボールを投げるポイントを挙げます。

• 話すスピード

緊張すると誰でも早口になって聞き取りにくくなります。意識して、ややゆっくりと話しましょう。

• 声の大きさ

相手との距離感が大切。耳元で大きな声で話したり、会議でぼそぼそ話したりするのはやめましょう。

• 話の組み立て

結論や主題から先に話したほうが伝わりやすいものです（左ページ）。

• 声のトーン

高すぎる声は聞いていて疲れます。かといって聞き取れないほど低い声もNG。明るさのある落ち着いたミドルトーンが望ましいです。

• 言葉づかい

正しく敬語を使い、相手を尊重した美しい表現を心がけましょう。

• 身だしなみ

見た目でシャットアウトされないように、清潔感のある服装を。

Q&A

こんなときどうする?!

言いにくいことを言わなくちゃいけない。どう切り出したらよい？

言い換えやクッション言葉を活用しましょう（58ページ）。相手に何かしてほしいときには、命令でなく依頼の形を。たとえば「恐れ入りますが、この資料を運ぶのを手伝っていただけますか」など。断るときには否定文でなく肯定的な言い方を心がけます。たとえば「申し訳ありません。午後ならお手伝いできるのですが」などと言えばいいでしょう。

伝わりやすい話の組み立て方

日常の業務報告などの場面で役立つ、伝わりやすい話の構成を知っておきましょう。

主題
大事なことを先に言うのが鉄則。「で、何が言いたいの?」と言われないようにしましょう。

→

根拠
この話をするに至った背景や具体的な理由を伝えます。

→

提案
以上を受けての、自分の意見を言います。出来事と意見は分けて話すのがコツです。

〈例〉

(主題)

相談がありますが、2〜3分お時間よろしいでしょうか。

(根拠)

A社から、来月に行われるコンペへの参加の打診がありました。この件でご意見をいただけないでしょうか。

(提案)

A社とは長いつき合いですが、5年前と比べると取引が半減しています。

今回のコンペは、関係性を再び強くする絶好の機会になると考えられます。

コンペフィーは支払われませんが、A社との取引強化のためにぜひ参加するべきかと考えます。

A社を担当している私とBさんで進めていきたいと考えています。いかがでしょうか。

知っておきたい

語尾を明瞭に、1文は短く

わかりやすい表現のためには、1文を短くすることがポイント。ついだらだらと続けてしまうと主語と述語の整合性がとれなくなってしまうことも。1文を短く区切って、接続語でつなぐ意識をもちましょう。その際、各文の語尾があいまいだと誤解を招くので、はっきりさせましょう。

上手な会話は「話す」2割、「聞く」8割

うまく会話をしようと思うと、つい話しすぎてしまう人が多いようです。話すのは2割で十分。相手の話をよく聞くことこそ、話し上手の神髄です。

「いま時間ありますか？」はNG？

電話などで、相手の状況が見えないときに確認するのは問題ありません。しかし目の前の相手、特に上司や先輩などに話しかけるときは、声をかける前に様子をうかがうことが大事です。そして、時間があるかどうかではなく、「○○の件でお話ししたいのですが」などと具体的に声をかけましょう。

07

業務をスムーズに進めるために
ホウ・レン・ソウは不可欠

組織で仕事を進めるうえで報告・連絡・相談は必須

技術や通信の発達で、会社にいなくても仕事ができたり、勤務時間も自由に選べたりする時代。だからこそ、全員の動きや仕事の進捗を上司が把握する必要性が増しています。**チームで行っている仕事をスムーズに進めていくために、この「報告・連絡・相談」はとても重要です。**怠って業務の流れを止めてしまうことのないように心がけましょう。

ホウ・レン・ソウとは？

報告・連絡・相談は、それぞれどんなことを指すのか、確認しておきましょう。

報告《ホウコク》

担当している仕事が完了したことや、仕事の進み具合を伝えること。ミスをしてしまったときも必ず報告します。

連絡《レンラク》

上司を含め、業務に関連する人々と情報を共有し、仕事を滞りなく進めます。遅刻や欠勤の際の連絡も忘れずに。

相談《ソウダン》

業務上に不明点や疑問が生じて判断に迷うとき、1人で勝手に結論を出さず上司や先輩にアドバイスや判断を仰ぎましょう。

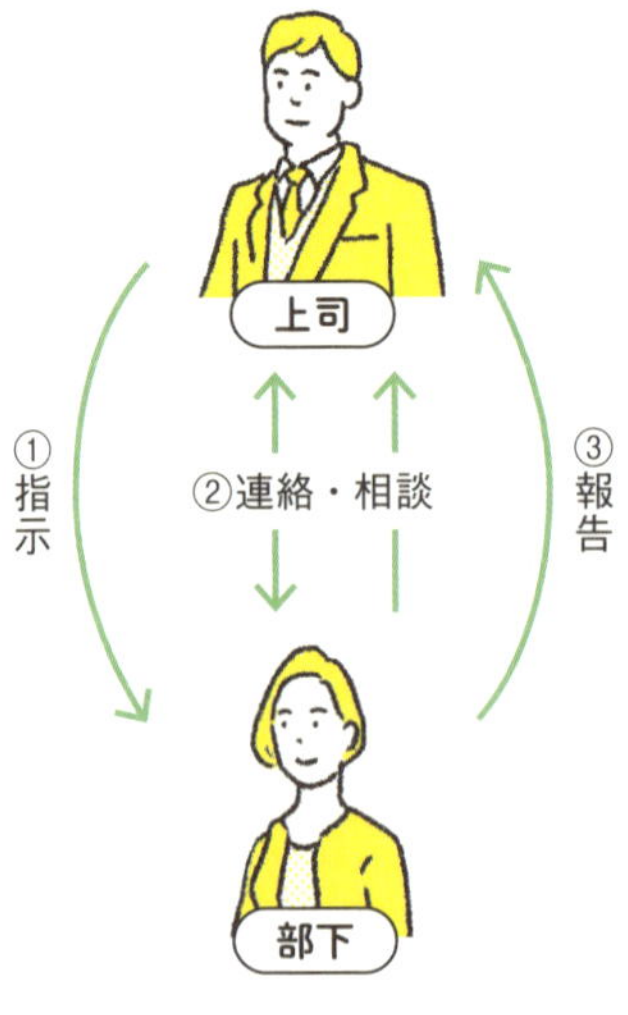

「ホウ・レン・ソウ」に共通するコツ

- **要点を整理する**

何を伝えたいのかを明確にして、簡潔にまとめましょう。

- **事実と推測を区別する**

情報をきちんと整理して、個人的な意見と混ぜないようにします。

- **あいまいな表現をしない**

具体的な数値があるものは数値をはっきりと伝えましょう。

- **勝手な判断をしない**

事態は自分に見えている範囲を大きく超えているかもしれません。自己判断は誤った対応につながります。

知っておきたい

悪い報告ほど早く、正確に、正直に

叱られたくないからといって報告を後回しにしていると、重大な問題に発展しかねません。対処が早ければ損失が少なくて済むこともあります。ミスやトラブルが発生したら早く、正確に、正直に報告しましょう。

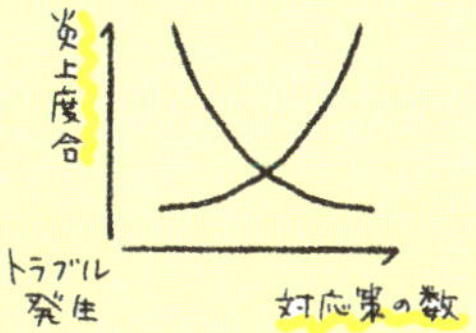
炎上度合
トラブル発生
対応策の数

時が経てば経つほど、打つ手も少なくなる

報告しないと正しい情報が伝わらず、道を誤る恐れがある

脱「ホウ・レン・ソウ」漏れチェックポイント

報告・連絡・相談を忘れていないか、日々の業務のなかで確認していきましょう。

報告のタイミング

- 指示された仕事が終わったとき
- 中長期の仕事の途中経過
- 仕事の進め方に変更が出たとき
- ミスやトラブル発生時

伝えるとき・確認するときに必要な６Ｗ３Ｈ

- ☐ When（いつ、いつから）
- ☐ Who（誰が）
- ☐ What（何を）
- ☐ Where（どこで）
- ☐ Whom（誰に）
- ☐ How（どのように）
- ☐ How long（どのくらいの期間で）
- ☐ How much（いくらで）
- ☐ Why（なぜ）

「連絡」は、事実の周知が目的

推測を除いて、事実を情報としてきちんと正確に伝えるようにしましょう。朝礼での伝達事項や仕事内容の共有、ホワイトボードに書かれた行動予定、電話を受けたときの伝言メモなども、すべて「連絡」事項です。

日ごろから情報交換の習慣をつけよう

仕事に精通するまでは。その情報を誰にどこまで知らせるべきなのか判断がつかないかもしれません。また「取引先のA社の看板が変わった」のような、あなたには些細なことが、担当者にとっては重要な情報である可能性もあります。迷ったら上司や先輩に相談することはもちろんですが、日ごろから周囲と気軽に情報交換をして、どの情報を誰に伝えるべきかのアンテナを張っておきましょう。

自分なりの考えをもって「相談」する

わからないことがあれば相談するのはよいことです。しかし、「わかりません」「どうしたらいいでしょうか」と丸投げするようでは、上司としては仕事を任せている甲斐がありません。自分はこう考えていますがいかがでしょうかという相談の仕方をしましょう。

相手は忙しい。
「結論から先に」
「簡潔に」
を忘れずに！

伝言ゲームにならないよう情報共有は正確に

組織で仕事をしているなかで「報告・連絡・相談」が大切なことは、68ページで理解できたことでしょう。**理想は、組織全体がまるで1人の人格のように、目標達成に向かって行動できること。**仕事が細分化されていればいるほど互いの情報を共有することが重要になってきます。

気をつけたいのは、情報が人から人に伝わる段階で伝言ゲームのように少しずつ変化してしまうこと。できるだけ直接伝えたり、各自が直接自分で確認できるシステムを利用したりしたいものですが、人から人に伝えるときは伝えられた情報に主観を交えたりせず、正確にそのまま次に伝えましょう。また少しでも迷ったら自己判断せず相談して、チームとしての方針を優先しましょう。結果が出た際には必ず報告することもマナー。相談に乗ってもらったお礼も忘れずに言いましょう。

情報共有のパターンと手段

情報共有の重要性がわかったところで、指示系統・共有の流れを見ておきましょう。

情報共有の手段

- 直接対話、打ち合わせ
- 電話
- メール（CC、BCC）
- SNS
- 会議
- 朝礼、社内報
- 社内掲示板

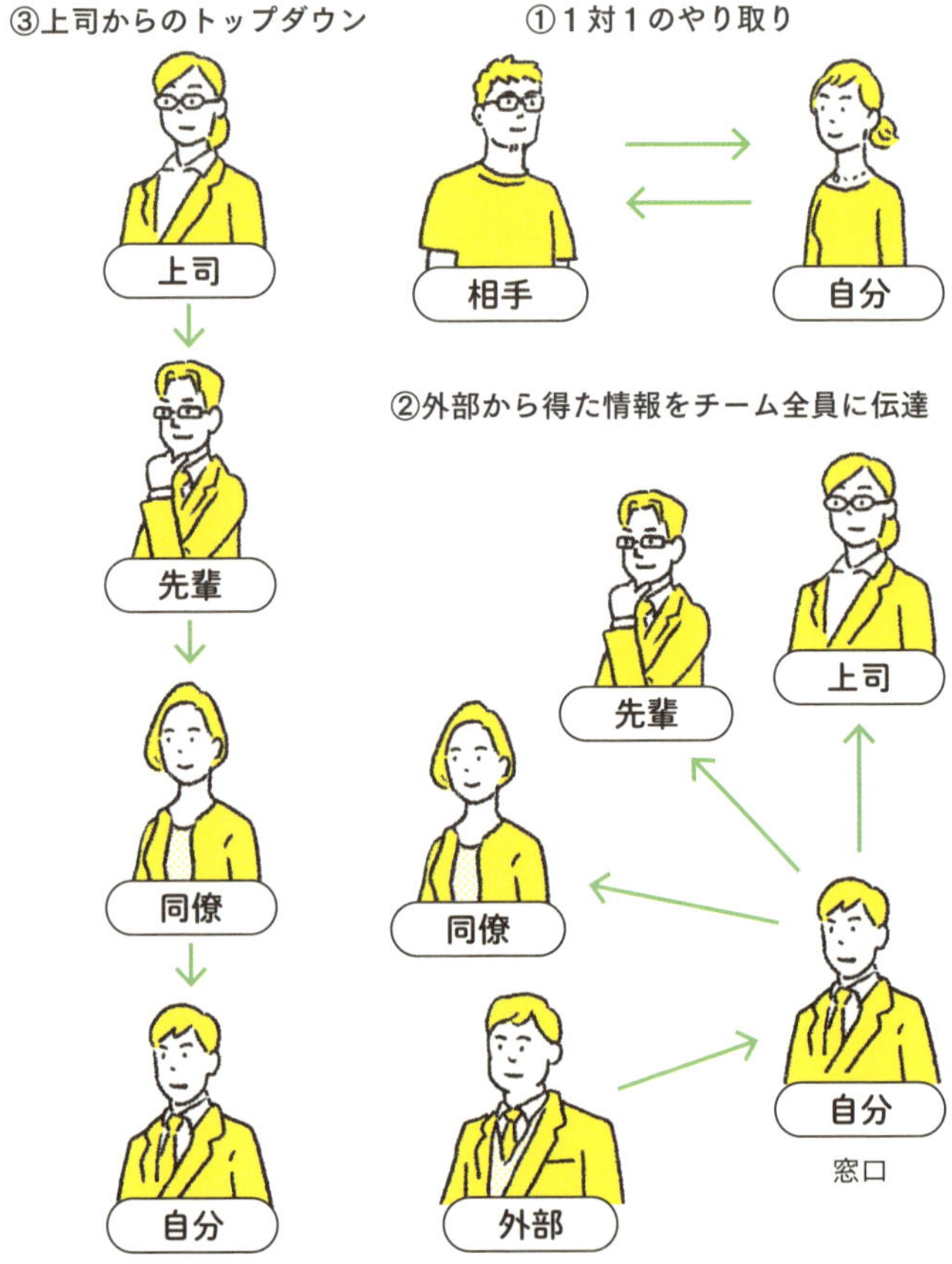

チェックポイント

〈自分が情報を発信する〉

☐ **電話・口頭だけでなく必ず文書を残す**

言った言わないはトラブルの元。文書やメールで必ず履歴を残しましょう。

☐ **確認しながら責任をもって伝える**

誤った情報を伝えたのでは意味がありません。

〈自分が情報を受け取る〉

☐ **メモをとる**

思い違いや聞き逃しがないよう、メモをとる習慣をつけましょう。情報の整理にも役立ちます。

☐ **6W3Hをはっきりさせる**

客観的な事実を把握するために、必要事項を漏らさず確認しましょう。

☐ **その後の共有について確認**

自分が得た情報をどのような形で共有するかを確認。

Q&A こんなときどうする?!

誰に相談したらいい?

その事案にかかわっている直属の上司にまず相談しましょう。そのうえで、誰に相談するべきかの指示があれば、その人に改めて相談します。

いつ相談したらいい?

ミスやトラブルが発生した際には速やかに。そのほかの場合でも、いつまでも放置せず問題点は早めに解決しましょう。

些細なことでも相談すべき?

それが「些細なこと」かどうか決めるのは、あなたではなく、仕事の指示をした人です。勝手に事の大小を決めつけないようにしましょう。

相談したのに叱られた!

問題点をきちんとまとめてから相談しましたか? 自分なりに考えたうえで相談しましたか? 話しかけていい状況かどうか確認してから相談しましたか?

情報共有・中間報告の流れ

上司と部下の間を例に、情報共有と中間報告の流れを見てみましょう。

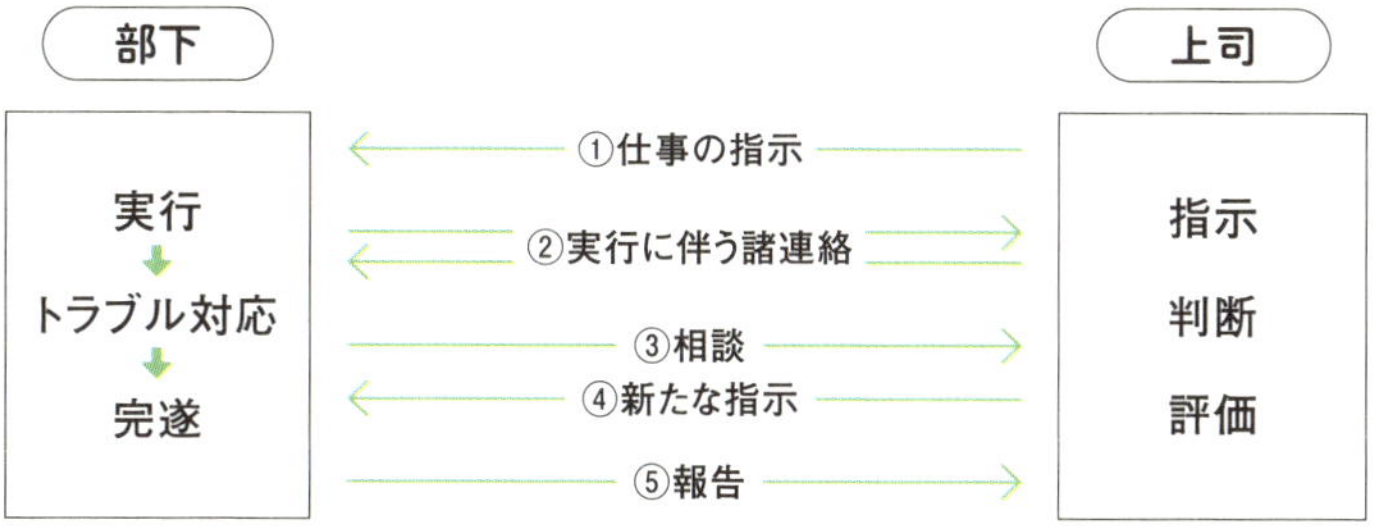

08

空気が読めればビジネスの達人

話しかけていい（悪い）タイミング

上司も先輩も忙しい観察してから話しかけよう

仕事はチームで分担し、それぞれが業務を進めています。報告や連絡・相談のために上司や先輩に話しかけたいけれど、皆それぞれに忙しいもの。報告や相談などこちらの都合で話しかけるときは、相手がいま、話しかけていいタイミングなのかどうかを見極める必要があります。話しかけるのを控えたいタイミングは、左ページにまとめましたが、基本的には、声をかけたい相手の様子をよく観察し、その相手の立場に立って考えればわかります。**報告・相談内容の重要性をまず見極めて緊急なら遠慮なく声をかけ、それ以外はタイミングを待つ間に報告や相談の内容を見直しておきましょう。**

「話しかけ」に使えるフレーズ

声をかけるとき、こんなフレーズで始めると相手も気持ちよく応対してくれます。

- お忙しいところ申し訳ありません
- （電話で）いまよろしいでしょうか？
- お仕事中失礼します
- お疲れのところを恐れ入ります

こんなふうに話しかければ、
「気づかってもらえている」と
いう印象を与えられるね

Q&A こんなときどうする?!

電話って相手が何をしているかわからないのでかけにくいんですが……

こちらからは相手の様子が見えないため、相手が何かの作業中だったとしても割り込んでしまう恐れはあります。でも、電話というのはそういうもの。つながったらまず「いまよろしいでしょうか？」と確認し、ダメだったら都合のいい時間を聞いてかけ直しましょう。断られたことや、相手の邪魔をしてしまったことを必要以上に気に病むことはありません。一刻をも争うような急ぎの要件でない場合は、メール等で連絡を入れてもいいでしょう。

声かけを控えたいタイミング

仕事の話なのですから、必要があれば遠慮する必要はありませんが、次のようなタイミングは避けるほうがいいでしょう。

• 数字や文書などの細かい作業をしているとき

このようなときに声をかけると、集中を中断し、迷惑をかけるかもしれません。

• 出社・帰社直後

やらなければならない作業が山積みかもしれません。様子を見てからにしましょう。

• 離席しようとしているとき、退勤直前

急ぎの用事があるのかもしれません。大至急の用件でなければ、戻ってから（または翌日）にしましょう。

もちろん、
緊急の場合は
遠慮しては
いけないよ

知っておきたい

相談の「予約」をする

上司はいつも忙しそうなうえに、いざ話しかけてみたら「いまは時間ないから」と断られる。こんなときは、お客様や取引先にアポイントを入れるのと同じように、上司に「予約」を入れましょう。相談したい内容をまとめ、所要時間を見積もって「○○の件、ご都合のよろしいときに×分程度お時間いただけないでしょうか」と声をかけます。メールでもOK。タイミングを逃し続けて問題がおおごとに……、という事態は避けましょう。

忙しすぎるクライアントには候補日を挙げてアポ取り

営業・32歳

クライアントになかなか打ち合わせのスケジュールをもらえませんでした。そこで、こちらから3つほど日程を挙げてその中から都合のいいものを選んでもらうようにしたところ、「この日なら都合がつけられるよ」との返事が！　常に忙しい方なので、候補日の中から選ぶほうが調整しやすかったそうです。うまくいきました！

遠慮のしすぎで問題を大きくした

エンジニア・28歳

クライアントから見積もりに対して値下げ交渉を受けたのですが、多忙そうな上司をわずらわせたくないと遠慮し、さらに自分への評価が低いから値下げされたと思われたくないという気持ちも働き、上司に相談するタイミングをはかっているうちに何日か過ぎてしまいました。クライアントは、特に返答がないので値下げを承諾してくれたと思ったらしく、おおごとになりました。緊急時にはタイミングを逃さず話しかけようと、心に決めました。

09

対応次第でピンチがチャンスに クレームを受けたときの対応

決して感情的にならず丁寧な対応を心がけよう

クレームをゼロにすることは難しいものです。激しいクレームを受けたときこそ、ビジネスでのコミュニケーション能力を高める機会です。商品やサービスによって何らかの不都合があったのですから、**まずはしっかり最後まで話を聞いて、状況を確認しましょう。**途中で話をさえぎったり、憶測で話したり、相手を否定したりしてはいけません。

丁寧な対応で話を聞いたら事実関係を確認して対応策を講じ、それを伝えます。一本のクレームが改善のヒントになることもありますし、良い対応をして企業や商品のファンを増やすこともできます。普段よりいっそう誠実な対応を心がけましょう。

クレームを受けるときの注意8か条

クレームの連絡はできれば受けたくないもの。
しかしリアルな「ご意見」には貴重な視点が含まれています。誠実に対応しましょう。

①迅速な対応	→	クレームを受けたらすぐに対応を。放置すると感情的にこじれます。
②しっかりと話を聞く	→	相手の話はさえぎったりせず、しっかりと最後まで聞きましょう。途中で言い訳をしないこと。
③必要な謝罪は速やかに、不要な謝罪はしない	→	相手の話をしっかり聞いて、謝罪するべきところはきちんと速やかに謝罪しましょう。
④事実を確認する	→	何か誤解があるかもしれません。今後の対策のためにも、話を聞いたあとに事実確認を。
⑤感情的にならない	→	クレームを入れる人はおおむね感情的になっています。こちらも合わせてしまわないこと。
⑥丁寧な言葉づかい	→	相手を尊重して、普段以上の丁寧な言葉づかいを心がけましょう。
⑦解決案・代替案の提示	→	すべて受け止めたあとに、折り合いをつける解決策や代替案を提案します。
⑧感謝を伝える	→	クレームが改善の一歩につながるかもしれません。連絡してもらったことに感謝を述べましょう。

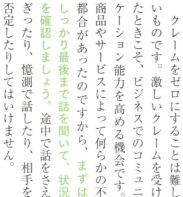

NG

クレーム対応時のNGワード

- 本当ですか?
- それは違います！
- 私にもわかりません。
- どうすればいいんですか!?

記録と上司への報告

クレームは必ず職場で共有する習慣をつけましょう。原因究明よりも先に、上司に報告を。重大なトラブルの場合は、独断せず上司に対応を依頼します。原因究明を行ったあとは再発防止案をまとめ、再度上司に報告しましょう。

クレームを受ける際の心構え

お客様はどんな感情をもっているのか、クレームの背後にある気持ちに思いをめぐらせます。

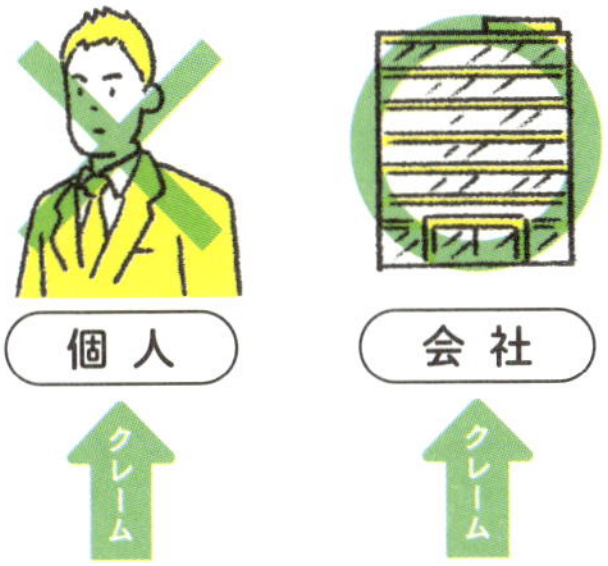

あなた個人としてではなく、会社として対応しましょう。

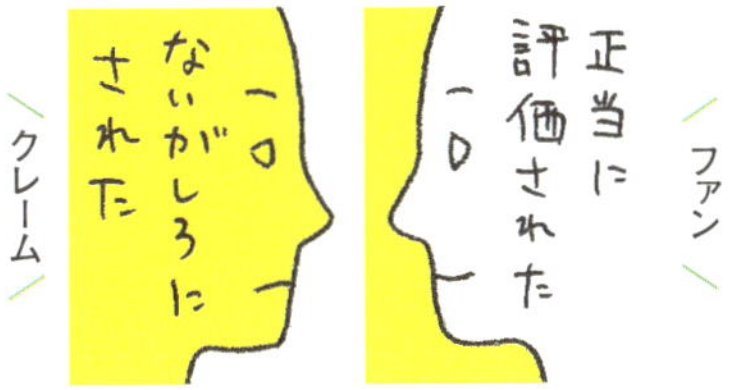

お客様が困っている状況を真剣に受け止め、何とかしたいという気持ちをメッセージで伝えていくことが大事。

知っておきたい

なぜクレームを入れるのか？背景を知って適切な対応を

• 損をしたくない

欠陥のある商品やサービスにあたってしまったことで、自分が損をするのは嫌だという感情

↓

しっかり謝罪し、代替品を送るなど相手が損をしない次善策を提案する

• 本当に困っている

商品が届かない・サービスを受けられないことで困難を抱えた

↓

深くお詫びして、代替案や解決策を提案する

• 商品・サービスをよくしたい

商品やサービスを改善するための意見を述べたい

↓

貴重な意見として聞き、今後の改善に活かす

• 機嫌が悪い

とにかく苦情を言いたい

↓

反論せず話をすべて聞いたあと、冷静に毅然と対応する

10 雨が降ったら地を固まらせよう
謝罪の仕方で関係性が変わる

言い訳は絶対にしないこと 心からの誠意を伝えよう

人間、誰でもミスはしてしまうもの。でもそのあとの対応で人間関係が変わってきます。誠実な態度でとるべき対応をしっかりとれば、相手との信頼関係をより一層深めることも可能です。**大切なのは、保身ではなく、素直に自分の失敗や過ちを認めて謝罪することです。**どんな理由があろうと言い訳は絶対にいけません。**事情説明では、客観的にありのままを伝えることが大事です。**そのうえで、改めてお詫びの言葉を述べ、**改善策や今後の決意を伝えましょう。**許してもらおうとするのではなく、自分が心から反省していて相手に詫びる気持ちを素直に伝えることが大切です。

誠意を伝えることから始まる

いくら謝罪の気持ちがあっても、それを表現できていなければ伝わりません。服装や言葉づかい、態度でしっかり表しましょう。

身だしなみ（24～29ページ）

・スーツの色
黒や濃紺のダークなものを選びます。

・ネクタイ
派手な色柄物でなく、シンプルなものを。

・かばん
革やしっかりしたキャンバス地の、自立するタイプのものを。リュックは避けましょう。

・靴
黒系の革靴で、きちんと手入れをしたものを。

・ヘアスタイル
きちんとまとめておきます。明るい色に染めている場合は暗く染め直しましょう。

手土産

普段の手土産よりは少し値段の高いものを。相手の好みに合わせて高級和菓子やお酒などを選びましょう。

必ず電話でアポイントメントをとる

電話

心からの誠意を伝えるためには、直接会って詫びるのが正統派。ただし、必ず電話で一報を入れて時間を作ってもらってから訪問しましょう。アポなし訪問・謝罪は厳禁。

対面

背筋を伸ばして深々と頭を下げる（45度のおじぎ）。言葉を慎重に選び、普段よりもゆっくりとした口調で。

NG

「○○すべきだった」は、反省のつもりでも言い訳に聞こえてしまう。

知っておきたい

謝罪の鉄則・流れ

1. お詫びの言葉を述べる
2. 相手の感情を思いやる
3. 言い訳をしない
4. 経緯を説明する
5. もう一度、お詫びの言葉を述べる
6. 対応について伝える

Q&A

こんなときどうする?!

とにかく怒られるのが怖いんです……

相手が怒っているのは、あなたを攻撃するためではありません。自分としっかり向き合って、成長する機会だととらえましょう。

何に怒っているのかわからない

相手の話をとにかくよく聞きましょう。そして観察しましょう。もしかしたら、原因は思いがけないところにあるかもしれません。相手の感情に寄り添いましょう。

そこまで言うか!? と逆に腹が立った

腹が立っても、ぐっと飲み込みましょう。そこまで言いたいほど、相手も傷ついているのです。

相手の勘違いなんです

最後まで話を聞き、まずは怒りを受け止めましょう。頭ごなしに相手の勘違いを指摘しないこと。

私のミスではなかったけれど

インテリアデザイナー・24歳

お客様から、あるショップでイレギュラーなオーダーをいただいたので、常識の枠を破ったレイアウトに仕上げました。ところが、後輩が気を利かせたつもりで、イレギュラーな部分を一般的な形に変えてしまったんです。あわてて直しましたがお客様はカンカン。事情を説明するより先にとにかく謝罪しました。なんとかお許しを得るとともに、後輩のせいにしなかったことでお客様からも後輩からも信頼度がアップしました。

反省はしたけど同僚に愚痴ったら相手に伝わってしまった

サービス業・26歳

確かに私のミスでした。でも、相手にも非はあったんです。憂さ晴らしに同僚と飲みに行って愚痴を言っていたら、同じお店に相手の会社の人がいて……。せっかく誠実に謝罪したのに、取引終了となってしまいました。

リアルなお仕事事情

クレームは「処理」するのではなく「対応」するもの

高崎悠人さん（仮名）　25歳　男性

区役所の土木管理課に勤める高崎さん。土地にかかわる仕事のためか、区民と直接対話するときには苦情を受けることが多いのだとか。そこで、クレーム対応の研修に参加しました。

「苦情なんて、聞く側も言う側も嫌なことじゃないですか。だから、さっさと処理したほうがいいと思って、いつも焦ってしまっていました。でも、早く片付けようと思えば思うほど、うまくいかなくて……」。

苦情を訴える区民にはさまざまな方がいて、その背景も多種多様。それゆえにクレームを「処理する」という考え方では、なかなかうまくいきません。クレームは「処理」するのではなく「対応」するもの。正しさだけで押し通そうとするのではなく、しっかりとその声に耳を傾けることがポイントだと学びました。

「クレームを訴える区民の皆様の心には、わかってほしいという気持ちが潜んでいることを意識して接するようにしました。言いたいことをまず全部言っていただいて、それからこちらの提案を出すようにしたところ、行政側の事情もご理解いただけて、話し合いがとてもスムーズになりました。そればかりか、その件で新たな問題が起きたときには一緒に解決の道を探ってくださるようになったんです。クレーマーと思っていた方が、とても心強い存在になりました」。

真摯に向き合うことで生まれる信頼関係。高崎さんは、自分の働く街がもっと好きになったそうです。

Chapter 3

電話応対・文書・メール作成

組織に属しても属さなくても、電話やメールのやり取りは欠かせません。
慣例に従い、スムーズに物事を進めましょう。

01

落ち着いてはっきり伝えよう 電話のかけ方・受け方

顔が見えないからこそ電話ではマナーを大切に

メールやチャットツールが普及しても、ビジネスのやり取りの基本はやはり電話。相手の意思や理解度を確認しながら用件を進めていくことができるからです。**顔が見えないコミュニケーションなので、対面よりもマナーは重要。**丁寧な言葉づかいでゆっくりめに話し、落ち着いて用件を伝えましょう。手元には、必ずメモを用意しましょう。また、企業が使用するビジネス用電話は使い方が特殊なことが多いので、使い方を確認しておく必要があります。電話の取り次ぎ方やかけ方に社内で一定のルールを設けている場合もあるので、併せて確認しておきましょう。

かけ方の基本の流れ

相手が在席していて電話に出られる場合の、基本的な流れをまとめました。電話口に出た人が聞き取りやすいように、ややゆっくりめに、はっきりとした声で名乗りましょう。

① 受話器を取って相手の電話番号を押す
伝えたい内容をまとめておく
② <相手が出る> 名乗る
○○社の××と申します。いつもお世話になっております
③ 相手を呼び出す
△△部の●●さんをお願いします
④ <担当者が出る> 再び名乗る
○○社の××です。お世話になっております
⑤ 都合を聞く
いまお時間よろしいでしょうか?
⑥ 用件を伝える
○○の件ですが…
⑦ お礼を述べる
ありがとうございます
⑧ かけたほうが先に切る
それでは失礼いたします
⑨ 電話を切る
ガチャンと切るのではなく、フックを指で押して切る

かけた側が先に電話を切るのが原則だよ

かける前のチェックリスト

- □ 用件をまとめる
  →意図が伝わるように、電話をかける前に用件をまとめておきましょう。
- □ 時間帯を考慮する
  →早すぎる時間や遅すぎる時間、昼時は避けたほうが無難です。
- □ 手元に置くもの
  →メモと筆記用具のほか、カレンダーも用意すると便利です。

電話をかけたときのあいさつ例

- いつもお世話になっております。
- お忙しいところを恐れ入ります。
- 遅い時間に申し訳ありません。
- お休みのところ失礼いたします。

相手が不在のときの対応

話したい相手が不在のときには、時間をおいてこちらからかけ直すのが原則ですが、用件や相手の都合によっては、別の方法をとったほうがいいこともあります。

戻り時間を確認する

何時ごろお戻りでしょうか？

→ **またこちらからかけ直します**
こちら都合の用件ならかけ直しましょう。

→ **伝言をお願いできますか？**
メールで用件を伝えることにしたときはその旨の伝言を。

→ **戻られたら折り返しいただけますか？**
こちらにも先方にも緊急度、重要度の高いものは折り返し電話に。

→ **ほかにおわかりになる方はいらっしゃいますか？**
さらに緊急度の高い場合は代わりの人に対応してもらいましょう。

Q&A こんなときどうする?!

留守電になってしまったら？

何らかの事情で相手が電話に出られない場合は、固定電話・携帯電話にかかわらず、留守番電話につながったら必ずメッセージを残しましょう。用件を聞かなければ緊急度が判断できず、折り返しが必要かどうかわからないケースがあるからです。留守番電話には、社名と氏名のほか、用件を簡単にかいつまんで話し、緊急の場合は折り返し電話を希望する旨の録音をはっきりと残し、相手からの連絡を待ちましょう。

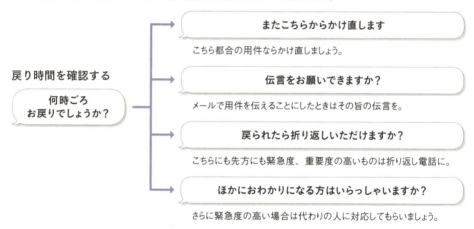

受け方の基本の流れ

電話がかかってきたときの基本的な流れをまとめました。
外線電話に個人名を名乗るかどうかは、会社のルールに従いましょう。

① 3コール以内に受話器を取る
② 名乗る
○○社でございます
③ <相手が名乗る>
○○社○○です
④ あいさつする
いつもお世話になっております
⑤ <相手が担当者への取り次ぎを要請>
⑥ 担当者がいる場合
少々お待ちください
必ず取り次いでいいかどうか確認してから電話を回す
⑦ 担当者が不在の場合
申し訳ありません。あいにく不在にしております
相手の指示を仰ぐ(84ページ)
⑧ 自分宛の場合
わたくしでございます
用件を聞く
⑨ 電話を切る
かけてきた相手が切ったのを確認してから受話器を置く

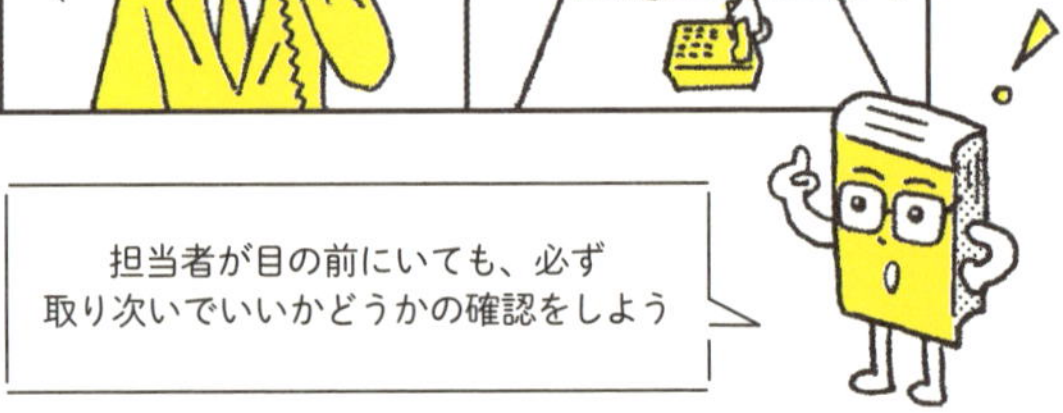

担当者が目の前にいても、必ず
取り次いでいいかどうかの確認をしよう

1本の電話が取引を左右 丁寧な対応を心がけよう

会社の電話が鳴ったら、率先して出るようにしましょう。ビジネスの電話では、出る際は「もしもし」ではなく「お電話ありがとうございます」などと、会社のルールに従って明るい声でハキハキとあいさつしましょう。

取り次ぐときや伝言を頼まれたとき、大切な言葉は復唱し、間違いのないように伝えます。特に相手の名前は間違えないように。普段から、周囲の先輩がどんな相手と取引をしているか知っておくと、ミスが少なくなります。

保留で待たせすぎたり、よくわからず取り次いで、たらいまわしにしたりするのもNG。また、受話器は利き手と逆の手で持ち、メモを取りながら相手の話を聞きましょう。相手にとっては、電話に出たあなたが会社の顔になることを忘れずに、丁寧な対応を心がけましょう。

受けるときの基本姿勢

電話応対がスムーズにできるようになると、周囲からもお客様からも信頼され、その後の仕事がしやすくなります。

• 3コール以内に出る

3コール以上鳴ってしまったときは「お待たせしました」のひと言を。

• 明るくハキハキと

こもった声は聞き取りにくいもの。背筋を伸ばして明るい声で。

• 必ずメモを取る

聞き間違いや伝言漏れを防ぎます。

• 応対は親切丁寧に

姿が目に見えないからこそ思いやりが大切です。

• 受話器は利き手と逆の手で持つ

利き手が空くので、メモを取りやすくなります。

• 名乗らない相手には自分から名乗って名前を伺う

「わたくし○○と申します。失礼ですがお名前を教えていただけますか?」等の言い方をしましょう。

• 必ず復唱する

間違いがないかどうか再度確認を。

• 聞き取りづらいときは

「恐れ入りますが電話が遠いようなので……」と伝え、言い直していただきます。「声が小さくて」等、相手を責める言い方はNG。

電話が苦手だったけれど……

事務・20歳

電話に出るのが苦手でした。先輩からは「1万回出れば平気になるよ」と言われ、「冗談でしょ!?」と内心思っていたのですが……。500回ほど電話を取ったころには、本当に嫌ではなくなっていました。やはり慣れることは大事ですね。

Q&A こんなときどうする?!

自分で対応できない内容の電話だったら

保留にして、周囲の人に相談します。解決が長引きそうだったら「恐れ入ります。少々お時間を頂戴したいので、折り返しお電話を差し上げてもよろしいでしょうか」と相手に確認し、一旦電話を切りましょう。待たせすぎないことがポイント。

明らかに業務外のセールス電話がかかってきたら

自分宛ての電話の場合は「業務中ですので失礼します」ときっぱり断りましょう。自分以外の担当者を聞かれたら「お答えできません」とはっきり断ります。その場合も態度だけはさわやかに。

02

伝言メモが書ければバッチリ

電話を取り次げないときは

言い回しと手順を覚えれば不在時の取り次ぎも怖くない

電話を受けた際、取り次ぐ相手が席にいないケースもあります。また、実際には自席にいても何らかの事情で電話に出られないこともあります（82ページ）。**離席、または外出等の状態を伝えて電話の相手の判断を仰ぎ、伝言があってもなくても電話があった旨を伝える伝言メモを作成します。**状況に合わせた言い回しと、対応の手順さえ覚えれば大丈夫。間違いのないよう正確に伝言しましょう。

折り返しの電話が
必要なとき
以外でも、
相手の連絡先は
念のために
聞いておこう

取り次げないときの対応

相手の希望する担当者に取り次げないときは、状況に応じて以下のように伝え、電話口の相手に判断を仰ぎます。必ず相手の連絡先の確認を。

電話中

「申し訳ございません。ただいまほかの電話に出ております。終わり次第、お電話差し上げるよう伝えましょうか」

離席中

「申し訳ございません。ただいま席を外しております」

自分が代理で受ける

「私でわかることでしたら、代わりに承りますがいかがいたしましょうか」

外出中

「申し訳ございません。ただいま外出しておりまして、〇時に戻る予定でございます。戻り次第、お電話差し上げるよう伝えましょうか」

「（戻り時間がわからない場合）申し訳ございません。戻る時間がわかりかねますので、よろしければご用件を承ります」

休暇中

「申し訳ございません。本日〇〇はお休みを取っております。明日は通常どおり出社いたしますが、お急ぎの用件でしょうか」

知っておきたい

何でも正直に伝えない

取り次ぐ担当者がトイレなどで一時的に席にいないときには「席を外しております」と伝えますが、席を外している理由を電話の相手に伝える必要はありません。同様に外出で不在の場合も、その理由が体調不良であれ遅刻であれ、取引先に訪問中であれ、詳細を伝える必要はありません。「外出しております」とだけ伝えるようにしましょう。会議中の場合も、会議とは伝えず、離席である旨だけを伝えます。

取り次ぐ担当者が不在のときのチェックリスト

- ☐ メモを取る
- ☐ 相手の用件を正しく確認し復唱する
- ☐ 相手の連絡先（社名・氏名・電話番号）を必ず聞く
- ☐ 自分勝手な判断をしない
- ☐ 伝言メモを残す

自分勝手な判断とは？

不在の担当者の都合を確認することなく「戻ったら電話させます」等と言わないようにします。

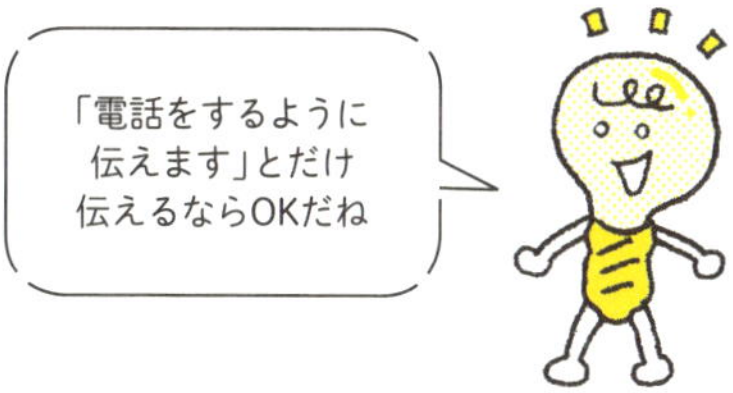
「電話をするように
伝えます」とだけ
伝えるならOKだね

伝言メモ

不在の担当者へ伝言するためのメモの書き方は次のとおりです。

伝言メモ

① ＿＿＿＿＿＿＿＿ 様へ

② ＿＿＿＿＿＿＿＿ 様より

③ 月　日（　）　：

④ ☐お電話がありました
☐折り返してください
TEL ＿＿＿＿＿＿
☐再度お電話くださいます
☐ご用件は次のとおりです

⑤ ＿＿＿＿＿＿＿＿ 受け

①誰宛てのメモか
伝える相手を間違えないよう、しっかり確認。

②誰からの電話か
相手の名前は復唱してしっかり確認を。

③いつ受けたか
電話がかかってきた時間をわかりやすく記入。

④用件は何か
何についての電話なのかを端的にわかりやすく。

⑤誰が受けたか
電話に出たのが誰なのかわかるよう、自分の名前を明記する。

知っておきたい

メモの取り方・伝え方

電話中のメモは字が汚くても自分が読めれば問題ありませんが、伝言メモは受け取る相手が読めるよう丁寧に書きましょう。電話番号が間違っていたらかけ直せないし、担当者名なども間違えると相手に失礼です。ほかの書類や伝言メモに紛れてしまわないように、PCディスプレイの端に貼るなど目につきやすい場所にメモを置くことも大切です。

03

現代に欠かせないツール 携帯電話・スマートフォン

本当に必要なとき以外は使わないほうが無難

携帯電話やスマートフォンの使用に抵抗がない人も多いことでしょう。携帯電話やスマートフォンは、会社にいなくても、どこにいても連絡がとれる便利なツールです。しかし、ビジネスパーソンとしては学生時代と同じノリで使ってはいけません。**勤務中はマナーモードに設定し、私用でのメールやSNSは控えましょう。**

また、社外で仕事の電話をすると周囲に漏れてしまう心配もあります。会社から携帯電話やスマートフォンを支給されていても、受けるのもかけるのも社内に戻って会社の電話を使うのがおすすめです。社用スマホを私用で利用するのはもちろん厳禁です。

携帯電話・スマートフォンならではの注意点

手軽な分、慎重に使いたい携帯電話・スマートフォン。
セキュリティの面など、利用上のさまざまな落とし穴を知っておきましょう。

• ビジネスとプライベートの線引きをしっかりと

支給された携帯電話・スマートフォンで私用の電話やメールをするのはNG。

• 電源の管理

バッテリー不足で使えなかったら携帯している意味がありません。

• 個人情報の管理をしっかりと

落としたり忘れたりしないことが第一。

• ビジネスシーンにふさわしいケースか

ほかの小物と同様に、ビジネスシーンを意識したものを選びましょう。

知っておきたい

わかりやすい登録名のつけ方

電話やメールの通知が誰からかすぐわかるように、連絡先に登録する際ちょっとした工夫をしてみましょう。氏名の「姓」の欄に社名や担当名を、「名」の部分にフルネームを入れると、連絡先をソートしたときに同じ会社の人が並んで便利です。
また、こちらの登録名が相手のディスプレイに表示されることもあるので、「○○様」などと敬称をつけて登録しておくのがよいでしょう。

退職したら会社関係のアドレスは消すべきか

せっかく築いた人間関係、本来は退職を理由に消す必要はありません。ただし、会社によっては削除が義務付けられていることもあります。上司や総務に確認しましょう。

電話のビジネスマナーチェックリスト

● かかってきたとき

☐ 通話していい場所にいるか
→乗り物の中やレストランなど、禁止されている場所では通話厳禁。

☐ 社名・氏名をきちんと名乗っているか
→誰と通話しているのか、初めに相手に伝えましょう。

☐ 通話できないときはかけ直す
→通話できる環境に移動してからかけ直しましょう。

● 待ち受けのとき

☐ 普段：電源ONでマナーモード
→勤務中は音が出ないように設定しましょう。

☐ 打ち合わせ中：電源OFF
→大事な話をしている最中は電源を切って、打ち合わせに集中しましょう。

● かけるとき

☐ 電波状態は良好か
→途中で電話が切れたり、会話が途切れたりしないように。

☐ メモを取れるか
→きちんとメモを取れる状態で落ち着いてかけましょう。

☐ 話に集中できるか
→周囲が騒々しかったら、電話の相手にも迷惑です。

☐ 守秘性を保てるか
→会話が漏れてしまわないよう、かける場所を選びましょう。

☐ 周囲の迷惑にならないか
→静かな場所で大きな声での通話は避けましょう。

☐ 非通知設定になっていないか
→不審電話と思われないよう、発信者番号を通知する設定にしましょう。

Q&A こんなときどうする?!

よく知っている取引先から急ぎの電話。担当者が不在のとき、携帯電話の番号を教えてもいい？

社用の携帯電話やスマートフォンが支給されている場合は、その番号を教えることは問題ありません。私用の携帯電話・スマートフォンの番号は、個人情報保護の観点から、取引先といえども勝手に教えてはいけません。連絡先を伺って一旦電話を切り、その取引先に連絡するように担当者に伝えましょう。

私用と仕事用の電話を分けるべき？

フリーランス デザイナー・22歳

電話を2台持つのは面倒だしお金もかかるので、1台で済ませていましたが、仕事で使った分を必要経費として計上するために、私用と仕事用のスマートフォンを持つことにしました。でも公私の割合をはっきりさせれば1台のスマートフォンでも大丈夫という話も耳にしたので、こんど税理士さんに詳しい話を聞こうと思っています。

その会話、周囲にまる聞こえですよ!!

営業・24歳

駅で電車を待っていたときのこと、ベンチで背中合わせに座った男性の電話が鳴りました。周囲は学生が多くにぎやかで、通過電車が通るとかなりの騒音に。そんななかで電話に出たその男性は、入札の話を大声ではじめてしまいました。周りがうるさいので、その声もどんどん大きくなります。もちろん周囲にまる聞こえ。入札予定価格が900万円だって、みんな聞いちゃってますよ。

04 上手に使って効率アップ ビジネスでのメールの扱い方

ビジネスでのメールの扱い方の基本をチェック

手軽な連絡手段であるメールは、ビジネスにおいても重要なコミュニケーションツールです。いまや誰もが利用できるからこそ、**使い方を工夫すれば作業の効率アップにもつながります。**

ただし、携帯電話・スマートフォン同様に、手軽だからこそ扱い方には気をつけたい一面も。自分の使っているメール環境と、送った相手のメール環境が同じとは限りませんから、こちらが意図したとおりには表示されない可能性もあるので注意が必要です。

メール以外の通信ツールと比較しながら、ビジネスシーンでの使い方の基本を確認しておきましょう。

電話・文書・メールの使い分け

電話、文書、メールにはそれぞれ特徴があります。目的に合ったものを使いましょう。

電話

こんな場合に

- 急を要するとき
- ディスカッションが必要なとき
  →臨機応変に対応ができるが、メモをとらないと情報が残らない。

メール

こんな場合に

- やり取りを記録して残したいとき
- ファイルを添付したいとき
- 同一内容を複数人に送りたいとき
  →ほぼ即時性があって手軽だが、相手の都合によっては受け取れない場合もある。

文書

こんな場合に

- 正式な取り決めのとき
- 返信を急がないあいさつなど
  →即時性はないが、送料はおおむね発信者が負担するうえに、特別なツールを使わず誰でも受け取れるのが利点。

チャットツール

こんな場合に

- 複数人と同時にコミュニケーションを取りたいとき
- 画像や資料、動画を送りたいとき
- 未読・既読を確認したいとき

メールのメリット

- すぐに届く手軽さ
- 情報の共有や加工が簡単
- 手元に控えを残せる
- 複数人に送ることができる
- 検索できる

メールのデメリット

- セキュリティが完全ではない
- 感情が伝わりにくい
- パソコンやスマートフォンなど、同一環境でない場合にレイアウトが崩れる

メール作成の基本

ビジネスでのメールの使い方には特徴があります。基本的なことをおさらいしておきましょう。

• 1メール1案件

あとから見返してわかりやすいように、別の案件には別のメールを。

• テキスト形式が望ましい

HTML形式で送信すると、表示のために、同時に画像が添付されて送られます。この添付ファイルがあるとスパム扱いされやすくなります。

• 環境依存文字は使わない

㈰、㈱などは、メールの環境により文字化けする可能性があります。全員が同じ機種同じソフトを使用しているわけではありません。

• 絵文字や顔文字は使わない

ビジネスにふさわしい表現を心がけましょう。

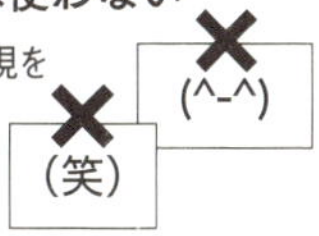
(^_^)
(笑)

■ 改行の設定

1行が30〜35字になるところで改行するのが良いとされています。最近は、出先でスマートフォンを使ってメールを読む場合もあり、その際には改行が多いとかえって見づらくなるので、状況に応じて検討しましょう。

会社のアドレス宛てなら、改行しておくほうがよさそうですね

■ 署名の作成

自分の連絡先を入力し忘れたり間違えたりしないように、氏名や連絡先を署名として設定しておくと便利。

```
-----------------------------------------------
株式会社◎◎◎
  山本あさひ （YAMAMOTO Asahi）
  〒104-8011
  東京都中央区築地5-3-2
  TEL：03-0000-0000  FAX：03-0000-0000
  E-Mail：yamamoto@XXXXX.co.jp
  Web：http://www.XXXXXXX.co.jp/
```

移転や異動の際に書き換えることも忘れずに

■ 文字変換機能の活用

たとえば、「こんご」と入力すると、「今後ともよろしくお願いいたします。」と変換できるように、よく使う言い回しを登録しておくと便利です。

メール送信の基本

ビジネスシーンでのメール送信の基本を確認しておきましょう。

To	hashimoto@XXXXXXX.co.jp
CC	taka-hashi-00@XXXX.com
BCC	
件名	会食の御礼
添付	

XXX株式会社
橋本孝様

いつもお世話になっております。
株式会社◎◎◎の山本です。

昨日は会食にお招きいただきありがとうございました。
皆様と貴重なお時間を過ごせたことに心から感謝申し上げます。

今後とも情報共有させていただければ幸いです。
次の機会にはぜひお返しをさせてください。
引き続き、よろしくお願いいたします。

株式会社◎◎◎
山本あさひ　(YAMAMOTO Asahi)
〒104-8011
東京都中央区築地5-3-2
TEL：03-0000-0000　FAX：03-0000-0000
E-Mail：yamamoto@XXXXX.co.jp
Web：　http://www.XXXXXXX.co.jp/

- To：メールを送りたい相手
- CC：メール内容を共有したい相手(送信先に知られてもいい場合)
- BCC：メール内容を共有したい相手(送信先に知られたくない場合)
- タイトルはわかりやすく
- 添付ファイルは2MBまでを目安に
- HTML形式ではなくテキスト形式で
- パソコンで開くなら1行あたり30〜35字程度で改行を。相手がスマートフォンの場合は文の途中で改行をしない
- 開封通知機能や重要マークは、よほどのことがない限り使わない
- 送信前に、必ず読み返しましょう

送信前のチェックリスト

- □ 誤字脱字がないか
- □ 名前は合っているか
- □ アドレスは合っているか
- □ ファイルの添付漏れがないか

電話で話した内容を、確認のためにメールで送る場合もあるよ

知って
おきたい

大容量のファイルを送りたいとき

メールクライアントによって制限容量は違いますが、添付は2MB以内に収めておくのが無難。それを超える場合は、iCloudやDropbox、OneDriveなどのクラウドサービスや、宅ふぁいる便、Firestorageなどのストレージサービスを利用します。

こんなときは一斉送信（BCC）

誰に送信しているか、受信者全員が知っておくべき場合やわかっていい場合を除いて、複数の受信者に向けて送信するときには必ずBCCで送ります。うっかりToやCCで送ってしまうと、個人情報の流出につながるので注意が必要です。

返信の基本

受信したメールを返すときにも、ビジネスならではの暗黙の約束があります。

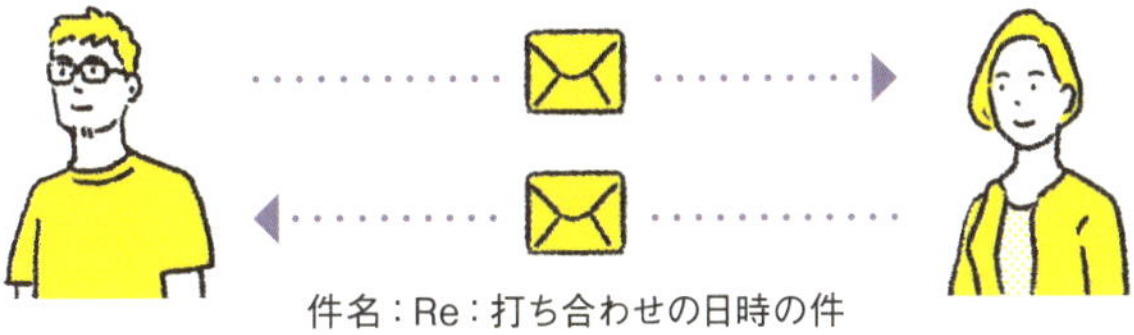
件名：打ち合わせの日時の件
件名：Re：打ち合わせの日時の件

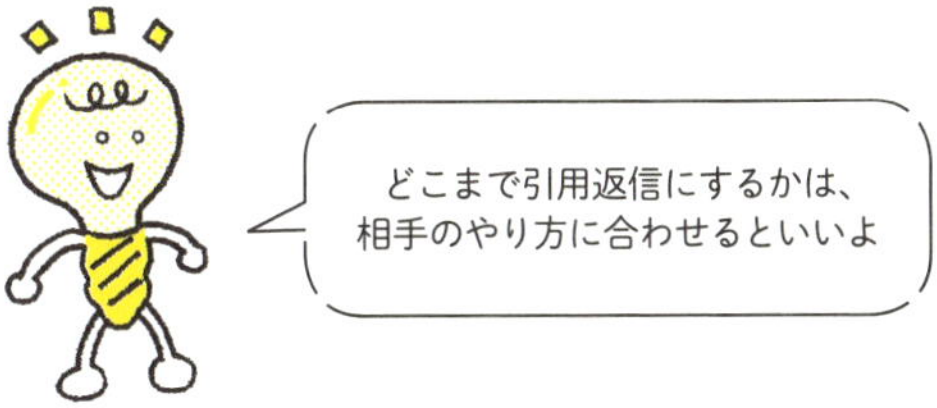
どこまで引用返信にするかは、
相手のやり方に合わせるといいよ

- **なるべく早く返信する**

多忙なときでも、朝イチと昼、夕方など、区切りの良いときにチェックしましょう。読んだら放置せず、24時間以内をめどに返信しましょう。

- **基本は引用返信で**

相手のメール内容も参照できる「引用返信」で返すのがビジネスでの基本。左図のように、件名も変える必要はありません。

- **別の用件は別のメールで**

メールの返信を重ねるうちに別の用件が必要になったら、その時点で新しいメールとして送信します。

Q&A こんなときどうする?!

誤って違う人に送ってしまった

気づいた時点ですぐに連絡を入れ、詫びるとともに削除をお願いしましょう。誤送信のないよう、送る前に確認する習慣を。

途中で送信されてしまった

途中で送信してしまったメールを引用返信する形で、正しい内容のメールを再送信します。お詫びの言葉を忘れずに。

自分の名前が違っている。指摘するべき？

明らかに別人に宛てたものであれば指摘します。そうでなければ、返信メールで改めて名乗るようにすれば、特に指摘する必要はありません。

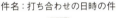

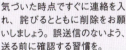

05

思わぬ炎上を招かないように SNSは個人で使用する際も注意

その投稿は、世界中に拡散される可能性が

SNSは、いまやコミュニケーションツールとして無視することのできない存在です。しかし、言うまでもなくインターネットは世界中に開かれています。個人が、友達同士で楽しむつもりで送信した投稿でも世界中に広まるのはあっという間。使い方を間違えると思わぬ炎上を招きかねません。言ってみればSNSは公共の場と同じ。廊下やエレベーターなどのパブリックスペースにいるのと同じくらい慎重に、自覚と責任をもって利用しましょう。特に、会社の公式アカウントを運用している人は、個人アカウントと間違えて投稿する「誤爆」をしないように、十分注意しましょう。

個人で使用するときの注意点

個人で楽しむときでも、ルールを守って利用することが重要です。次のようなことに気をつけましょう。

- **勤務時間中にプライベートで使う**

業務時間内の利用は私用電話と同じ。利用は業務時間外に。

- **職業倫理や守秘義務に触れる投稿**

ちょっとした愚痴が業務に大きな損害を与えた例も。

- **個人情報の公開**

本名を公開して使用すると、個人情報の悪用などのトラブルに巻き込まれることも。

- **他人の肖像権を無視して写真や動画を投稿**

気軽に撮った写真や動画をアップする前に、他人がうつり込んでいないか注意。

- **他人の著作権を侵害する投稿**

イラストや写真・文章のほか、テレビ画面を撮ってアップするのも違法です。

知っておきたい

アカウントを公私で使い分ける

仕事でSNSを使う必要がある人は、個人用のアカウントとは別にすることをおすすめします。個人アカウントを業務用にする場合は、炎上はじめすべてのトラブルを自分で背負う責任をもちましょう。

個人の携帯電話やスマートフォンを仕事に使っている

業務で頻繁に使うのに社用の携帯電話やスマートフォンがない場合、利用状況の実態を一覧にして社用の携帯電話やスマートフォン導入の交渉をしましょう。ただし、どちらかがゴリ押しをして解決するのではなく、現状を互いに把握して理解し合う姿勢が必要です。

チャットツール活用法

レスポンスの速さと手軽さから、ビジネスの効率化に役立つと導入が増えているチャットツール。
会話のテンポの速さに慣れることがコツです。

• いつでもどこでも 会議や打ち合わせが可能になる

複数人によるリアルタイムでのディスカッションが可能なため、会議の場所をわざわざ設ける必要がなくなる。

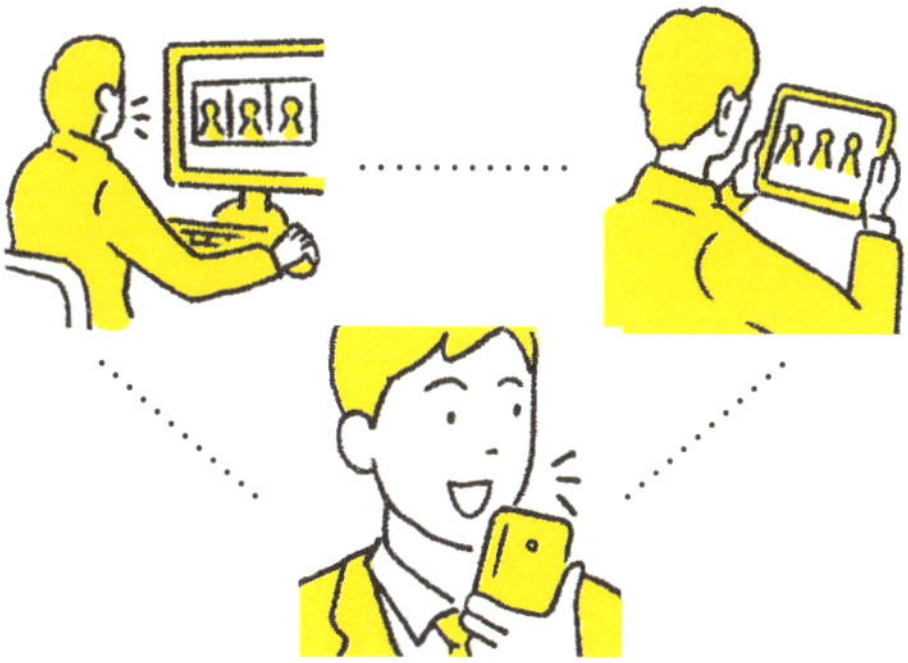

• プロジェクトごとにグループチャットを作成して、伝達漏れや情報検索の手間を軽減する

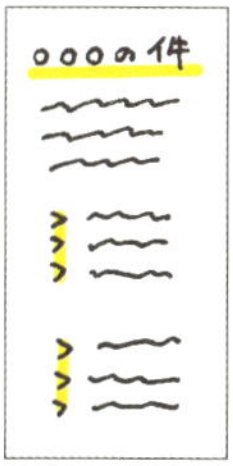
○○○の件

そのプロジェクトにかかわる人だけが参加するようにアサインできるので、情報の錯綜を防ぐことができる。検索もスムーズ。

• セキュリティ性が高く、情報漏洩のリスクが減る

管理権限をもつメンバーが制限をかけることも可能。メールに比べて公私があいまいにならない。

■ ビジネスチャットツールの導入状況

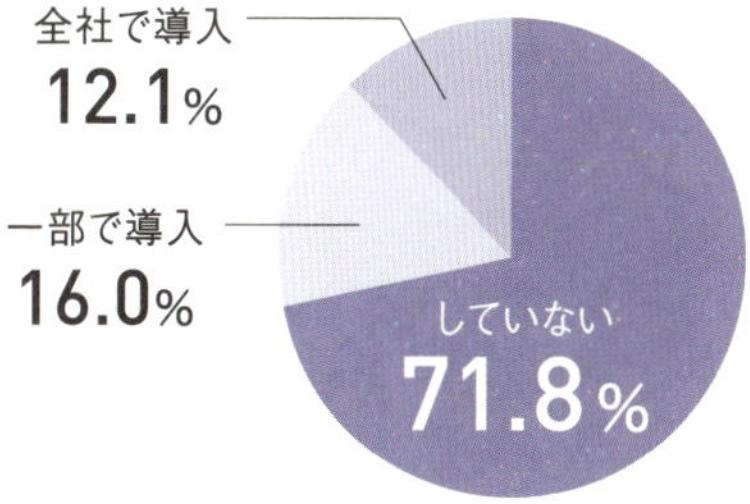
全社で導入
12.1%
一部で導入
16.0%
していない
71.8%

出典：「大手企業のビジネスチャットツール導入実態調査」伊藤忠テクノソリューションズ株式会社、2017年2月調査

スピーディーなコミュニケーションができることを期待して導入した企業が約24%だよ

■ メールとの併用

「参加するメンバーがまだチャットツールに慣れていない」「文書や資料をきちんと残しておきたい」などというときにはメールが有効。即時性と保存性の両面を活かすために、メールとの併用が効果的。

NG

- スピード重視だからこそ文は短く簡潔に
  →「お世話になっております」等の形式的なやり取りは不要。すぐに本題に入ってシンプルな表現を。
- プライベートとは違う。「(笑)」や「!」は使わない
  →カジュアルなやり取りになるとはいえ、ビジネスシーンでの使用であることを考えると、余計な記号や絵文字等は使わないほうがいいでしょう。
- 時間外に送らない
  →相手が個人の携帯電話やスマートフォンを利用しているかもしれません。アプリを開いていなくても、通知はどんな時間にも届いてしまうもの。使用する時間を限定しましょう。

06

種類や用途を知ろう

ビジネス文書のルール

形式にのっとって わかりやすく記入しよう

電話やメールよりも手書きの手紙がフォーマルであるのと同様に、会社や組織が社の内外に出す文書は、公式なものとして扱われます。ビジネス文書はそれだけ会社の信頼にかかわるものなのです。

ビジネス文書にはさまざまな種類と形式があり、それぞれ簡潔かつ正確に事実を伝えることに役立っています。その種類は実に多岐にわたりますが、根幹をなしている部分はどれも同じですし、正しい言葉づかいで記す必要があることも共通しています。どんな種類があるのか、それぞれの種類や特徴を知るとともに、ビジネス文書にとって大切な要素を知っておきましょう。

ビジネス文書の役割

「ビジネス文書」に分類される書類には、どのような意義があるか確認しましょう。

- **記録を残す**

どんなやり取りがあり、何の結論に至ったかを記すことで関係者の行き違いを防ぐ効果がある

- **組織としての公式な意思表示**

文書にした時点で正式なものという価値をもつ。私信と違い組織としての責任を伴う。

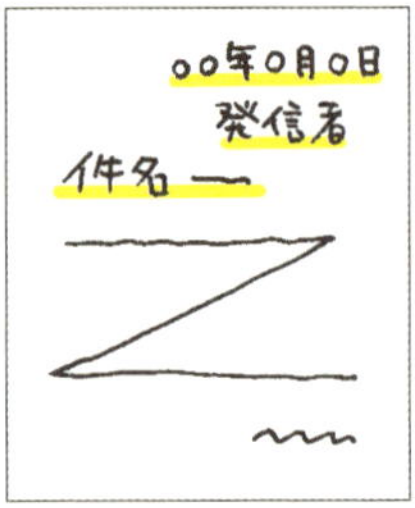

- **定型なので作成しやすく伝わりやすい**

一定の形式やルールがあるので、過不足なく情報を伝えることができる

- **正確に伝わる**

言い間違いや聞き間違いを防ぎ、第三者にまで誤解なく伝えることができる

■ ビジネス文書の種類

社外文書	社内文書
案内状、通知状、照会状、依頼状、断り状、承諾状、お詫び状、注文状、見積書、請求書、発注書、契約書 など	報告書、議事録、通知書、連絡書、届出書、稟議書、始末書、顛末書、進退伺 など

良いビジネス文書とは

どんな種類のビジネス文書にも共通する「良い文書の条件」をまとめます。

正しい言葉づかい

読みやすい構成

目的が明らか

読み手に合っている

1文書1案件

わかりやすい文書を作成するためのチェックポイント

- □ フォーマットを使用する
  →会社ごとに各文書の定型があることも。その形式に準じて作成しましょう。
- □ 6W3Hが正確に入っているか
  →事実を具体的かつ客観的にわかりやすくする必要があります。
- □ 簡潔にまとめられているか
  →パッと見てわかることもビジネス文書には必要です。
- □ 客観的か
  →私情を加えず、事実のみを記載しましょう。
- □ 説得力があるか
  →事実の裏付けを示しましょう。
- □ 敬語が正しく使われているか
  →言葉が間違っていると、それだけで信頼を損ねます。
- □ 読みやすさを配慮しているか
  →1文は短めに。業界用語や専門用語は極力避けましょう。
- □ 記録性をもたせているか
  →日付・発信者・担当者（発信者と異なる場合）の氏名を忘れずに記載しましょう。

知っておきたい

基本はヨコ書き

あいさつ状や案内状など、一部の社外文書を除き、ビジネス文書はヨコ書きが一般的です。

漢数字ではなくアラビア数字で

ヨコ書きが一般的なため、数値は漢数字ではなくアラビア数字を使います。例えば、「五百三十二」ではなく「532」と表記。1万以上は「万」の単位を使い、「2万4,900」のように3ケタごとにカンマで区切ると読みやすくなります。

先輩のひな型でうっかり

営業・28歳

ビジネス文書はフォーマットを使えば簡単、と先輩が使っているひな型を使ったら、うっかり発信者名を自分の名前に書き換え忘れてしまいました。これでは作成者を正しく記録することにならず、大失敗。提出する前に必ず読み返して確認しようと誓いました。

■ 敬称のつけ方

個人の場合：○○様、○○殿　　組織の場合：○○御中　　複数の人宛ての場合：各位

・役職はそれ自体が敬称なので（35ページ）、「社長殿」といった書き方は誤り

07

情報の共有が大原則 社内文書の書き方

社内文書の目的は情報共有と業務の円滑化

社内文書は、上司への報告や会議の招集など、社内の業務を円滑に進めることを目的として作られます。

目を通すのは社内の人に限られているので、必要以上に改まった表現や時候のあいさつなどの慣用句を使う必要はありません。ただし、丁寧な言葉づかいを心がけましょう。

社内文書の基本８か条

左ページの例を見ながら、社内文書にはどんな要素が必要なのか確認しておきましょう。

①発信年月日は西暦か元号かどちらかに統一

西暦と元号が混在すると混乱のもと。社内で統一しましょう。

②宛名は正確に

誰に宛てた文書かはっきりわかるようにしましょう。

③発信者の部署・氏名を明記

誰の責任において書かれた文書なのかを明らかに。

④件名は具体的に

パっと見て用件がわかるものにしましょう。

⑤頭語や前文は不要

簡潔にまとまっているのがいちばんです。

⑥見た目も内容もわかりやすく

内容をわかりやすく伝えるために、見た目の美しさも大切です。

⑦言葉づかいは丁寧に

社内向けだからと言ってぞんざいな言葉にならないように。

⑧原則、１枚にまとめる

わかりやすさと同時に、扱いやすさも大事。簡潔にまとめましょう。

■ 報告書の例

2019年1月15日

人事部　丹羽喜丈様

総務部　平川慎

社外研修会受講報告書

このたび、社外研修を受講しましたので、下記の通りご報告致します。

記

・研修会名　「個人情報保護のためのセキュリティ研修」
・主催　情報管理株式会社　研修事業部
・日時　2019年1月10日　10時～16時
・会場　新宿駅前カンファレンスセンター
・参加人数　56名
・内容　・個人情報流出事故について
　・個人情報流出経路（これまでの事故に基づいて）
　・セキュリティの重要性と意識改革
　など

・感想　今回の研修は、今後の仕事に取り組むうえで「知らなかった」では済まない貴重な情報を得る内容でした。セキュリティに対する重要性を再認識し、自覚と責任をもって業務を遂行することを改めて胸に刻みました。

以上

ポイント

□ 提出期限を守る
□ 事実を簡潔にまとめる
□ 会社のフォーマットに従う

締め切りがなくても、
事後1週間以内に
出すのが望ましいよ

□ 結びの言葉「以上」を入れる

■ 議事録の例

平成31年　2月1日
記録者　人事総務部　品田建英

人事総務部会議 議事録

＜日時＞　平成31年2月1日（金）　13時～15時
＜場所＞　本社3階　第2会議室
＜出席者＞　本社　人事総務部長　林洋次郎、事業本部　小川慶悟
　総務課長　田川怜、総務課　内田貴博

＜議題＞　避難訓練の実施について

＜決定事項＞
・大地震発生後に火災が起きたことを想定した避難訓練を行う。
・日程は、3月4日（月）10時から11時までとする。

＜継続審議事項＞
・「火災時の避難マニュアル」を部署ごとに事前配布する前に各部署の防火管理者による打ち合わせを行うかどうか

＜次回開催予定＞
平成31年2月22日10時より本社3階1-A会議室にて開催する。

以上

ポイント

□ 見た目にもわかりやすくする
□ 議事は項目ごとに箇条書きにする
□ 欠席者にもわかりやすく（次回の会議の質を高めることができる）

08

わかりやすさがイチバン

ビジネスを発展させる社外文書

社内文書との違いは より丁寧な表現をすること

社外文書は、あいさつ状やお礼状のような儀礼的なものと、業務上で必要な注文状、督促状、通知状などの2つに大きく分けられます。

どちらも社としての公式な文書ですから、慣用表現を使ったうえでわかりやすくまとめ、読み手の立場に立って文章を作成することが求められます。

社内文書よりも
改まった感じの文章で
より正しい敬語を
心がけよう

頭語と結語の例

頭語は文書の始め、結語は終わりに書く言葉。
決まった組み合わせがあるので確認しておきましょう。

	頭語	結語
一般的なもの	拝啓	敬具
丁寧なもの	謹啓	敬白
返信の場合	拝復・謹復	敬具・敬白・敬答
急ぎの場合	急啓	草々
前文省略の場合	前略	草々

前文と末文の例

頭語のあとには前文が、結語の前には末文がくるのが手紙のマナー。
よく使われる慣用句を確認しましょう。

＜前文の例＞

「貴社いよいよご繁栄のこととお慶び申し上げます」
「貴社ますますご隆盛の段、大慶に存じます」
「皆様ますますご健勝のこととお慶び申し上げます」

＜末文＞

「取り急ぎ、書中を以てご挨拶申し上げます」
「今後ともお付き合いのほど宜しくお願い申し上げます」
「ご多忙とは存じますが、ご返事を賜りたく存じます」

案内状の例

2019年1月5日

株式会社東西
代表取締役社長　大森豪様

株式会社中央
代表取締役社長　永井諒也

新年名刺交換会のご案内

謹啓　初春の候、皆様方にはますますご健勝のこととお慶び申し上げます。平素は格別のご高配を賜り厚く御礼申し上げます。

さて、新しい年を迎え、恒例の新年名刺交換会を下記のとおり開催することになりました。ご多忙の折とは存じますが、万障お繰り合わせの上是非ご出席くださいますようお願い申し上げます

謹白

記

日時：2019年1月18日（金）　13：30～17：00
場所：東京都港区三田5-10-3　当社3階大会議室
平服でお越しください

なお、会場準備の都合上、1月15日までに、ご出欠のお返事を株式会社中央本社渉外部長　中村宅哉（電話　03-9876-5432）まで、ご連絡くださいますよう、よろしくお願い申し上げます。

以上

ポイント

- □ 呼称を省略しない
- □ 日時・場所は別記する
- □ 問い合わせ先も明記する

取引先に社外文書を送るときは、この文章のほかに書類送付の案内を記した「送付状」を添えるんだよ

見積書の例

2019年2月1日

御見積書

株式会社長谷川組御中

件名：クラブハウス建設工事

標記の件に関する2019年1月31日付、貴社よりのご照会に際し、下記のとおりお見積申し上げます。

記

1. 工事件名：クラブハウス建設工事
2. 見積金額：金199万9000円（消費税含む）
3. 見積明細：別紙明細書の通り
4. 工事完了期日：2019年5月1日
5. 受け渡し条件：工事完了後1週間以内に検査し、受け渡し
6. 支払い条件：受け渡し完了後1か月以内
7. 見積有効期限：2019年2月28日
8. 当社照会先：　小平建設株式会社　営業課
   電話：03-0987-6543
   担当者：宮崎愛斗

以上

ポイント

- □ 誰が誰に何の見積書を送付するのか明記
- □ 金額・納期等の数字を確認
- □ 項目漏れがないか確認

メールで見積書を送る場合、「記」から上をメール本文に書き、「記」以下をPDF添付することが多いね

09

ちょっと改まった気持ちの表現
ハガキ・封書の書き方

取引先との関係を親密に心を込めて書く

年賀状や暑中見舞いなど、季節のあいさつによく利用されるハガキは、ビジネスのシーンでもちょっと改まった気持ちを表現するツールとして大活躍。デザインも工夫できるので、招待状や社屋移転のお知らせなどにハガキを利用してみましょう。文面が丸見えなので、個人情報は記載しないことがポイントです。

封書は日常でも、請求書や契約書の送付などさまざまな書類の郵送に利用されます。出欠を知りたいときには往復ハガキを利用することも。

いずれの場合も**確実に届けるためには、宛先の住所氏名や郵便番号を正しく記入し、差出人の住所氏名も必ず記入しておきましょう。**

ハガキや封書の基本

わずか数十円〜数百円で日本全国どこにも届く郵便。
誤配送のないように正しく宛名を記入しましょう。

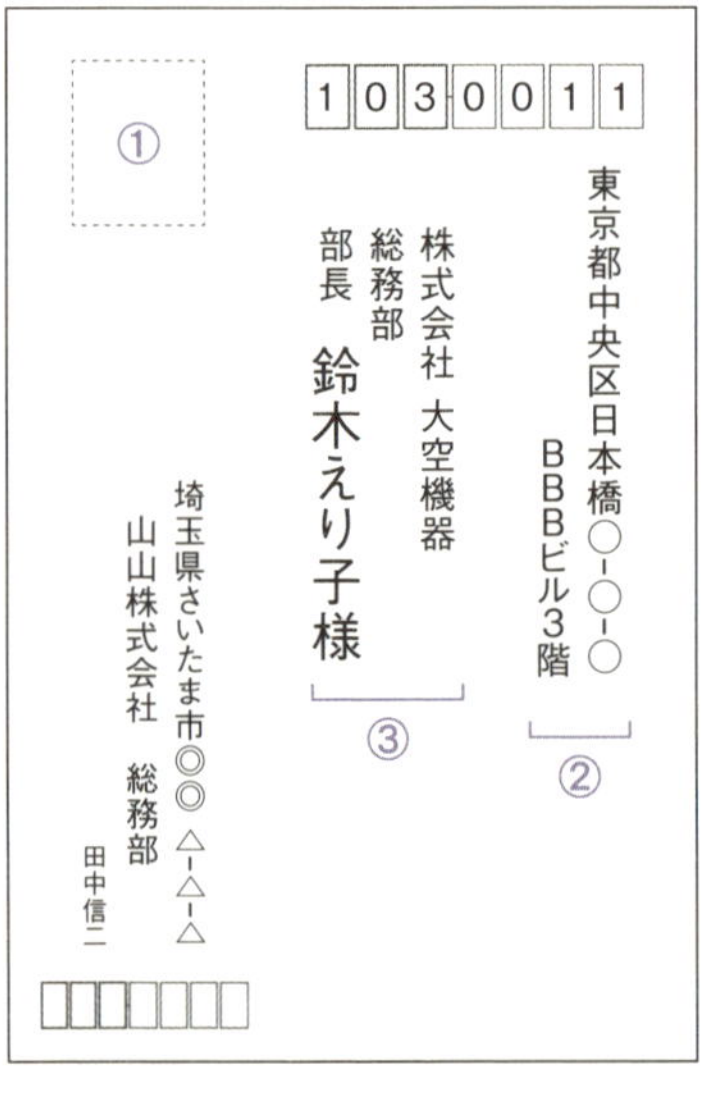
①
1030011
東京都中央区日本橋○-○-○
BBBビル3階
株式会社 大空機器
総務部
部長
鈴木えり子様
③
②
埼玉県さいたま市◎◎ △-△-△
山山株式会社 総務部
田中信二

表

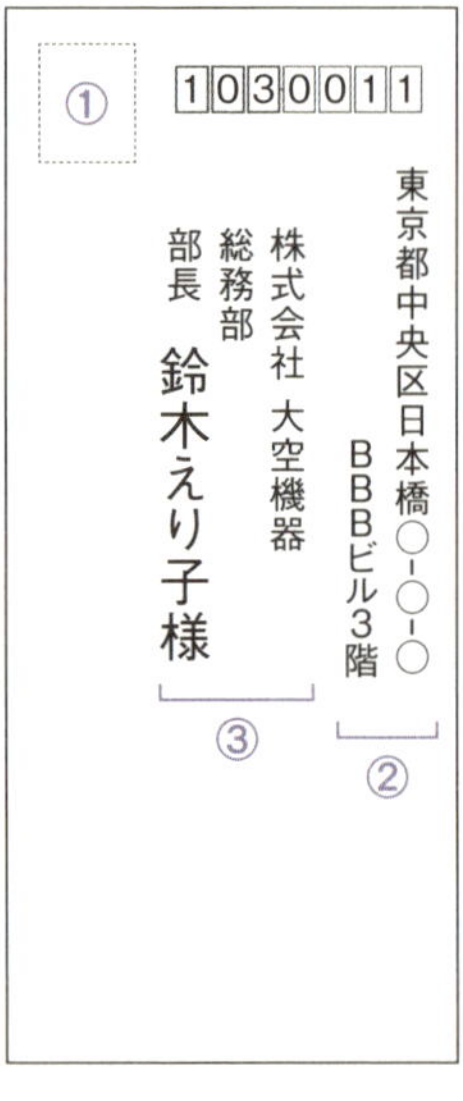
①
1030011
東京都中央区日本橋○-○-○
BBBビル3階
株式会社 大空機器
総務部
部長
鈴木えり子様
③
②

裏

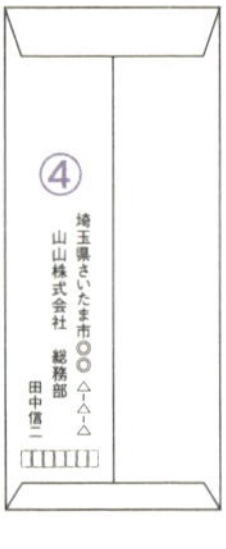
④
埼玉県さいたま市◎◎ △-△-△
山山株式会社 総務部
田中信二

①切手を貼る（官製ハガキは既に印刷されているので貼る必要はありません）。または、郵便局で料金を支払い別納の印を押してもらう。
②住所は省略しない。名前より少し小さめに書く。
③（株）と略さず「株式会社」ときちんと書く。部署・肩書きも記入する。会社名・部署名・肩書きよりも、氏名をやや大きめに書くのがちょうどいいバランス。
④差出人の住所・氏名も記入する。

年賀状の例

改まった思いを込められる年賀状で、感謝と思いやりを伝えましょう。

謹賀新年
旧年中はひとかたならぬご高配を
賜り誠にありがとうございました
本年もなにとぞご指導ご鞭撻のほど
よろしくお願い申し上げます
二〇XX年元旦
ここにひと言添える
33△-△△△△
埼玉県さいたま市◎◎ △-△-△
山山株式会社 総務部
田中信二

ポイント

- 年賀状を近況報告に使用している人が多いようですが、相手の健康や繁栄を願うのが本来の使い方。相手の幸せを祈る言葉を記したうえで、軽く近況を添えましょう。自分のことばかりを書かないように注意が必要です。
- 「新年あけましておめでとうございます」はNG。「新年」はあける意味が含まれているので重複表現になります。正しくは「新年おめでとうございます」または「あけましておめでとうございます」。
- 「寿」「福」「迎春」「賀正」など2文字以内の賀詞は目下の人向け。目上の人宛てには「謹賀新年」「恭賀新年」等、4文字の賀詞を。
- 英語なら「HAPPY NEW YEAR」が一般的です（この場合、「A HAPPY NEW YEAR」は誤り）。
- 印刷された定型文だけでなく、手書きで思いをひと言添えましょう。

往復ハガキの例

必ず返信をもらいたいときに、相手に郵便料金の心配をさせない便利なハガキ。
宛名など、位置を間違えないようにしましょう。

相手の宛名面　自分に返送される面　自分の宛名面　相手の手元に残る文面

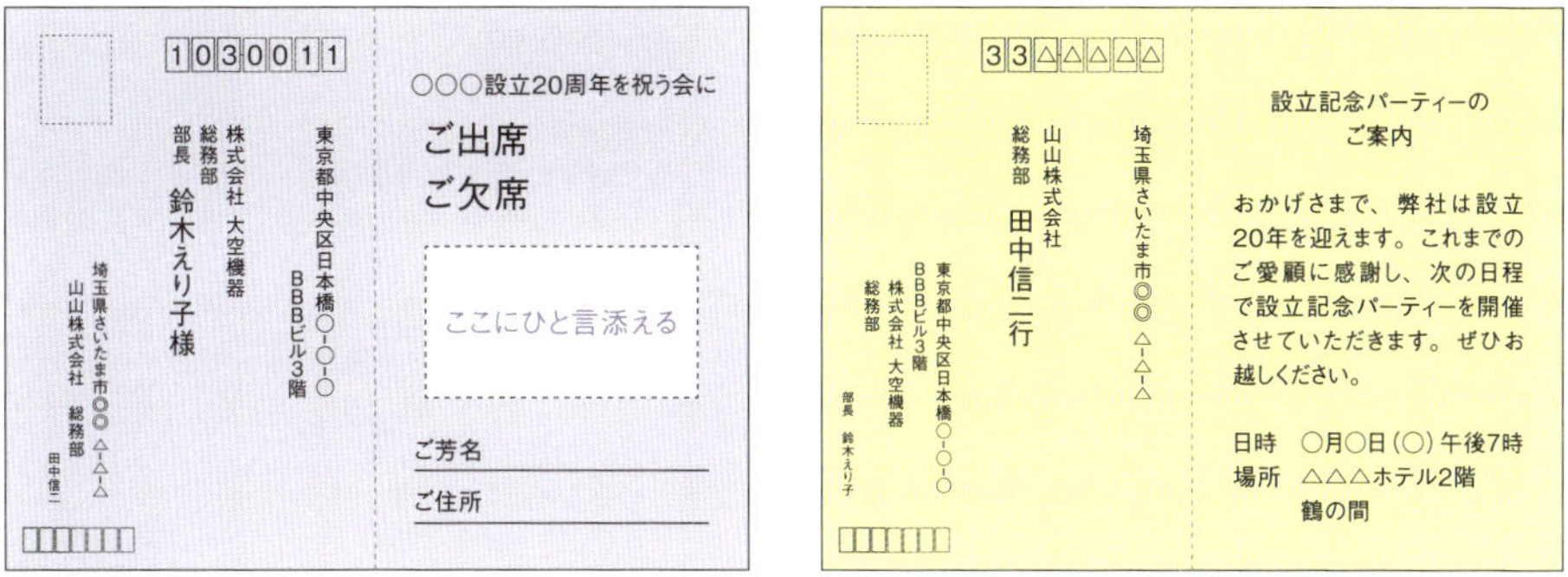
1030011
東京都中央区日本橋〇-〇-〇
BBBビル3階
株式会社 大空機器
総務部
部長
鈴木えり子様
埼玉県さいたま市◎◎ △-△-△
山山株式会社 総務部
田中信二
〇〇〇設立20周年を祝う会に
ご出席
ご欠席
ここにひと言添える
ご芳名
ご住所
33△△△△△
埼玉県さいたま市◎◎ △-△-△
山山株式会社
総務部
田中信二行
東京都中央区日本橋〇-〇-〇
BBBビル3階
株式会社 大空機器
総務部
部長 鈴木えり子
設立記念パーティーの
ご案内
おかげさまで、弊社は設立20年を迎えます。これまでのご愛顧に感謝し、次の日程で設立記念パーティーを開催させていただきます。ぜひお越しください。
日時 〇月〇日（〇）午後7時
場所 △△△ホテル2階
鶴の間

ポイント

- ☐ 自分の宛名は「様」ではなく「行」
- ☐ 返信するときは、折線の部分で切って返信
- ☐ 返信するときは、相手の名前の下の「行」を二重線で消して「様」と書き直す
- ☐ 返信面のご芳名・ご住所などの「ご」を二重線で消す

折って
投函する

10

進捗を伝え改善を図る

日報・週報・月報

日々の活動を記録して業務効率を向上させよう

68ページでも説明したように、報告・連絡・相談はビジネスパーソンとして基本中の基本。日報や週報・月報は、部署全体を常に把握する必要のある上司にとって必要な書類であると同時に、あなた自身にとっても、記入することで日ごろの業務を振り返り、改善点を見つける大切な機会となります。

重要なのは、内容がよくわかり読みやすいこと。忙しい上司が把握しやすいように、簡潔な表現でわかりやすく書くことが必要です。退勤前の10分を日報記入の時間にあてる習慣をつけると、1日の反省などから翌日の業務の見通しも立てられ、一石二鳥です。

日報を書くメリット

日々の記録を文字として残すことで客観的に振り返ることができるほか、将来的には自分の仕事を誰かに引き継ぐときにも利用できます。

- 1日の業務目的が明確になる
- 仕事が計画通り進んだか確認できる
- 備忘録になる
- 翌日の作業がはっきりする

■ 日報も6W3Hを意識する

メールでの例

To	○○課長，○○部長
件名	<日報>7月15日

本日の業務内容

9:30～10:00 メールチェック
10:00～12:00 営業部 1課会議
13:00～14:00 長澤係長に同行して岡山支社戸田支社長と面談
14:00～15:30 他社新商品リサーチ
15:30～16:30 来客(名古屋総本舗 米本様)
16:30～17:30 営業ツール在庫チェック

明日の業務予定

午前:個人情報保護規定改訂の説明会に出席
15:00～16:00 町田社 山田様と打ち合わせ

・戸田支社長より、先月発売の新商品に問い合わせが82件あったと報告あり
・他社類似商品、価格が2割安
・営業ツールの在庫一部欠損があり補充のため再注文済み
・午前中の会議は、活発な意見討論ができて他部門と連携が深まった

以上です

営業第1課
川辺弘美

ポイント

- 箇条書きを心がける
- 具体的な数量を示す
  ×多数の反響があった
  ○82件の問い合わせがあった
- 気づいたことを書き添える（次につながる）
- 前日に立てた予定どおりできなかったことは、できなかった理由と解決策を書く
- うまくいったことは、その理由を書く

■ 営業担当者の日報の例

回覧　　　　　　　　　　　　　20XX年○月○日

業務報告書

20XX年7月15日　　氏名　川辺弘美

9:30～10:00 メールチェック
10:00～12:00 営業部 1課会議
13:00～14:00 長澤係長に同行して岡山支社戸田支社長と面談
14:00～15:30 他社新商品リサーチ
15:30～16:30 来客（名古屋総本舗 米本様）
16:30～17:30 営業ツール在庫チェック

・戸田支社長より、先月発売の新商品に問い合わせが82件あったと報告あり
・他社類似商品、価格が2割安
・営業ツールの在庫一部欠損があり補充のため再注文済み
・午前中の会議は、活発な意見討論ができ他部門と連携が深まった
・次週までに問い合わせ内容をまとめ、商品のどこが注目されているか、まとめる

以上

ポイント

- □ 実際に面会したお客様の名前を記録
- □ 収集した他社状況等の情報を簡潔に共有する
- □ 今後の活動について、いつまでに実施するのかという目標日を記載

■ 総務担当者の週報の例

回覧　　　　　　　　　　　　　20XX年○月○日

業務報告書

20XX年7月○週　　氏名　井上太一

7月○日　臨時取締役会の出欠最終確認
7月○日　臨時取締役会用の資料作成
7月○日　臨時取締役会開催　ノー残業デー
7月○日　有給休暇
7月○日　同上

[備考]
今週の成果:臨時営業役会開催。出席予定役員13名全員が出席。監査役・村岡修一氏の新任が承認されました。
今週の課題：ノー残業デーの周知が至らず、すべての部署において残業を確認。
来週は月曜日と水曜日に一斉送信メールで全員に告知。
来週の予定:7月○日（月）定期エレベーター点検

以上

ポイント

- □ その週の業務内容を時系列にまとめている
- □ 週の業務成果を簡潔にまとめる
- □ うまくいったこと、いかなかったことをそれぞれ書き出し、改善するための方策を課題としてまとめている
- □ 今後の目標や来週の予定を明記している

11

形式を重んじつつ心を込めて
お礼状の書き方

ビジネスの関係だからこそ気持ちを伝えることが大切

お礼状はまさに文字どおり、お礼の気持ちを表現するために送るものです。お祝いの品をいただいたときやお見舞いをいただいたとき、あるいは取引先の担当者に面談の時間を設けてもらったりしたら、感謝の気持ちを込めてお礼状を出しましょう。

お礼状を出すタイミングは、遅くとも1週間以内が目安です。万が一、何らかの事情で遅れてしまった場合は「本来ならばもっと早くにお礼を申し上げるべきところ、遅くなってしまい申し訳ありません」などと簡単なお詫びの言葉を添えるといいでしょう。季節や天候に合わせて時候のあいさつを選び、感謝の気持ちとともに季節感を表しましょう。

時候のあいさつ

季節を表現する単語を使って簡潔にまとめましょう。一般的には「○○の候」という表現を使いますが、長めのあいさつ文でやわらかさを演出してもいいでしょう。

	季語	季節のあいさつ文
1月	新春・厳寒・酷寒	寒さが身に染みるこの頃
2月	立春・晩冬・残寒	春まだ浅い今日この頃
3月	早春・春寒・春暖	このところ急に春めいてまいりましたが
4月	陽春・仲春・桜花	春風が心地よいこの頃
5月	新緑・若葉・薫風	風薫る清々しい季節となりました
6月	梅雨・初夏・向暑	うっとうしい雨の続く毎日ですが
7月	盛夏・猛暑・炎暑	梅雨も明け、一段と暑さが加わる頃となりました
8月	残暑・晩夏・立秋	立秋とは暦の上、相変わらずの暑い日が続いております
9月	新秋・初秋・涼秋	日中の暑さはなお厳しい日が続いております
10月	秋冷・清秋・紅葉	秋もようやく深まってまいりました
11月	向寒・晩秋・暮秋	朝夕は一段と冷え込む昨今ですが
12月	寒冷・初冬・師走	今年も、はや師走を迎えました

お礼状の例

①拝啓　②寒冷の候、貴社ますますご盛栄のこととお慶び申し上げます。

③平素は格別のお引き立てをいただき、厚く御礼申し上げます。

さて、日ごろよりひとかたならぬご厚誼を賜っております上に、このたびはお心尽くしのお歳暮の品までお贈りいただき、大変恐縮に存じ、深謝いたします。

来年も変わらぬご指導、ご鞭撻を賜りますよう何とぞよろしくお願い申し上げます。

まずはとりあえず書面をもって、御礼申し上げます。

敬具④

⑤平成三十年十二月十日

株式会社ファストブレイク
久保亨介⑥

⑦矢島謙佑 様

ポイント

①頭語
一般的には「拝啓」で問題ありません。

②時候のあいさつ
季節に応じた表現を選びましょう。

③本文
感謝の気持ちを率直に伝えましょう。

④結語
頭語に釣り合う言葉を選びます。

⑤日付
必ず日付を記しましょう。

⑥自分の氏名
自分の氏名は下にそろえます。

⑦宛名
相手の名前は上にそろえます。

Q&A こんなときどうする?!

タテ書きじゃないとダメ?

タテ書き以外NGというわけではありませんが、タテ書きのほうが改まった表現ができます。

手書きじゃなくてよい?

活字で印刷するより、手書きで丁寧にしたためたほうが、個人の味が出ます。

メールでもいい?

感謝の気持ちはメールでも伝わりますが、手書きの文書を郵送することで、さらにあたたかな気持ちが伝わります。

知っておきたい お礼の例

・人を紹介してもらった
「このたびは○○様をご紹介いただき、並々ならぬお力添えにお礼申し上げます」

・契約できた
「このたびは弊社と契約の締結を快くご承諾いただきましたこと、大変ありがたく、深く感謝申し上げます」

・お見舞いに来てもらった
「ご多用中のところわざわざお見舞いにお越しいただきましたこと、心より御礼申し上げます」

・昇進を祝われた
「このたびの小職の役職就任に際しまして、さっそくご丁寧なご祝辞を賜り、その上、身に余るご高配を賜り、衷心より御礼申し上げます」

12 お詫び状の書き方

誠意をきちんと伝えよう

言い訳をせず、誠心誠意謝罪の気持ちを伝えよう

お詫び状は、たとえ意図的ではなかったとしても相手に迷惑をかけたり損失や損害を与えたりしたときや、不手際があったときなどに、謝罪の言葉を書いて送る手紙のことです。

ビジネスでは「悪気がなかったんだから」では済まされない場面がたくさんあります。言い訳をせず、誠心誠意、謝罪の気持ちを伝えましょう。できれば書状を書く前に、電話でもいいのでひと言お詫びをし、改善策を直接伝えます。その後、正式なお詫び状を書き、時間を作ってもらえるようであれば直接出向いてお詫びをします。それで信頼を取り戻せるとは言い切れませんが、誠意を伝えることが何よりも大切です。

お詫び状の基本4か条

気まずいからと躊躇してお詫びが遅くなれば、誠意は伝わりにくくなります。基本を踏まえて失礼のないように、早めの対応を心がけましょう。

- **すぐに送る**
  誠意を伝えるには率直な謝罪と、早急な対策を講じることが大事。
- **まず詫びる**
  責任逃れをしていると思われないためにも、まず謝罪の言葉を伝えます。
- **言い訳をしない**
  言い訳を並べていたら誠意は伝わりません。
- **解決策を書く**
  今後の対策と、改善に向けての覚悟を伝えます。

Q&A
こんなときどうする?!

お詫び状で済むときと済まないときの区別がわからない

お詫び状はあくまで、謝罪の誠意を伝える表現の一環。まず電話で、次に文書を書いて、さらに時間を作ってもらい直接詫びる……など、あらゆる形で誠意を伝えることを心がけます。お詫び状だけで済むとは思わないでください。

お詫び状の例

2019年1月15日 ①

② 株式会社夢の島
総務部 部長　波多野陸 様

株式会社西が丘 ③
廣末一謙

④
納品間違いについてのお詫び

⑤ ⑥
謹啓　時下ますますご清栄のこととお慶び申し上げます。

⑦
さて、去る1月10日付にて発送いたしました商品を、弊社社員の手違いで貴社へ誤送してしまいました。貴社には多大なご迷惑をおかけいたしましたこと、謹んで深くお詫び申し上げます。

今回の間違いは、注文受注の際、弊社のデータベースへの入力ミスが原因でございました。今後はこのような間違いのないよう、厳重に注意して参りますので、何卒、ご寛容の程お願い申し上げます。

なお、誤送品に関しましては、誠に恐縮ではございますが、着払いにて運送会社にお渡しくださるよう、重ねてお願い申し上げます。
まずは取り急ぎ、書面にてお詫び申し上げます。

謹白 ⑧

①提出日
②宛先
③差出人
④件名
⑤頭語
⑥時候のあいさつ
⑦本文
⑧結語

お詫び状に
事実誤認や見当違い、
誤字脱字があっては、収
まるものも収まらない。
必ず上司の確認を
受けよう

知っておきたい お詫びの言葉の文例

誠に申し訳ありませんでした

このたびは不注意により、貴社に多大なる迷惑をおかけして誠に申し訳ありませんでした。

今後このようなことがないよう努めてまいります

今後このようなことがないよう、細心の注意を払って努めてまいります。

幾重にもお詫び申し上げます

ご配慮を無にしましたこと、幾重にもお詫び申し上げます。

お詫び申し上げます

衷心よりお詫び申し上げます。

慚愧《ざんき》に堪えません

弊社社員がこのような事件を引き起こしてしまったことは、慚愧に堪えません。

「陳謝」とは、事情を述べて謝罪すること。「陳謝申し上げます」「不祥事を起こしたA社会長が陳謝した」のように使います。

13

あまり書きたくないけれど……

始末書・顛末書の書き方

最大限の丁寧な表現で真摯に誠意を表そう

どんなに細心の注意を払っていても、最善を尽くしていても、ときにミスや不手際は起きてしまうもの。そんなときに社内や社外に向けて提出するのが「始末書」や「顛末書」です。**起きてしまったことを真摯な態度で受け止め、反省し、お詫びの気持ちを表現するとともに再発防止に向けた努力をすることを記載します。**たとえ自分に非がない可能性があったとしても、素直にミスを認めて謝罪し、最大限の丁寧な表現で誠意を表しましょう。ただし、1人で勝手な判断をしてはいけません。まず何をおいても上司に報告・相談をし、指示に従って作成するとともに、解決に向けて全力を尽くしましょう。

始末書・顛末書の基本

書く機会がないに越したことはない始末書や顛末書。作成の際は次のような点に気をつけましょう。

- **事実を客観的に**

「いつ」「どこで」「何が」「なぜ」起こったのかを簡潔に説明します。

- **謝罪・反省の言葉をはっきりと**

責任逃れや言い訳をしないで、はっきりと謝罪します。

- **敬語を正しく**

言葉づかいが間違っていたら誠意は伝わりません。

- **再発防止に向けて**

今後の決意や対応策を示します。

始末書と顛末書の違い

- 始末書は、会社に提出するいわゆる反省文。反省とお詫びの気持ち、再発防止に向けた決意を表す。
- 顛末書は、事実を正確に伝える報告書。トラブルの経緯や原因を背景も含めて客観的に記し、対応策を提出するもの。

■ 納品後に商品の不備が見つかったときの顛末書の例

2019年4月24日 ①

② 商品管理部長殿

商品管理部管理課　鈴木彰洋 ③

顛末書

④
2019年4月22日、株式会社オールアウトより注文し、発送いたしました製品「フレックスシンガード」に関しまして、納品後に不備が見つかりました。
ここに顛末書を提出し以下の通りご報告するとともに、お詫び申し上げます。

記

⑤
【原因】
商品製造の際、不備が見つかった商品を摘出しておりましたが、検査員の不手際があり、摘出した商品の一部が混在してしまいました。

【処理】
先方に新しい商品を4月25日までにお持ちし、不備の合った商品と交換させていただく予定です。

【今後の対策】
検査手順の見直しを行い、マニュアルを再度整備し全員で勉強会を行って検査員の不手際によるミスをなくすよう努力致します。

以上

①日付
②宛て先
③差出人
④概要
⑤本文

「いつ」「どこで」「何が」起こったのかを簡潔にまとめる。

人的ミスであれば謝罪の言葉を添える。

原因・処理・今後の対策を簡潔かつ具体的に。

知っておきたい

提出の仕方

始末書・顛末書は速やかに提出することが基本ですが、形式や提出の仕方は会社ごとにルールがあることも。ミスやトラブルが発生したら、まず上司に報告と相談を。指示に従って始末書・顛末書を作成しましょう。

Q&A
こんなときどうする?!

顛末って何？

事の初めから終わりまでの経過。一部始終（三省堂『大辞林 第三版』）。「顛」つまり「いただき」から「末」までのすべてのこと、という意味です。

書くことで客観的に経緯を見つめ直せた

営業・34歳

さまざまな要因が重なり起きた事故について顛末書を書くことになったときは、「なぜ私が?」と思っていました。指導を受けながら書くうちに、未然に防ぐために自分がするべきことがはっきりとしてきました。

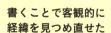

14 取引の約束事をまとめたもの 契約書の基礎知識

難しい文言が多いけれど必ず目を通しておこう

ビジネスはさまざまな約束事や取り決めで成り立っています。取引先とのあいだではもちろん、雇用関係にある社員と会社にも契約があり、不動産の賃貸や売買契約など日常生活のなかにもさまざまな契約が存在しています。なかには口約束で済ませてしまうこともあるかもしれませんが、何かトラブルが起きたときの解決の指針となるのが契約書です。

ビジネスシーンにおいてはトラブルを避けて円滑に仕事を進めていくために、書面の形で契約を明確なものにしておく必要があります。一見難しく感じるかもしれませんが、自分が担当する案件についての契約書には、必ず目を通しておきましょう。

契約書の基本

契約書は一定の形式に従って作成されることがほとんどです。
その基本を確認しておきましょう。

①タイトル
②前文
③内容
誰と誰が・どんな内容について合意し、契約期間についていつからいつまでの間、誰にどんな権利や義務が生じるかなどについて明記
④日付
⑤両者の住所・氏名・印

契約書の例

① 業務委託契約書

② 株式会社◎◎（以下甲という）と株式会社△△（以下乙という）とは、甲主催の「＊＊＊」（以下本件という）の制作業務の委託について、次のとおり契約を締結する。

③
第1条（責任の範囲）
…………………………………………
第2条（契約金・委託料）
…………………………………………
第3条（知的財産権の帰属と使用）
…………………………………………
第4条（計画と納期）
…………………………………………
第5条（支払方法と時期）
…………………………………………
第6条（守秘義務）
…………………………………………
第7条（瑕疵及び損害の賠償）
…………………………………………
第8条（契約の解除等）
…………………………………………

④ 20XX年○月○日

⑤
〈甲〉　住所
株式会社◎◎
代表取締役　＝＝＝＝

（乙）　住所
株式会社△△
代表取締役　＝＝＝＝

■ 契約締結までの流れ（業務委託に関する契約の例）

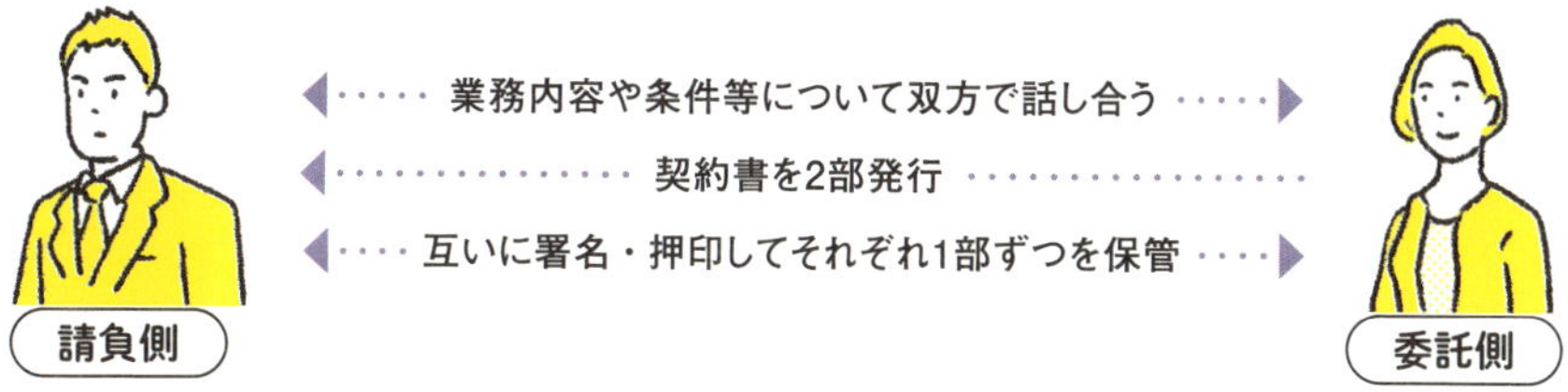
業務内容や条件等について双方で話し合う
契約書を2部発行
互いに署名・押印してそれぞれ1部ずつを保管
請負側
委託側

知っておきたい　契約書の保管方法

監査などで閲覧を要求される機会が多いので、種別ごとにわかりやすくファイルしておきましょう。契約期間が終了した後も10年は保管するようにしましょう。異動の場合も、忘れずに引き継ぎます。

収入印紙とは？

契約書の内容によっては、文書の作成者が収入印紙を貼る必要があります。収入印紙とは租税・手数料などの徴収のために政府が発行する証票で、この契約書について税金を支払った証となります。貼る収入印紙の金額は、契約書に示された金額によって異なります。

Q&A こんなときどうする?!

外国人で印鑑がないときはサインでOK？

法的には問題ありません。ビジネス上の契約書では、署名とサインでも十分有効な契約書として認められます。海外、特に欧米諸国では、契約書でも印鑑よりサインを使用することが長年の習慣として成立しています。ただし、契約書は双方の合意に基づいて交わすものですから、サインのみでよいかどうかは、互いが納得できるかどうかがカギとなります。

契約書ではなくメールでも契約成立？

メールや口約束であっても、双方が合意していれば契約は成立したとみなすことができます。ただし、口約束では、後々トラブルが生じたときにその証明ができません。口頭で伝えられ合意したことをメールに書き起こし、相手から「合意」の返信をもらっておけば安心でしょう。

15 ビジネスでは情報管理の徹底を
社外秘の文書について

与える損害は無限大
機密事項は取り扱い注意！

業務上の情報の取り扱いには特に慎重になりましょう。**情報が外部に漏れることによって会社や取引相手に大きな損害を与えるばかりでなく、法に触れることもあり得ます。**紛失や置き忘れ、操作ミスなどによる情報の流出も責任を免れません。

日本ネットワークセキュリティ協会では毎年、新聞などで報道された情報をもとに情報漏えいにかかわる事故・事件を報告していますが、2017年は誤操作による情報流出が全体の約4分の1を占め、1件当たりの平均損害賠償額は5億4850万円にのぼりました。うっかりではすまされません。慎重の上にも慎重を重ねましょう。

秘密の度合い

ひと口に「機密事項」といっても、秘密の度合いにはさまざまな段階があります。

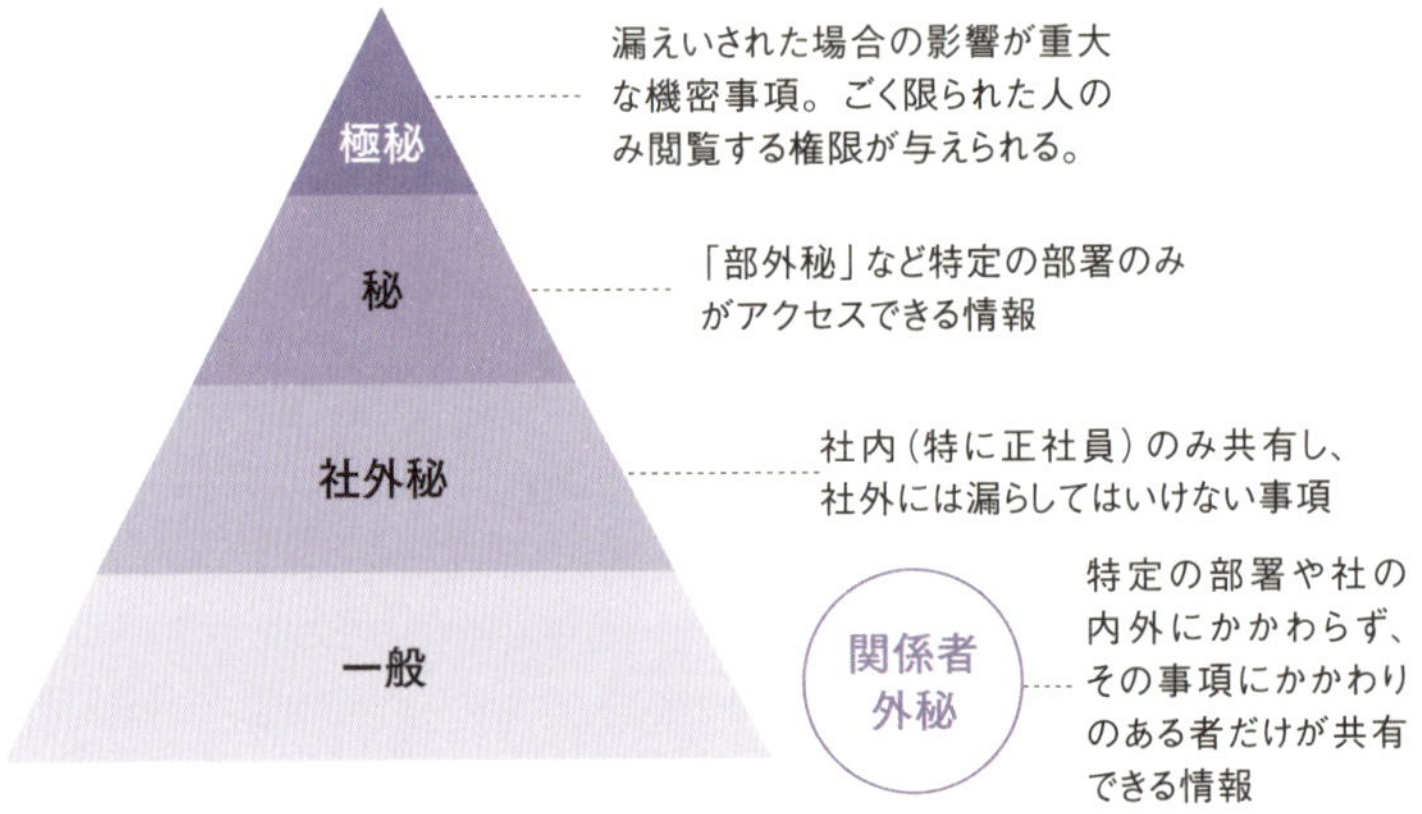

極秘
漏えいされた場合の影響が重大な機密事項。ごく限られた人のみ閲覧する権限が与えられる。
秘
「部外秘」など特定の部署のみがアクセスできる情報
社外秘
社内（特に正社員）のみ共有し、社外には漏らしてはいけない事項
一般
関係者外秘
特定の部署や社の内外にかかわらず、その事項にかかわりのある者だけが共有できる情報

■ 基本的に社内情報はすべて社外秘

特に社外秘に指定されていなくても、社内で知り得た情報はすべて社外秘として扱いましょう。

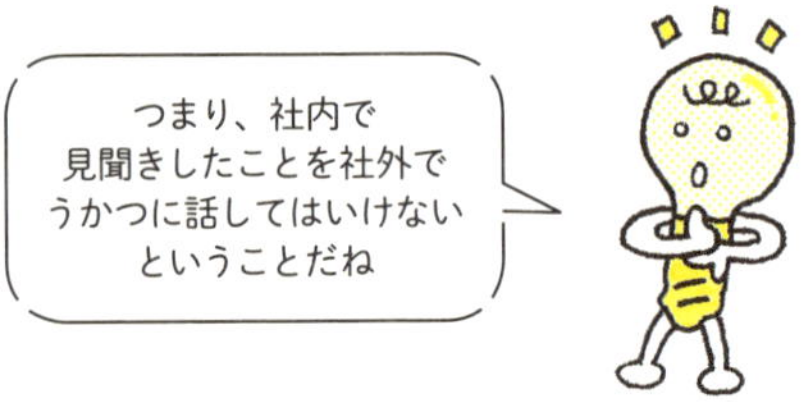

つまり、社内で見聞きしたことを社外でうかつに話してはいけないということだね

情報の取り扱いには注意

もし実害が出たら、漏えいの意図はなかった……ではすまされません。情報の漏れやすいこんな場面に要注意。

パブリックスペースで
仕事の話をするのはやめましょう

メールの誤送信やSNSの誤爆は
情報流出の危険大

スマートフォンや書類を
落としたり忘れたりすると大変。
仕事の持ち帰りはしない

身内にちょっと話したことが
思わぬ形で広まってしまうことも

Q&A
こんなときどうする?!

社内秘って何?

右ページで触れた「部外秘」などがこれにあたります。明確な定義はありませんが、同じ社内であっても関係者のみが共有できる情報、と考えてください。

社外でコピーして置き忘れ

事務・26歳

仕事を家に持ち帰ったとき、書類をコピーする必要があったのでコンビニに行ったんですが、うっかり社外秘の原稿を置き忘れてしまいました。すぐ取りに戻りましたが、もし誰かに見られていたらと思うと……。

リアルなお仕事事情

情報リテラシーの低い上司がフェイクネタ拡散でプチ炎上

千葉ひとみさん（仮名）　23歳　女性

食品会社に勤める千葉さんの悩みは、自称「情報ツウ」の上司。

「上司はSNSが大好きで、FacebookもTwitterもInstagramも、毎日のように熱心にアップしています。個人のアカウントだし勤務中に投稿しているわけではないので、周りも何も言えません。匿名で開設している私のプライベートのアカウントは鍵をかけていますが、もし見つかって、どうして公開しないのか問い詰められたらちょっと嫌ですが」。

それよりも千葉さんが困っているのは、上司の情報リテラシーの低さ。ウェブ上に書かれた情報を何でも鵜呑みにしてしまうのです。

「『うちの会社で製品に使っている材料が病気を引き起こすらしいから、詳しく調べてレポートをまとめておいて』とか、『マイナンバーは役所で手続きすれば抹消できるらしいよ』といった、明らかにウソとわかる情報まで信じてしまうんです。ウェブ上には正しい正しくないにかかわらず、あらゆる記事が存在していることは私でさえわかること。でも上司にとっては、ウェブ上に書かれた情報はすべて真実なんです。でもまあ、内輪でネタとして話している分には別にいいかなと思っていました」。

ところが先日、上司が自分の個人アカウントで、ニセの情報を拡散させてしまい、ちょっとした炎上になってしまいました。チーム内で誰が上司に情報リテラシーの必要性を告げるか、いま、もめているそうです。

Chapter 4

制度・手続き

仕事相手への連絡や組織への届け出は、慣れるまでは忘れがち。
しかし、これを怠ると損をしたり信頼を失ったりします。

01

どんなときに届け出が必要？

必ずすべき会社への届け出とは

会社のルールに従って忘れずに届け出を

業務を進めていくうえで「報告・連絡・相談」が重要であることは、68ページでも説明しました。**会社などの組織で日常業務を行っていくなかで、報告や情報共有の一環としてさまざまな届け出が必要になります。**

提出を怠ったり著しく遅れたりすると、ほかの人の仕事に影響が出てきます。たとえ数分の遅刻や残業であっても、会社で届け出が必要と決められていたら提出は義務。後回しにしてため込んだりせずに、速やかに提出しましょう。なお、どんな届け出が必要かは会社や組織によって異なりますので、就業規則を確認のうえ、上司や先輩、担当する部署などに相談しましょう。

こんなときも必ず知らせよう

一報を入れるだけでいいこともあれば、きちんと書面で提出する必要があるものも。

- **欠勤**

急な体調不良でも勝手に休んではいけません。必ず連絡を。場合によっては医師の診断書が必要なケースも。

- **遅刻や早退**

わかった時点で必ず一報を入れましょう。事前にわかっている場合は、書面での提出が必要なこともあります。

- **転居**

社会保険関連の手続きや通勤手当にもかかわってくるので、住所変更は必ず届け出を。

- **残業**

所定時間外での残業には届け出が必要なことも。

- **結婚、離婚、出産**

結婚によって姓が変わったり扶養家族が変更したり等の、社会保険や税務関係にかかわることは、書面での手続きが必要です。

どんなときに
書面での届け出が
必要なのか、
就業規則を確認しよう

会社への届出書一覧

会社に届け出が必要な、主な届出書の一覧です。
労務管理上必要なものと、人事管理上必要なものの2種類に大別されます。

労務管理上	休み関係	遅刻届、早退届、欠勤届、有給休暇届、産休・育休届、代休届、休職届、特別休暇（介護・療養等）届、忌引休暇届
人事管理上	個人の身辺関係	住所変更届、結婚届、離婚届、改姓届、出生届、死亡届、扶養家族の変更届
	退職関係	退職願、退職届
	その他	資格取得、給与等振込先、社員証紛失

「書面で」「メールで」など届け出る形式やフォーマットは会社によってさまざまです。届け出る際は、あらかじめ上司か先輩に確認しましょう。

Q&A
こんなときどうする?!

遅刻や欠勤はメール？電話？

48ページにもあるように、基本は電話で連絡を。会社や部署によって「グループLINEで」「ビジネスチャットツールで」「社内SNSで」「担当者へのSMSで」など、遅刻や欠勤の際の連絡方法が決められている場合は、それに従います。予測がつく場合は、だいたいの到着予定時刻も併せて伝えましょう。交通機関の乱れで遅れる場合は、周囲の迷惑にならないように、通話が禁止されている場所での電話連絡は控えましょう。その場合は、連絡を入れることを優先し、メールやチャットツールを使用しましょう。

引っ越しをしたときは、
通勤ルートや交通費も
報告しなくちゃね

02 上手に休むことも仕事のうち！ 休暇の取り方

年5日の有給休暇が義務化 休みやすい環境づくりを

2018年6月に成立した「働き方改革関連法案」により、年に10日以上の有給休暇が付与された労働者すべてに対し、時季を指定して使用者が毎年5日間、年次有給休暇（以下「有休」）を取得させることが労働基準法で義務付けられました（2019年4月1日から施行）。長年、日本では有休を取ることに対するうしろめたさのようなものがありました。しかしいまは「休むべきときはしっかり休むべき」と、有休の積極的な消化が推奨されています。そのためには周囲でカバーし合って休める環境を作ることも大切。上手に休暇を取って、より良い仕事につなげていきましょう。

休暇の種類

休暇には、法律で定められた法定休暇と、会社などの組織が任意で定める特別休暇があります。

＜法定休暇＞

- **年次有給休暇**

週の所定労働日数・時間と勤務年数によって、年間に最大20日までの有給休暇が認められている（129ページ）。

- **生理休暇**

生理日の就業が著しく困難な女性に対し、労働基準法で定められた制度。

- **産前産後休業**

出産前6週間（多胎児の場合14週間）、出産後8週間の女性のための休業制度。

- **育児休業**

1歳に満たない子どもを育てるための休業制度。育児介護休業法で定められている。

- **介護休業**

病気・怪我や高齢などの理由で、家族に介護が必要になった際に取得できる休暇。育児介護休業法で定められている。

- **子の看護休暇**

小学校就学の始期に達するまでの子の看護、予防接種、健診を受けさせるための休暇。育児介護休業法で定められている。

＜組織が任意で定める特別休暇＞

- **リフレッシュ休暇**

勤続年数や年齢に応じて与えられる。心身の疲労回復を目的とした休暇。

- **ボランティア休暇**

ボランティア活動への参加を支援・奨励する目的で、有給の休暇・休職を認める制度。

- **バースデー休暇**

誕生日に休みを取れる特別休暇。家族の誕生日や記念日に休める「アニバーサリー休暇」制度も。

- **裁判員休暇**

裁判員、または裁判員候補者として裁判所に行くため休むことは法律で認められているが、有給とすることは義務付けられていない。

上手に休暇を取るコツ

よく「有休を取るのにもマナーが必要」と言われますが、必要なのは「マナー」よりも周囲とのバランスや思いやり。組織の中で互いにカバーし合っていることを忘れずに。

段取りよく
やるべき仕事を終わらせ引き継ぎもしっかりと。

周囲への配慮
周囲の繁忙期にも長期休暇を取るのは避けよう。

早めに伝える
カバーする側にも準備が必要。

休暇を取る際、気をつけたいこと

休みを取るにあたって、遠慮はいりませんが周囲への思いやりは必要です。ほかの人が休暇を取るときも、「お互い様」の気持ちを忘れずに。

お休みをいただきたいのですが

申請 →

理由は？

有給休暇の取得に特別な理由は不要ですが、万が一のことも考えて所在は周囲に伝えておこう。

有休は権利だ

その日は困るなぁ

繁忙期や自分に責任のかかる仕事が避けられない日に休みを取るのは避けよう。

旅行に行ったらお土産を買うなどの気づかいは欲しいね

Q&A こんなときどうする?!

休ませてもらえないときは？

適切に休暇を取ることは働く者の権利ですが、周囲とのバランスを考慮することも大切です。休暇を申請して認めてもらえなかったときは、繁忙期だったり、ほかに長期休暇中の人がいて手が足りなかったり、突然の急な申請だったりということはありませんか？　もしそうでなく正当な申請を認めてもらえないならば、社内の相談窓口や労働組合、管轄の労働基準監督署に相談しましょう。

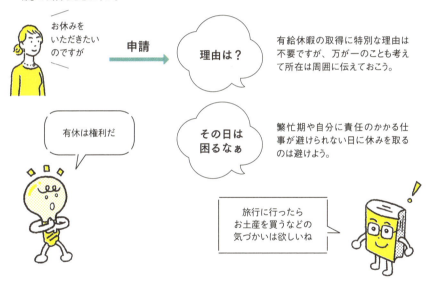

03

周囲の理解も必要

働く男女の出産・育児

女性も男性も育児と仕事の両立ができる環境が理想

少子高齢化が進む日本は、生産年齢人口の減少から労働力不足が心配されています。そんななかでの妊娠・出産はよい知らせ。少しずつですが、産前・産後休業や育児休業を取りやすくするための法整備も行われつつあり、**制度を利用することで、子どもを育てながらでも働きやすい環境が整うことが期待されています。**また、女性だけでなく男性の積極的な育児参加も推奨されるようになってきましたが、**子育てと仕事の両立がしやすくなるためには、さらなる周囲の理解が必要です。**産休・育休に入るずっと前から良好な信頼関係を築いておくことが重要です。

産前・産後休業、育児休業

産休や育休の仕組みと期間について確認しておきましょう。

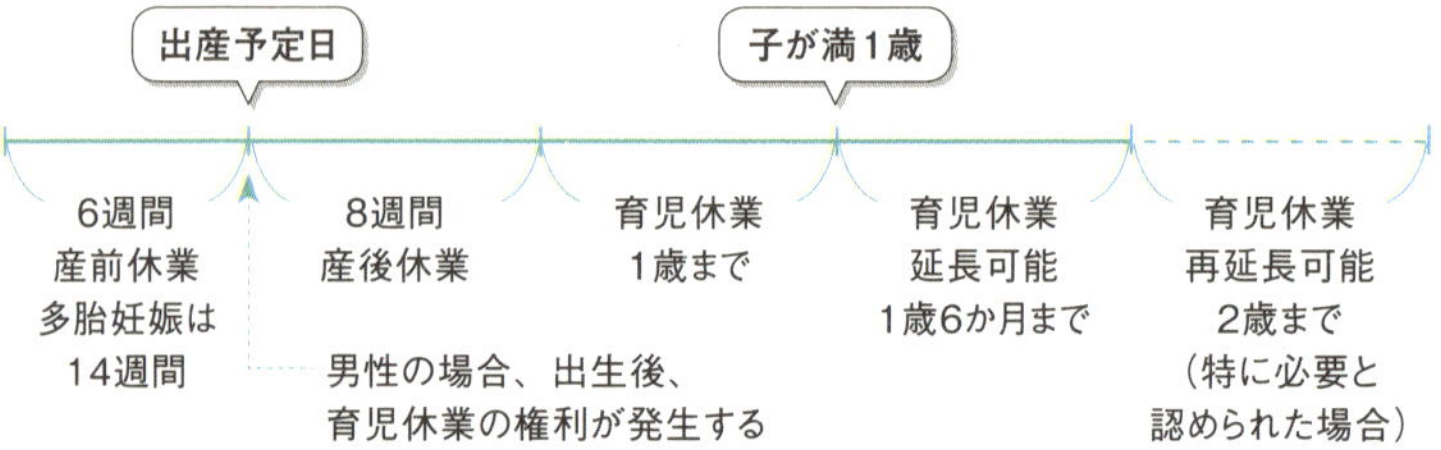

産前休業

- 出産予定日は産前休業に含まれる
- 予定より遅れて出産した場合、予定日から出産日までも産前休業となる

育休の対象外

- 雇用期間が1年未満
- 週の所定労働日数が2日以下
- 1年以内に雇用関係が終了する

育児休業取得率の推移

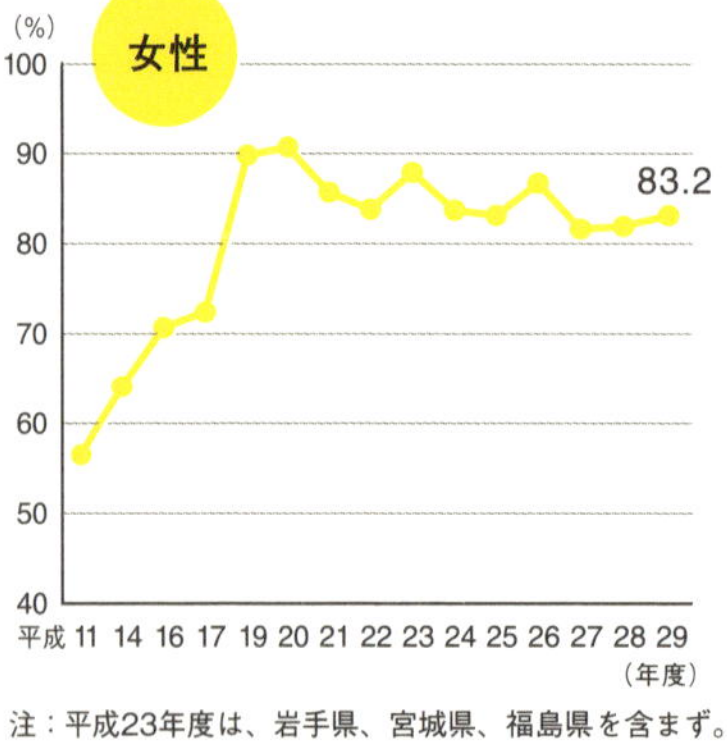

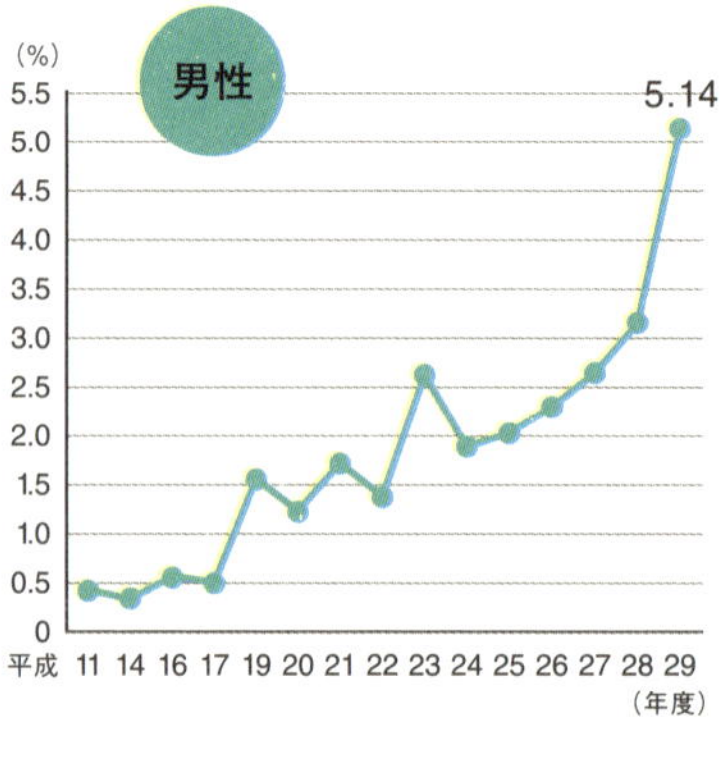

注：平成23年度は、岩手県、宮城県、福島県を含まず。
出典：「事業所調査　結果概要」(厚生労働省)

給付金の申請と給付

給付金には、出産育児一時金、出産手当金、育児休業給付金があります。出産育児一時金は健康保険または国民健康保険に加入する人が、出産手当金は健康保険に加入する会社員が対象です。いずれも、自分で申請します。

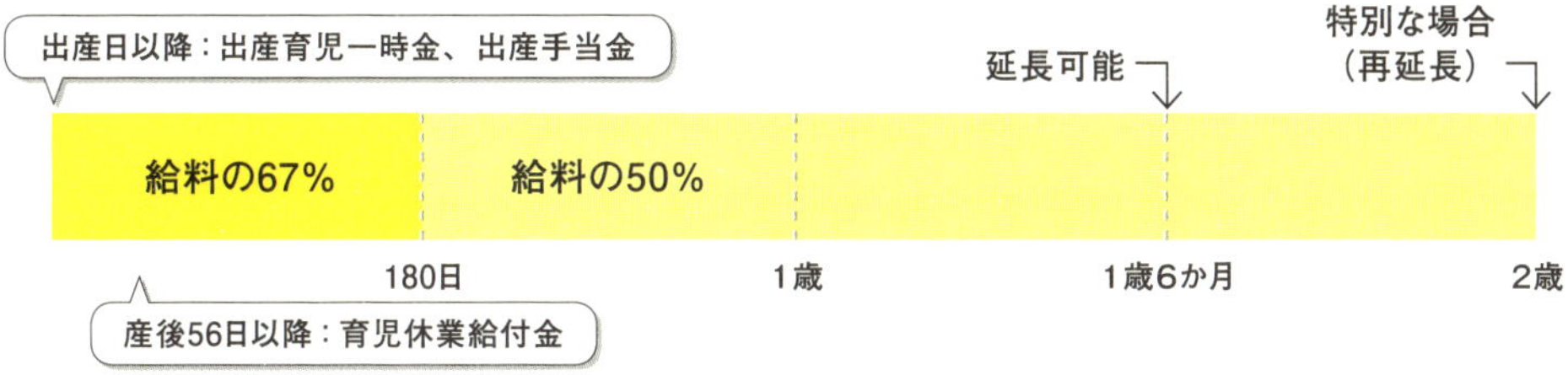

（延長の条件）
父親か母親のどちらかが、子どもが1歳になる誕生日の前日に、育休を取得している状態

→

（理由）
子どもが認可保育所等に入所できない、病気・ケガ・妊娠などで、働きながら子どもを育てることが難しくなった

（再延長の条件）
子どもが2歳になる誕生日の前日までに、雇用契約（更新される場合は更新後の契約）の期間が満了しないこと

夫婦で育休を取得しよう

育休は妻だけでなく夫も取得することが可能です（パパ・ママ育休プラス）。

• 夫が2回取得するケース

妻の出産後8週間以内の期間内に、夫が育児休業を取得した場合には、特別な事情がなくても、再度、夫が育児休業を取得できます。

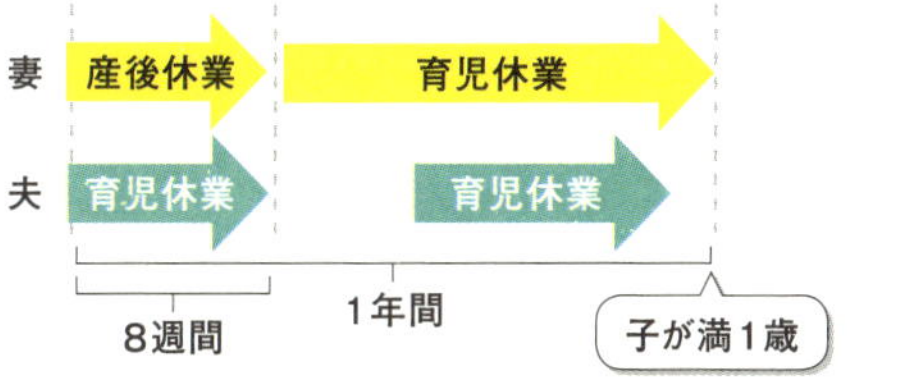

• 妻と夫がともに育児休業を取得する場合

原則として子が1歳までの休業可能期間が、子が1歳2か月に達するまで（2か月分は夫（妻）のプラス分）延長されます。

出典：「育児休業制度リーフレット」（厚生労働省）より作成

Q&A
こんなときどうする?!

男だって育休はちゃんと取りたい！

育児・介護休業法によって、女性だけでなく男性の育児休業の取得も認められていますが、男性が申請を出すことにはまだまだためらいが大きいようです。政府は「2020年に男性の育児休業取得率13%」という目標を掲げています。2019年現在はこの目標がまだ遠い状態ですが、少子高齢化対策や働き方改革の「女性の活躍促進」実現に向けても、男性の育児参加への理解が求められます。

介護・療養に関する制度

介護の負担や、病気療養の負担を軽減する制度

介護のために離職した人は1年間でおよそ9万9千人、そのうち女性が約8割を占めています（総務省統計局「平成29年就業構造基本調査」より）。**働く世代の介護の負担を軽減するための制度が「介護休暇」「介護休業」です。**取得するには一定の条件が必要で、休暇と休業では取得できる期間が異なるほか、申請方法や給与が出るか出ないかなどの違いがあります。また、長期にわたる治療が必要な労働者をサポートするのが病気休暇で、治療のための半日単位や時間単位の有給休暇を取り入れている企業もあります。**勤務中のケガや病気には、労働者災害補償保険の制度もあります。**

介護休暇・介護休業

介護休暇・介護休業の要件と介護対象者・取得対象者を確認しておきましょう。

介護休暇	要介護者1人につき1年で5日まで。半日単位の取得も可
介護休業	要介護者1人につき通算93回まで。3分割可

介護対象者（休暇・休業とも）

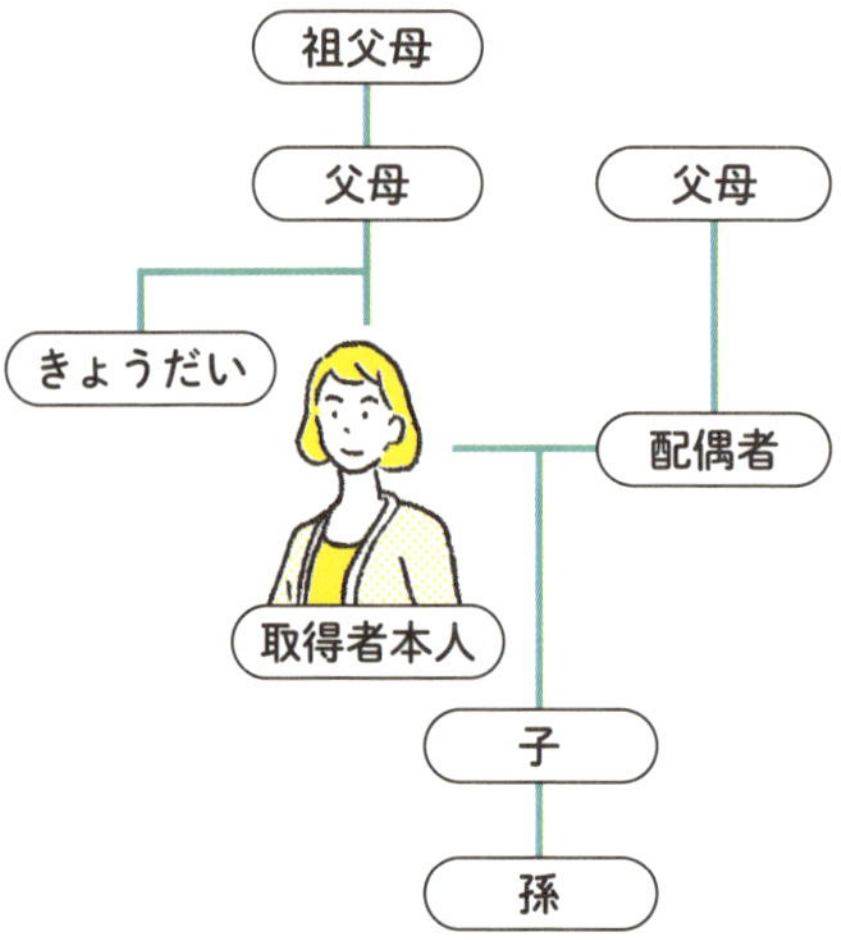

取得対象者

- 雇用期間が半年以上
- 要介護状態の対象家族を介護する、日々雇用以外の全労働者
- アルバイトやパート、派遣社員や契約社員も含まれる（雇用期間が1年以上）
- 休業開始日から93日～6か月を経過するまでに労働契約期間が終わらないこと

介護者の就業状態

男性232万1500人
女性395万4800人
有業者
151万4900人
無業者
80万6700人
有業者
194万8300人
無業者
200万6400人
総数
627万
6000人

出典：「平成29年就業構造基本調査」（総務省統計局）

介護をしている雇用者が休業などを取得した割合

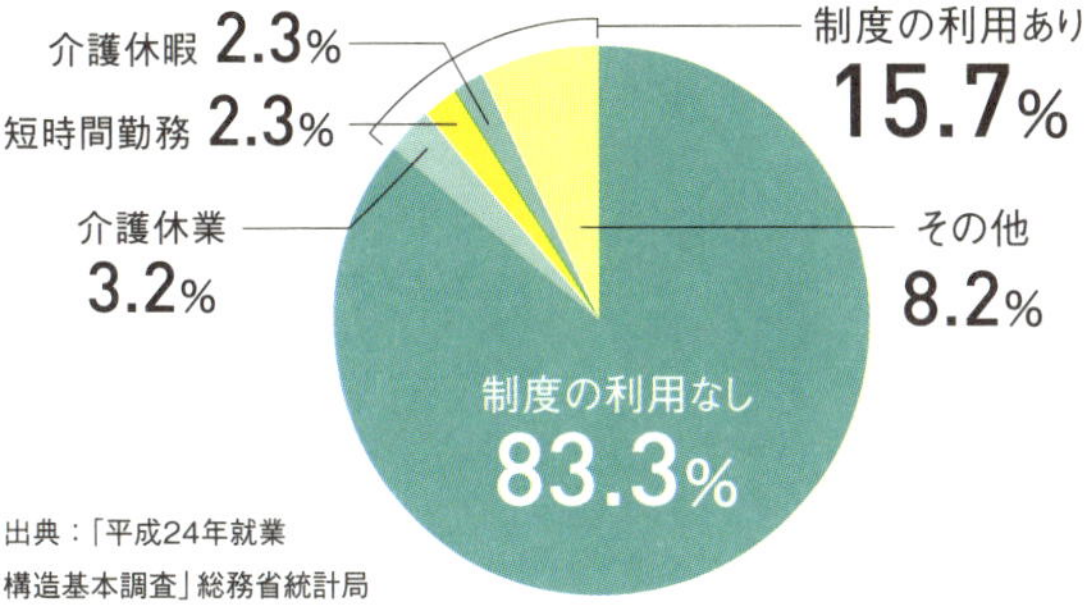
介護休暇 2.3%
短時間勤務 2.3%
介護休業
3.2%
制度の利用あり
15.7%
その他
8.2%
制度の利用なし
83.3%

出典：「平成24年就業構造基本調査」総務省統計局

介護休業給付金

雇用保険の被保険者で一定の条件を満たすとき、職場復帰を前提として家族を介護するために介護休業を取得した場合に給付金が支給されます。条件については厚生労働省のサイト等で確認しましょう。

生活のためにも
介護離職は
避けたいね

病気休暇

長期の療養が必要な病気やケガをしたときには、次のような制度が活用できます。

就労中	公傷病休暇（法定休暇）	労災で、労働することができず賃金が受けられないとき、その第4日目から休業補償を受けられる。
勤務外	私傷病休暇（法定ではない）	公務員は規則や条例で病気休暇の取得が定められている。民間は会社の規定による傷病手当があるケースもあるので確認が必要（要医師の診断書）。

労災認定の流れ

就業中に起こる病気やケガ、あるいは通勤途中にケガをしたとき、会社から保険金が支払われる場合があります。

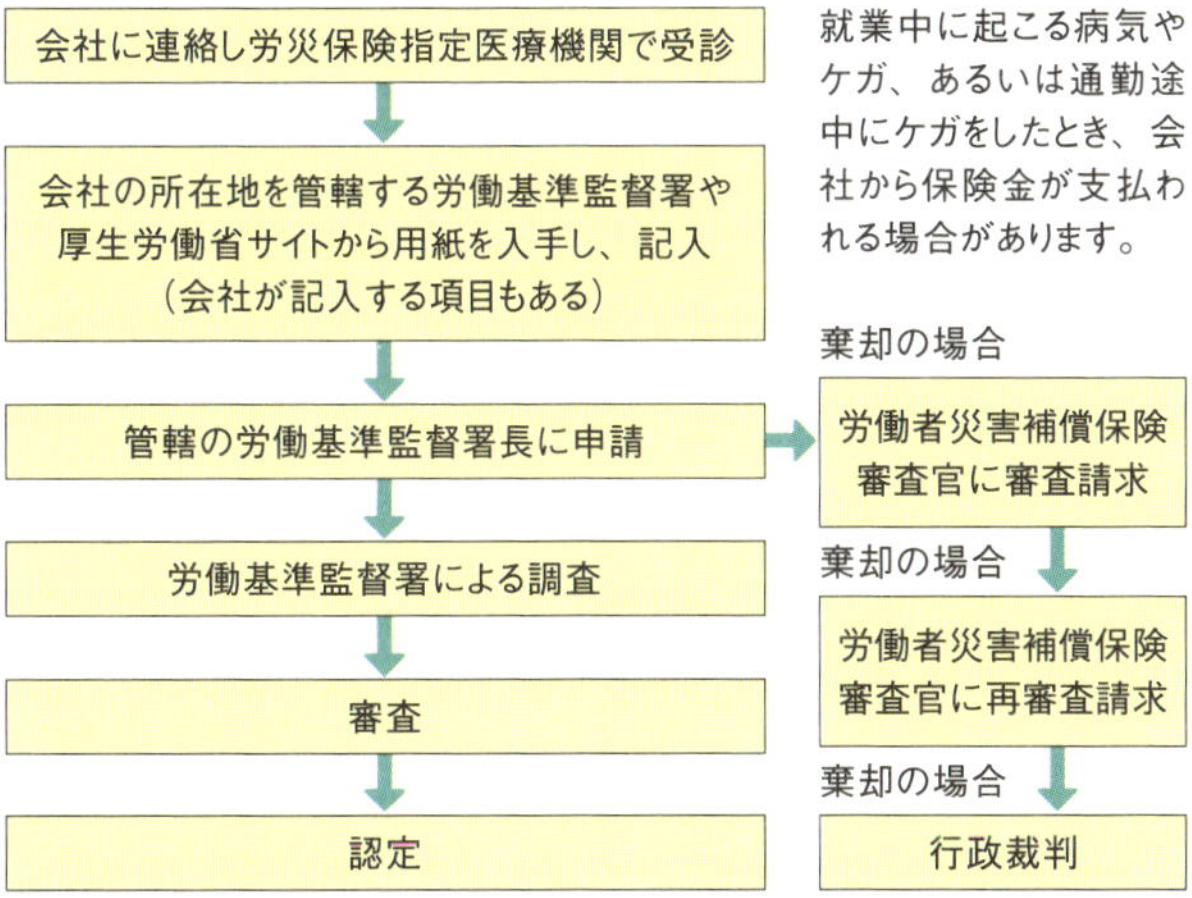
会社に連絡し労災保険指定医療機関で受診
会社の所在地を管轄する労働基準監督署や厚生労働省サイトから用紙を入手し、記入（会社が記入する項目もある）
管轄の労働基準監督署長に申請
労働基準監督署による調査
審査
認定
棄却の場合
労働者災害補償保険審査官に審査請求
棄却の場合
労働者災害補償保険審査官に再審査請求
棄却の場合
行政裁判

病気休暇制度のある会社

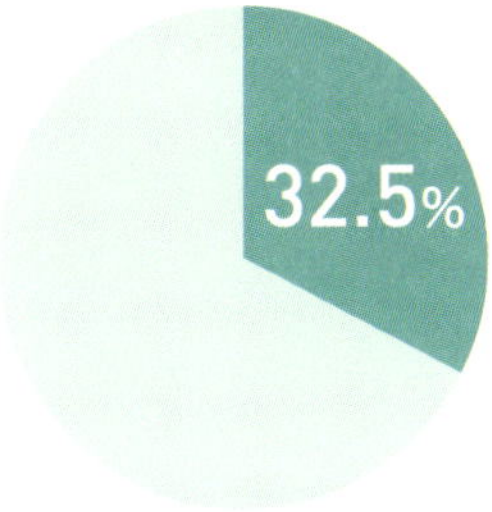
32.5%

出典：「平成29年就労条件総合調査の概況」厚生労働省

05

業務の大きな流れから詳細説明へ
引き継ぎはスケジュール立てから

いなくなってからでは遅い 書面と口頭で確実に引き継ぐ

異動や退職だけでなく、仕事相手が変わったりする際に、同僚・後輩に業務の引き継ぎをすることは、ままあります。

きちんと引き継ぎをしないと、新任の担当者は一から状況を把握しなければならず、せっかく築いたノウハウも活かせず、ビジネスパートナーからの信頼が損なわれてしまうこともあります。

自分が把握していることをすべて伝えるのは難しいものです。聞いているときは理解したつもりでいても、実働の際にわからないというのもよくあることです。

逐一書面に書き起こし、口頭でも質疑応答の機会をもちましょう。

引き継ぎのポイント

引き継ぎで必ず伝えなければならないポイントは大きく6つに分けられます。

業務

- **フロー**：ルーティンワークでも単発の案件でも、業務の流れを伝える。
- **スケジュール**：最終の締め切りだけでなく、そこから逆算して立てられた細かな締め切りも。
- **予算**：予算、請求月、支払方法など。契約書の有無も確認しておく。
- **関係者**：内外の関係者と役割、責任の範囲などを把握しよう。仕事ごとに関係者一覧を作ると便利。
- **経緯**：業務のはじまりから、これまでの仕事のなかで起きたこと、懸案事項、変更されたことなど。
- **ゴール**：どんな仕事も、目的や手段が共有されていなければ、最良のゴールへは向かわない。

パソコン内のデータや
書類の置き場も忘れずに

全体像から伝える

大事なことだとしても、細かなことから聞いて全体を把握するのは大変です。

全体像
・仕事の目的、関係者、予算など
・1年、1か月の大まかな流れなど

→

詳細
進捗、やり方、
担当者のクセなど

引き継ぎのスケジュールを立てる

前任者がいなくなる場合は、その日までに確実に引き継げるよう、しっかりスケジュールを立てましょう。

①いつまでに引き継ぐか決め、引き継ぎに割ける時間を把握する

・異動日まで?
・ルーティンワークの場合、作業日(月末など)?

②引き継ぎ資料を作成する

・マニュアルの更新
・新規作成
このとき、細かな作業なども極力文字化する!
個人的なルールやあいまいさをなくすいい機会!

③口頭で説明し、できれば一緒に作業をしながら引き継ぐ

・給与振込など作業日が決まっていることはその日に一緒に行う
・それ以外は、立てたスケジュールに沿って行う
・実際にやってみるとわからないことは必ず出てくるので、そのとき誰に聞くかも含め、念入りに伝える

④相手方がいる場合、あいさつをする

・営業担当でなくても、相手方へのあいさつ回りは起こり得る

あるなら名簿や
得意先リストなども
引き継ぎたい

定例の仕事なら
マニュアルのあることが
多いけど、単発の場合は
一から作成するよ

同僚の急病で急きょ、引き継いだ

企画・31歳

同僚が急に入院したときのこと。課内ミーティングで経過は理解していたものの、自分と違う仕事の仕方をしていて、進捗を把握するのにひと苦労。相手方から、前任者はやってくれていたと言われるのも困りました。引き継ぐ可能性のある仕事は標準化しておこうと、心に決めました。

産休での引き継ぎにあたって

経理・34歳

前任者から引き継いで4年間、ムダだと思いつつやっていた仕事などを、いい機会だと思って整理しました(もちろん、上司に相談しました)。作成していたけれど活用されていなかった資料が意外とありました。

06

評判はついてまわる

転職・退職時にも好印象が大事

タイミングと段取りに注意 円満退社をめざそう

終身雇用と年功序列の時代は、新卒で入社した会社に定年まで勤めることが当たり前でしたが、いまは転職がそれほど珍しいことではなくなりました。総務省の調査では、2017年には559万人が職場を離れ、およそ311万人が転職を経験しました（総務省統計局「労働力調査」）。その一方で、退職や転職を後悔している話もよく耳にします。**家庭の事情や人生の方向転換など、勤め先を辞める理由はさまざまですが、辞めるときこそマナーが必要。**

円満退社のためには、周囲に迷惑をかけないことが肝心です。タイミングを間違えずに適切な手続きをして、快く送り出してもらいましょう。

成否を分ける転職・退職理由

後ろ向きの理由で転職や退職を決めても、その次がうまくいくとは限りません。どのような理由がOK、またはNGなのか見てみましょう。

NG

- 職場に嫌な人がいる
- もっと自分に合った仕事があるはずだ
- ラクして稼ぎたい
- なんとなく

OK

- 職場環境が改善されない
- キャリアを見据えての決断
- 資格を活かしたい
- 知人の引き抜きで他社へ

知っておきたい

ブラック企業とは？

厚生労働省等による明確な基準はありませんが、

①極端な長時間労働やノルマがある
②賃金不払い残業やパワハラが横行している等、企業全体のコンプライアンス意識が低い
③上記のような状況下で労働者に対し過度の選別を行う

といった特徴があります。勤めている会社がブラック企業かなと思ったら、しかるべき組織に相談することが必要です。まずは社内の相談窓口や労働組合、管轄の労働基準監督署に相談しましょう。

退職を考えてから実際に辞めるまで

辞める決断をしたら、やらなければならないことがたくさんあります。その流れをまとめます。

退職したいと思ったら
辞めたい理由を書き出して辞めずに改善できる点がないか再考し、状況の整理と確認をする。

↓

決断
本当の理由が何であれ「個人的で前向きな理由」を用意しておこう。

↓

申し入れ
まず直属の上司に相談の形で申し入れる（「実は、転職を考えているのですが……」など）。
業務への影響を考えると1か月前には申し出る（法律上は2週間前まで）。

↓

退職願の提出
上司の了承を得てから提出する。

↓

退職届を提出
・引き継ぎ
・お世話になった方へのあいさつ

↓

退職
・社員証の返還（退職日）
・離職票の受け取り（退職後）

転職情報を集めはじめる（転職サイト、情報誌、人材紹介に登録など）

繁忙期は避けよう
・上司に伝える前に同僚に相談しないこと

退職後も
仕事を続けるか、
いったん休むかなど、
いろいろ考えたい

Q&A こんなときどうする?!

上司が辞めさせてくれない

繁忙期でいま辞められると仕事が回らなくなる、退職を申し入れたのが辞めたい期日の直前だった、など以外で、理由もなく辞めさせてもらえないなら、社内の相談窓口や労働組合、管轄の労働基準監督署に相談を。

家族の同意が得られない

まずはじっくりと話し合いましょう。家族といえども自分以外の人の視点を知ることで、もしかしたら退職・転職以外に、状況を改善する選択肢が見つかるかもしれません。

07

周囲への気づかいを忘れずに

転職・退職時のあいさつ・手続き

スムーズな手続きで自分も損をしない退職を

会社を辞めたいという気持ちが沸き起こってくると、ややもすれば客観的な判断が難しくなることがありますが、そんなときこそ冷静に考えて行動しましょう。127ページでも説明したように、**退職を考えたらまず落ち着いて状況の整理と確認をする必要があります。**繁忙期や決算期など、いま辞められると会社や周囲が困るタイミングでの退職は、可能な限り避けましょう。未消化の年次有給休暇があったらその消化についても計画を立て、ボーナスの時期も考慮に入れておきましょう。冷静な判断と行動こそが、自分も損をしない円満退職のコツです。

提出する書類

「退職願」「退職届」とも、タテ書きでもヨコ書きでも問題ありません。
会社のフォーマットがあればそれに従いましょう。

■ 提出するもの

退職願

退職の希望を通知する書類です。

> 退職願
>
> 私こと
> このたび下記の理由により退職いたしたく、ここにお願い申し上げます。
>
> ・退職希望年月日　2019年3月末日
> ・退職理由　　　転職のため
> 以上
>
> 代表取締役社長 長谷川徹殿
>
> 営業部 田邊卓司
> 2019年2月25日

「辞表」は社長や役員、公務員が使用するもので、一般には使いません。

退職届

正式に退職を通知する書類。撤回はできません。

> 2019年5月20日
>
> 退職届
>
> 斉藤織物株式会社
> 代表取締役 社長 斉藤義夫 様
>
> 所属:総務部 庶務課
> 氏名:林 令子
>
> 私こと
> このたび転職のため、来る2019年6月30日をもちまして退職させていただきます。
>
> 退職後の住所および電話番号
> 住所:〒565-0871 大阪府吹田市○○○
> 電話番号:06-0000-0000
> 以上

離職日が決まってから
退職届を出すよ

退職時に会社に返却するもの・受け取るもの

会社から貸与されたものはすべて返却。交通費が定期券支給の場合は定期券も返却しましょう。

会社からの書類は退職後に郵送されることもあります。

返却するもの	受け取るもの
社員証（身分証明書） 健康保険証 セキュリティカード 支給されていた備品	雇用保険被保険者証 離職票（退職後） 健康保険資格喪失証明書 源泉徴収票 厚生年金基金加入員証

有休・代休の消化

年次有給休暇は、雇入れの日から6か月以上継続勤務し、8割以上出勤した場合に年間最低10労働日分が付与されると労働基準法で定められています。有効期間は付与後2年間です。

勤続年数	6か月～	1年 6か月～	2年 6か月～	3年 6か月～	4年 6か月～	5年 6か月～	6年 6か月以上
付与日数	10日	11日	12日	14日	16日	18日	20日

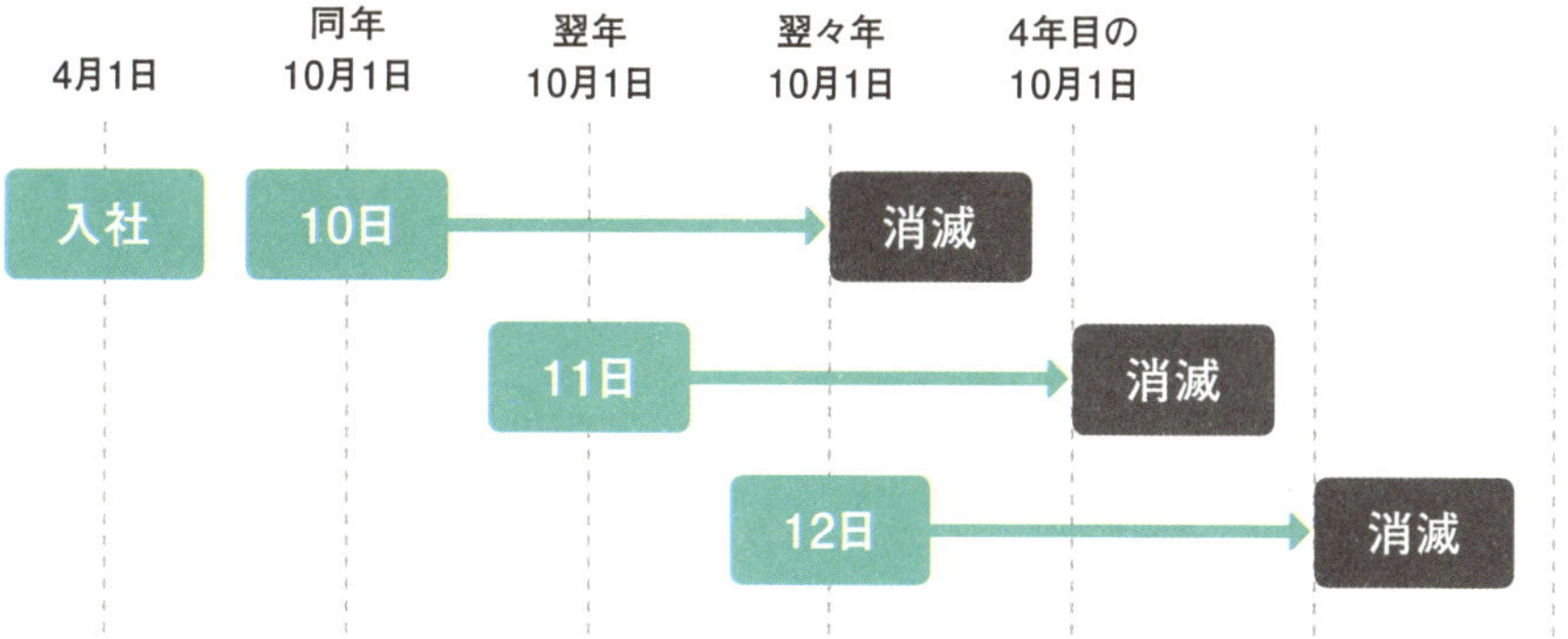

知って おきたい

有休の権利と 会社の権利

有休取得は働く者の権利ですが、繁忙期などには会社がそれを断ることができます。「時季変更権」といって、休むことを拒否するのではなく日程の変更を要求する雇用主側の権利です。また、有休は労働基準法で買い取りが禁止されていますが、退職の際は使いきれない日数分を会社が買い取ることも可能。本人からの申し出が必要です。

退職までのカレンダー

退職日が決まったらやるべきことをカレンダーにまとめます。（あくまで一例です）

月	火	水	木	金	土	日
	上司に退職の意向を伝え、退職日が決まる	退職願			1	2
3 退職届 （社内発表）	4 これを出したらあとには引けない	5 引き継ぎスケジュールを立てる（順次、引き継げるものは引き継ぎを行う）	6	7	8	9
10 有給休暇消化	11	12	13	14	15 リフレッシュだけでなく次の仕事の準備もしよう	16
17 引き継ぎ	18	19	20	21	22 引き継ぐ人の不安解消に努める。デスク周りの整理もしておこう	23
24 あいさつ回り	25	26	27	28 退職日 お菓子などお礼の品も用意	29	30

知っておきたい

失業保険

失業保険とは雇用保険の失業等給付のこと。会社が雇用保険に加入し退職までの2年間に12か月以上加入していて、再就職の積極的な意思がある人が対象です。金額は年齢や給料によって異なり、退職が自己都合か会社都合かによって支給開始時期も変わります。ハローワークで手続きを行うので、詳しくは問い合わせてみましょう（ハローワークのHPも参照）。

退職のあいさつ

たとえ親しい同僚でも、退職願が正式に受理されてから伝えるようにしましょう。
引き継ぎを兼ねて、取引先へのあいさつも忘れずに。

<転居による退職例>

拝啓　軽暖の候　皆様には益々ご清栄の
こととお慶び申し上げます
さて　私こと
この度三月三十一日をもちまして、転居
のため存郎株式会社を退職いたしました
在勤中は公私共に格別のご厚情を賜り厚
く御礼申し上げます
転居先の金沢は風光明媚で、海の幸にも
恵まれております。お近くまでお越しの
際にはぜひお立ち寄りください。
末筆ではございますが皆様のご健康とご
多幸をお祈り申し上げお礼のご挨拶とさ
せていただきます
敬具
平成三十一年四月
転居後の連絡先
石川県金沢市彦三町二丁目一番四十五号
〇七六 - 五四三 - 二一〇〇
宮崎慶悟

<転職による退職例>

拝啓　陽春の候　皆様には益々ご清栄の
こととお慶び申し上げます
さて　私こと
この度四月十五日をもちまして株式会社
花丸を退職いたしました
在職中は格別のご指導とご厚情を賜り心
より厚くお礼申し上げます
今後は同じ課の柳幾笑が御社を担当させ
ていただきます。引き続きのご愛顧を何
卒宜しくお願い申し上げます。
末筆ではございますが皆様のご健康とご
多幸をお祈り申し上げお礼のご挨拶とさ
せていただきます
敬具
平成三十一年四月

転職先でのあいさつ

新しい職場にスムーズに入れるように、人となりがわかるあいさつと自己紹介（60ページ）をしましょう。

服装は新しい職場のカラーに合わせつつ、清潔感のある身だしなみを心がけよう。

あいさつは元気よくハキハキと。誠実さや明るさの伝わる話し方を。

この会社に感じた魅力を率直に伝え、自分がどんな形で役に立ちたいかの抱負を述べよう。

NG

- キャリア・学歴自慢
- 前の職場の批判
- 私生活の語りすぎ

OK

- 転職理由
- この会社で成し遂げたいこと
- 努力目標

リアルなお仕事事情

会社員なら、病気やケガで長期の欠勤になっても手当金がある

戸田めぐみさん（仮名）　23歳　女性

「あれ、変だ」と思ったのは、研究職に転職してわずか１か月後のことでした。少しでも早く仕事になじもうと、忙しい毎日を送っていた戸田さんが、腹部に圧迫されるような違和感と痛みを覚えてうずくまり、立ち上がることもできなくなって、同僚に抱きかかえられるようにして病院へ。検査の結果、卵巣嚢《のう》腫が原因で腹膜内に水が溜まってしまったとのこと。1か月程度の安静が必要で、手術の可能性もあるという医師の説明を受けました。

転職先でせっかく頑張ってきたのにと悔し涙を流す戸田さんでしたが、誰の目から見ても頑張りすぎなのは明らか。まずしっかり休んで治療をする必要があります。でも真面目な戸田さんは、転職したてで自分の分担に穴をあけることがとても気がかりでした。同時に、長期の欠勤で給料がもらえないと、治療費どころか生活費にも困るのではと心配がふくらみました。

結論を言えば、どちらもそれほど心配する必要はありませんでした。仕事はリーダーが全員の作業を再分担してみんなでカバーする体制がとられましたし、几帳面な戸田さんがきちんと作業の記録をつけていたので、引き継ぎもとてもスムーズに運びました。また、健康保険から傷病手当金が支給されるのでいきなり収入がなくなることもありませんし、高額療養費の支給もあるので安心して治療が受けられます。会社の総務担当がてきぱきと手続きを行ってくれました。戸田さんのやるべきことは、しっかり休んで元気になること。いまは何の心配もいりません。

Chapter 5

効率化・人間関係

ムダの多い仕事は自分だけでなく周囲も疲れさせます。
ひいては人間関係にも響いてきますので、できるところから見直しましょう。

01 スキルを身につけムダを減らす 仕事の効率を上げる

ムダが多ければ多いほど、作業は増え続ける

売り上げを増やすことや利益を上げることを追求するために、
ビジネススキルを身につけてムダを徹底的に排除しましょう。

ビジネスマナー
社内外の人と良好な関係を築くため身につけるべき基本マナー

コミュニケーションスキル
チーム単位で結果を出すために、意思の疎通を図りやすくする技術

身につけたいビジネススキル

基本的なPCスキル
文書作成やデータ管理などのための操作スキル

問題解決スキル
仕事を進めるなかで起きる問題を解決するための論理的に考える技術

＋

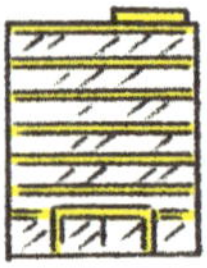

効率化

↓

PDCA
やりっぱなしにしないで振り返ることが大事（195ページ）

業務配分
チーム内で仕事に偏りはないか

ツール活用
ルーティンワークは自動化して効率アップ

ムダを省いて、短時間に利益の最大化を図る

労働時間の短縮が1つのテーマとなっている「働き方改革」。長時間労働を削減して仕事と生活の調和がとれる働き方を目指す一方で、企業は利潤を追求するため、コスト削減を常に意識しなければなりません。この両方を追求するなかで避けて通れないのが、仕事の効率を上げることです。仕事にかかわる毎日の作業のなかには、見直してみると案外、ムダなことや無理をしていることがあるものです。**こうしたムダや無理を省き、短時間で最大の利益を上げることが必要です。そのためのスキルを身につけることは、これからの働き方のベースとして欠かせないものとなります。**

かくれたムダの解消ポイント

ちょっとしたムダを減らすことで業務の効率が上がります。
あなたもムダにしていることがないか、チェックしてみてください。

• デスク周りの整理整頓

どこに何があるか一目瞭然にしておけば、モノを探すムダが省けます。

• パソコンの整理整頓

整理整頓がムダを省くのは、オフィスでもパソコン内でも同じ。

• スケジュールの管理

二度手間や謎の空白時間を減らしましょう。

• 名刺の管理

連絡先がすぐにわかることも時間短縮の一助に。

• 会議の整理

「ダラダラ会議」をやめれば、その分ほかの業務が進みます。

• 細かいミスの回避

細かいミスのチェックと修正は、大幅な時間のロスに。

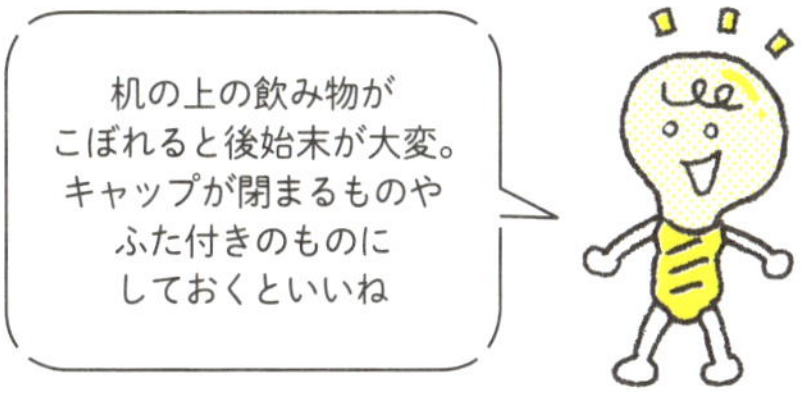
机の上の飲み物が
こぼれると後始末が大変。
キャップが閉まるものや
ふた付きのものに
しておくといいね

効率化は生産性UPにつながる

効率を上げて作業にかかる時間を短縮できれば、その分の時間を本来の仕事に向けることができて、生産性が高まります。

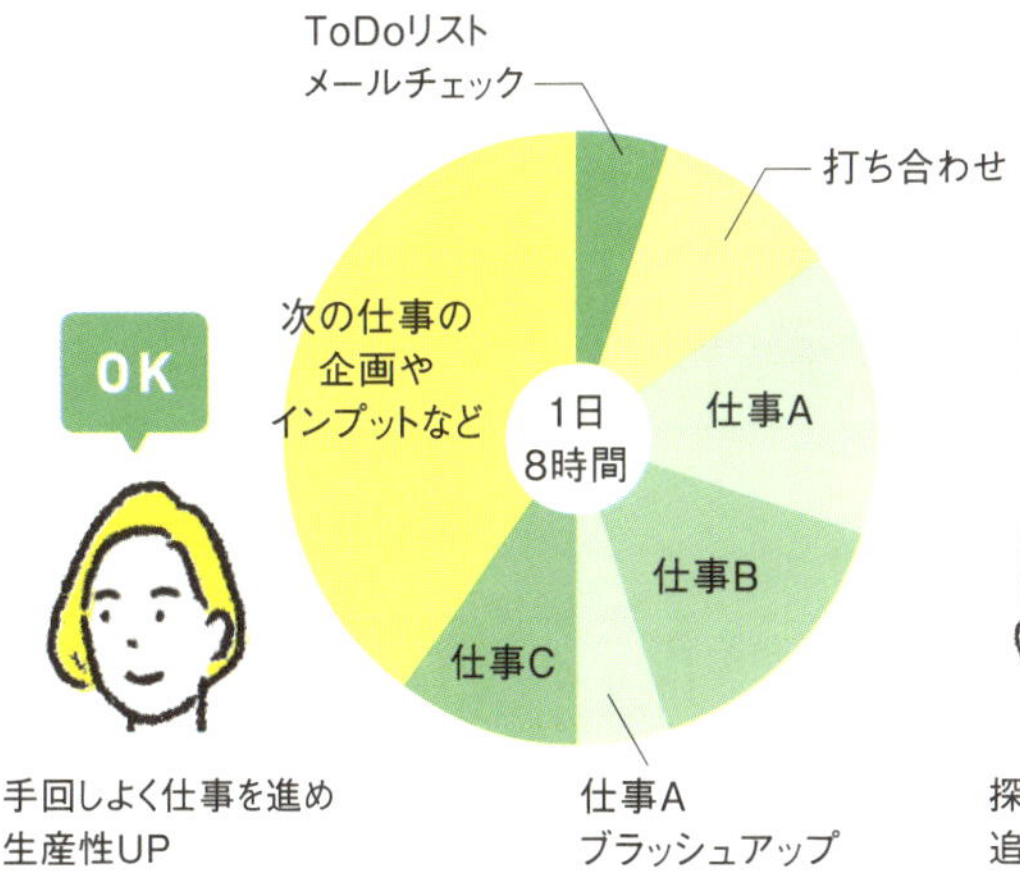
OK
ToDoリスト
メールチェック
打ち合わせ
次の仕事の
企画や
インプットなど
1日
8時間
仕事A
仕事B
仕事C
仕事A
ブラッシュアップ
手回しよく仕事を進め
生産性UP

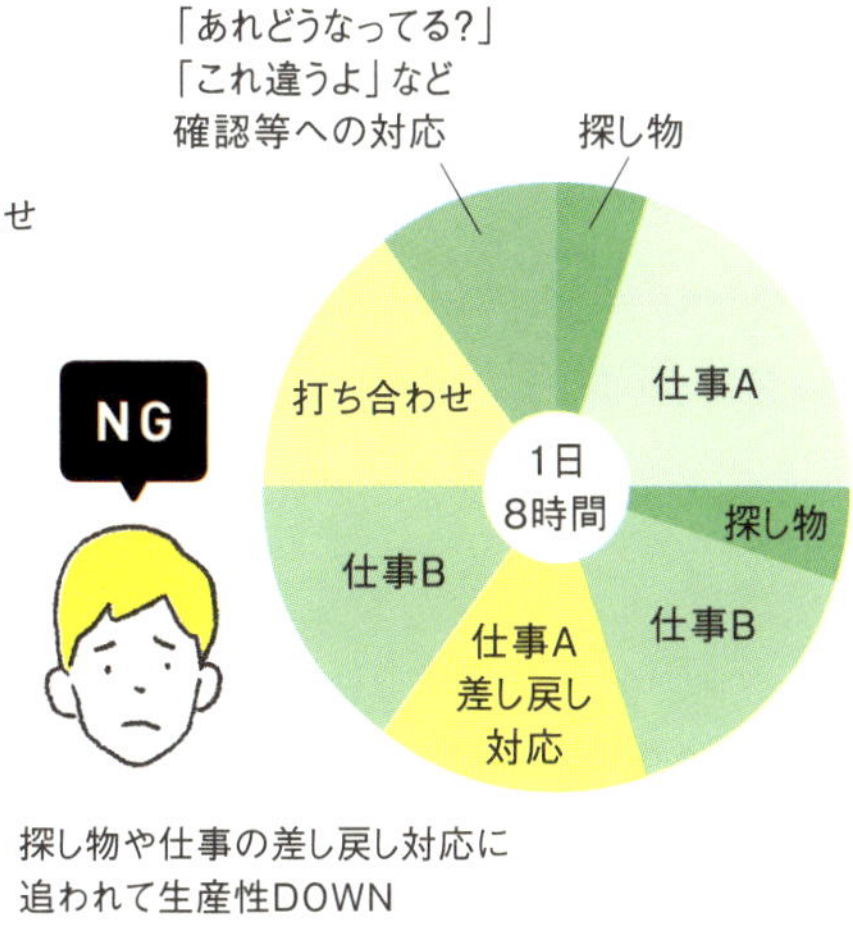
NG
「あれどうなってる?」
「これ違うよ」など
確認等への対応
探し物
打ち合わせ
仕事A
1日
8時間
探し物
仕事B
仕事A
差し戻し
対応
仕事B
探し物や仕事の差し戻し対応に
追われて生産性DOWN

■ 探し物に費やす時間は年間150時間(大塚商会調べ)

年間250日出勤するとして、計算すると1日約36分もまったく生産性のない「探す」という行為に時間を使っているのです。探す時間を1日6分に減らせば30分が生み出されます。

02

整理整頓も仕事のうち！
デスク周りの整理整頓

デスク周りの環境が仕事の能率に直結

料理上手な人のキッチンがきちんと整理整頓されているのと同じように、デスク周りが片付いていると、それだけで効率よく仕事をこなすデキる人、というイメージをもてます。実際、**整理整頓は見た目をきれいにするばかりではなく、効率的に仕事を行い、迅速に物事に対処するための環境を作るもの。**片付けが苦手な人は「いまは忙しくて片付けているヒマがない」「仕事優先だから片付けなんて後回し」といった言い訳をしがちですが、片付けられない人が仕事を能率よくスムーズに遂行しているとは考えにくいものです。片付けも仕事のうちと考えるようにして、整理整頓を常に心がけましょう。

デスク周り整理のメリット

デスク周りを片付けるとどんないいことがあるのか、整理整頓のメリットから見ていきます。

ミスが減る

「きちんとする」習慣がミスを減らす。

情報共有しやすくなる

誰が見てもわかるようにしておくと、担当者不在時でも状況がわかる。

時間の節約

必要な物を探すのにかける時間を短縮できる。

事故が減る

ミスだけでなく「書類の雪崩」など物的事故も減る。

情報管理（セキュリティ対策）ができる

乱雑だと厳密な管理が難しくなる。

イライラが減る

集中力が増すので心に余裕ができる。

整理整頓の手順

目指したいのは、見た目の美しさよりも仕事のやりやすさを追求した整理整頓。
苦手な人は、まず基礎的な手順を踏んでみましょう。

①いるもの・いらないものを分ける

必要なものは確実に残し、不要なものは思い切って捨てましょう。

1年基準で、1年を超えて使っていないものをどんどん捨てると、スッキリして使いやすくなります（1年を超えても残すべきか迷うものは③へ）。

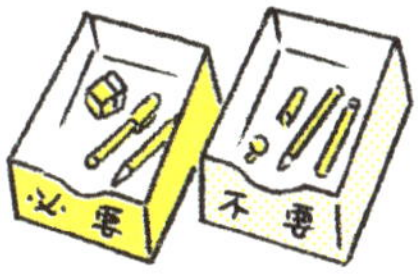

②共有物を管理するルールを決める

複数人で使うものは、置き場所や補充などのルールを決めます。

③重要な書類だけ紙ベースで残す

重要書類のみそのまま残し、それ以外のものはデータ化することで省スペース化を図ります。

④使う頻度順にしまう

よく使うものは手前へ。これだけでずいぶん使い勝手がよくなります。

こんなふうに整理しています

経理・40歳

- 天板下のうすい引き出しにはものを入れない
  ⇒作業の途中で離席する際に、机の上のものを一時的に移す用に使います。
- よく使うものは向きを揃える
  ⇒向きを揃えるだけでゴチャゴチャ感が減ります。
- ファイルや引き出しなどに、見出しラベルを貼る
  ⇒誰が見てもわかりやすくしまっています。

■ 引き出しの中の整理整頓

引き出しの中の物をまず全部出し、次の4つに分類します。

D 使わない物 ↓ 捨てる	A 毎日のように使う ↓ 手の届きやすい上のほうの引き出しへ
C メンバーと共有して使う ↓ 共有のスペースで保管	B 週、月に何回か使う ↓ Aより奥・下の引き出しへ

03

アイコンだらけは散らかった机と同じ

パソコンのデスクトップの整理整頓

デスクトップにアイコンが多い人は仕事ができない?!

パソコンのデスクトップがアイコンだらけになっている人には2つのタイプが存在します。1つは、パソコンの扱いに慣れていなくて、ファイルやフォルダをどこに保存するかわからずにとりあえずデスクトップに置いている人。もう1つは、単に整理整頓が苦手な人。後者の場合はもれなく、机周りも散らかっているはずです。いずれにしても効率よく作業を進めるのは難しいでしょう。仕事でパソコンを使うことが避けられない以上は、机周りをきれいにするのと同じように**パソコンの中身も整理整頓しておきたいもの。**まずはいちばん目につきやすいデスクトップから始めてみましょう。

デスクトップ整理のメリット

デスクトップがごちゃごちゃだとどんな不便があるか、整理しておくとどんなメリットがあるか、確認しましょう。

デメリット

- 必要なファイルを見つけにくい
- 探す時間が仕事の効率を下げる
- 誤ったファイルを添付しやすい
- チカチカして集中力をそぐ
- 情報量が多く集中力をそぐ

メリット

- ミスが減る
- 時間が節約できる
- 情報管理（セキュリティ対策）ができる
- 情報が共有しやすくなる
- 事故が減る
- イライラが減る

知っておきたい

デスクトップからの情報流出

社外で作業するとデスクトップが多くの人の目にさらされます。特にプレゼンで書類を映写する際、デスクトップまで見えてしまう可能性もあります。重要書類はデスクトップに置かないことが鉄則です。

デスクトップ整理の鉄則

必要のないファイルやショートカットは置かないようにすることが大切です。
定期的にまとめて「大掃除」をする習慣をつけましょう。

• アイコンは2列以内にする

3列以上になったら、いらないアイコンを整理するタイミングと考える。

• 保留フォルダを作る

ゴミ箱フォルダの横に保留フォルダを作り、削除するか迷ったファイルはそこに入れておく。悩む必要がないので、精神的にラクになる。

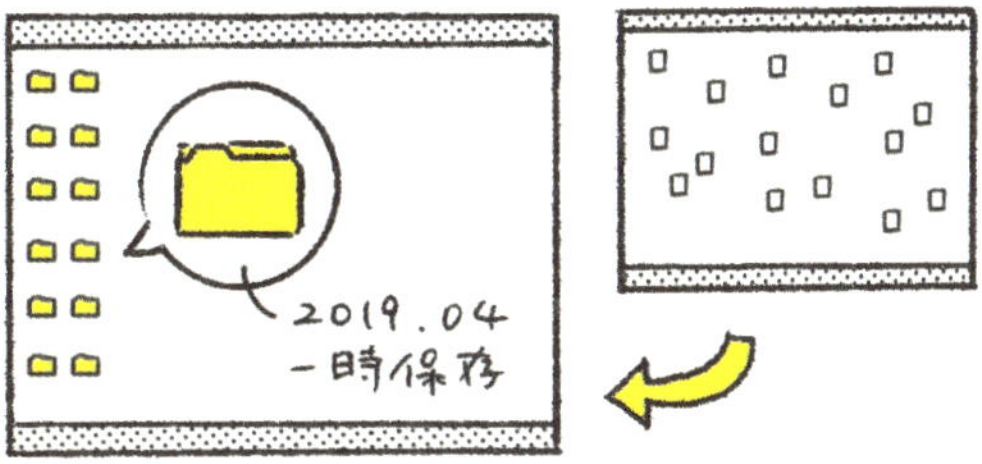
2019.04
一時保存

■ Windowsの場合

• よく使うソフトはタスクバーに固定

タスクバーとは、ディスプレイの一番下にある帯状のスペースで、スタートボタンや時刻表示などがある。このタスクバーにソフトのアイコンをドラッグ&ドロップするか、アイコン自体を右クリックして「タスクバーに表示」を選択。

■ Macの場合

• アイコンのサイズや間隔を統制する

デスクトップ上でダブルクリックして製品オプション表示をタップ。

• 不要なアイコンは表示しない

Finderを起動し、環境設定から「一般」を選択し、不要なアイコンを表示しない設定にする。

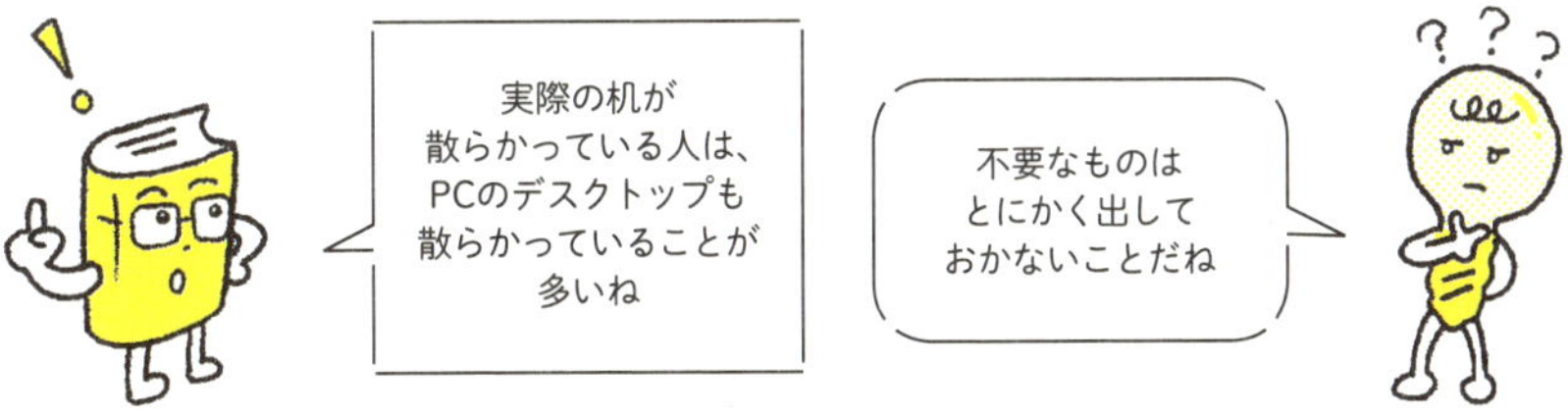
実際の机が
散らかっている人は、
PCのデスクトップも
散らかっていることが
多いね
不要なものは
とにかく出して
おかないことだね

Q&A こんなときどうする?!

壁紙やスクリーンセーバーは自由に変えていい？

初期設定のままでは使いづらいからスクリーンセーバーに切り替わる時間を変更したい、デフォルトの壁紙が気になるから邪魔にならないものに変えたい、という場合はもちろん変更してOKです。職場で設定が定められていることもあるので、念のため上司や先輩に確認しましょう。ただし、仕事中のモチベーションを上げるために、お気に入りのアイドルの写真を設定したい等の理由ではNG。業務にふさわしい壁紙かどうか、よく考えてから使いましょう。

04

パソコン内の迷子を回避
フォルダの整理・ファイル名のつけ方

「どこにあったっけ？」をなくすと仕事がはかどる

作業効率を上げるために整理整頓を心がけるのは、オフィス内環境や机の上、パソコンの中も同じこと。せっかく苦労して仕上げた書類が、どこに行ったかわからなくなってしまっては書いた苦労も水の泡。仕事のムダを生まないように、ファイルやフォルダはどこに何があるのかきちんとわかりやすく整理しておきましょう。外部メモリに保存する場合も同様です。幸い、パソコンには「検索する」という機能がありますから、**あとで検索しやすいようにフォルダ名やファイル名をつけておくことも大切です。**ムダをなくして効率を上げるためにも、整理整頓を心がけましょう。

フォルダ整理の手順

ファイルは、バラバラにしておかず、案件ごと、業務内容ごとなど
フォルダに分けて整理します。

①ファイルを残すか捨てるか判断する

・タイトルが違うだけで重複しているものは片方削除
・捨てていいかどうか迷うものは、「保留フォルダ」に保存

②メインになるテーマごとにフォルダ分けする

・プロジェクトや案件、取引先ごとに分ける
・フォルダ名は長すぎないようにする

③メインの下にサブフォルダを作る

・2つ以上のサブフォルダにまたがる資料がないようサブフォルダを分類
・同じサブフォルダ内では「日程ごと」「五十音順」等、分ける基準を統一する

④サブフォルダにファイルを格納する

・あとから検索しやすい名前をつける
・西暦年から日付をつけると探しやすい

どこに何を置くかを
はっきりさせることが
ポイントだね

■ フォルダ整理の例

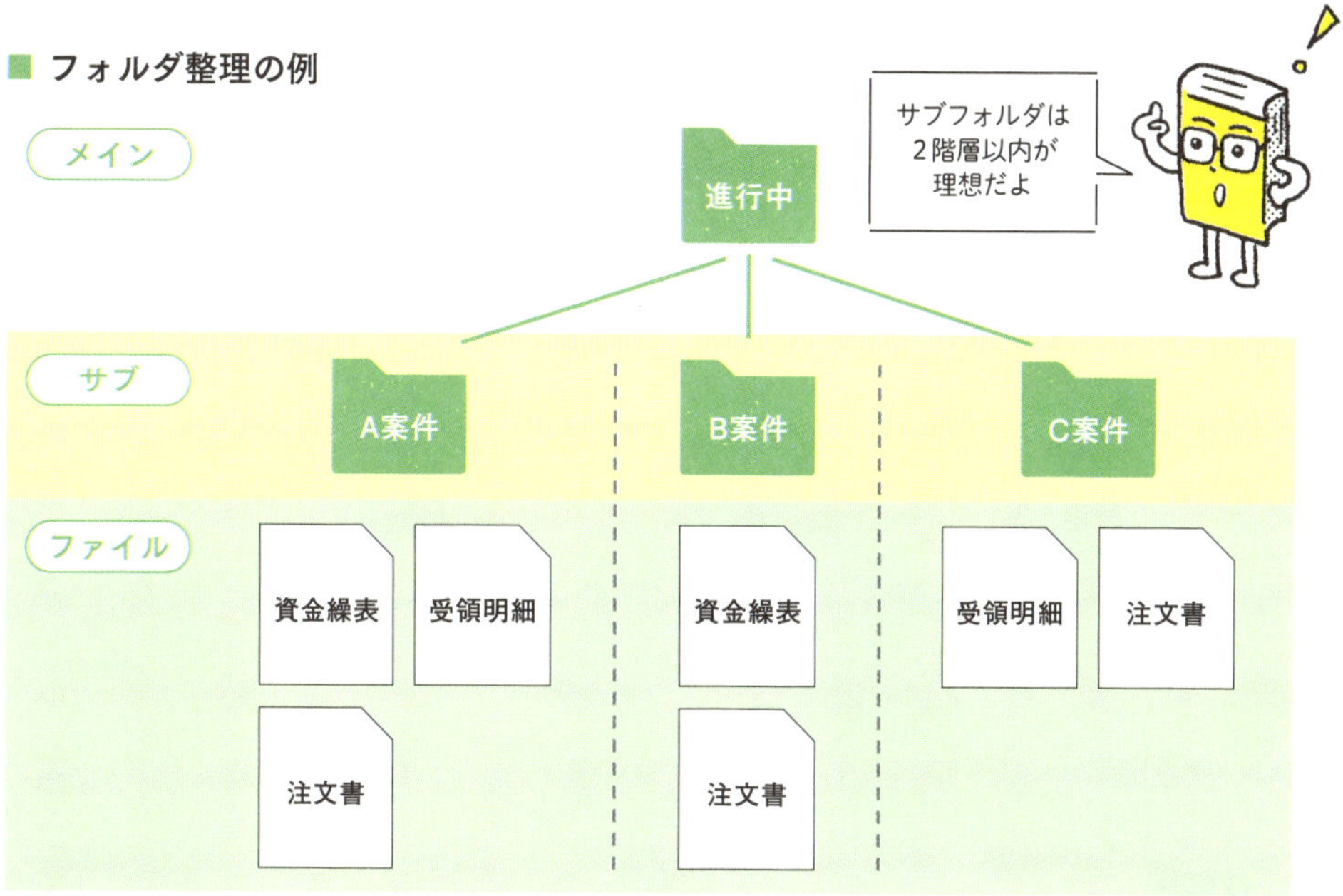

ファイル名のつけ方の鉄則

ぱっと見て何のファイルかわかりやすいのと同時に、検索して見つけやすいファイル名にすることもポイントです。

シンプルでわかりやすく
法則性をもったファイル名にする。

重複を避ける
間違って上書きしないように。

検索しやすいことを意識する
日付や更新回数を入れるとわかりやすい。

ルールを統一する
チーム内でデータのやり取りをスムーズに。

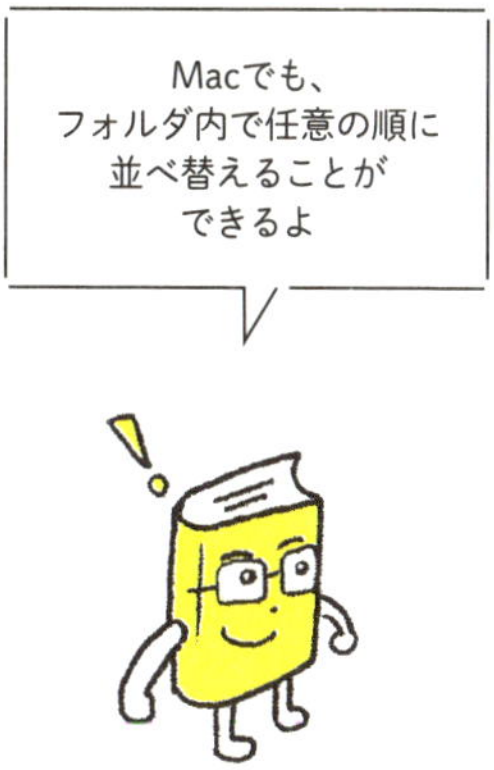

知っておきたい ファイルの自動整列

Windowsではフォルダ内のファイルを自動整列する機能があります。

- 記号
- 数字（0→9）
- アルファベット
- ひらがな・カタカナ（あア→んン）
- 漢字
- 日付順
- 種類順
- 通し番号順

05 社会人に必須の能力
時間管理の意義

時間管理を徹底して仕事の遅れを発生させない

社会人として必ず求められるのは、時間を管理する能力です。仕事を進めていくうえでは期限を守ることが重要で、**約束した納期が守れなければお客様の信頼を失ってしまいます。**社内の業務でも、誰か1人の仕事の遅れがチーム全体の業務の遅れにつながってしまうこともあります。1日24時間は誰にも平等ですが、時間を自分のものとしてしっかり管理して、仕事の遅れが発生しないように業務を進めることが重要です。スケジュール管理ができていないとやるべき業務＝タスクをいつまでも終わらせることができません。効率よく仕事をするためにはムダを省き、すべきことを明確にしましょう。

スケジュール管理のメリット

時間管理をするために欠かせないのが、スケジュールの管理。
これをしっかり行うことでどんなメリットがあるか、確認しましょう。

NG

- ダブルブッキングをしてしまう
  ⇒予定が入っているのに別の予定を入れてしまいます。
- 仕事にムダが出る
  ⇒予定と予定の間に謎の空白が出てしまいます。
- 進捗が管理できない
- いつまでに何をするかがハッキリさせられない

OK

- ヌケ・モレが防げる
- 記憶に頼るのではなく、記録することで目の前の仕事に集中できる
- いつまでに何をするかが明確になる

やってしまった！　スケジュール管理の失敗例

- 「時間外だけどミーティングを8時スタートで」と言われて、夜の8時のつもりでいたら、朝8時からだった。
- 1時間おきに来社予約を入れていたが、ランチの時間を計算に入れるのを忘れて昼食抜きになった。
- A社訪問が13時、30分で終わらせて次はB社に14時のつもりでいたが、A社からB社へ30分で移動するのは無理だった。
- 社内のスケジュールをすり合わせて10時から会議を設定したが、10時半からお客様と打ち合わせがあることをすっかり忘れていた。

タスク管理のコツ

やるべきことを管理するうえで、失敗しないスケジュールの組み方にはコツがあります。

ゴールを決める

最終的にたどり着く目標を設定する。

タスクを整理する

やるべきことは何なのかをはっきりさせる。

優先順位を決める

どのタスクから先に取りかかる必要があるのか見極める。

時間管理の鉄則

限られた時間のなかで効率よく仕事を行うために、どのように時間を管理したらいいか見てみましょう。

重要な仕事から先に

重要な仕事は上司やクライアントのチェックを受ける時間、不測の事態に備える時間も考慮して、先に取りかかります。

習慣を身につける

常にスケジュール管理することを習慣にします。目先のことにとらわれて、気になったことから手をつけていては仕事は回りません。

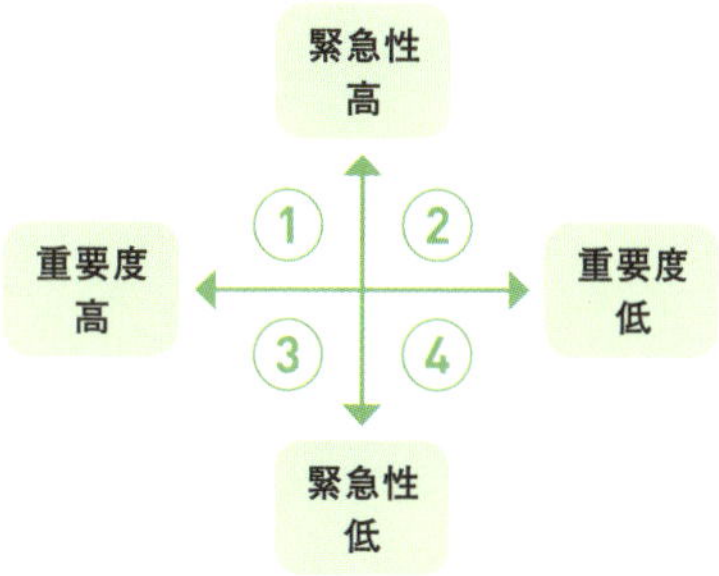

重要度と緊急性の軽重を考え合わせて優先順位を決める

Q&A こんなときどうする?!

時間の読みが外れてしまう

スケジュールを組む際に「これだけの作業なら、このくらいの時間がかかるかな」という読みを立てるのは大事なことです。しかし、その「読み」自体が外れていては元も子もありません。読みが外れたときには「甘かったな」だけで終わらせず、しっかりPDCA（195ページ）を回して（P〈次は30分で〉→D〈やってみる〉→C〈確認する〉→A〈改善する〉）改善を試みましょう。読みが外れた原因はどこにあったのか、その根本を探ることで、時間の読み方の修正は図れるはずです。

06

目指せ、自分の名マネージャー
スケジュール管理の仕方

自分に合った方法を見つけ時間を有効に使おう

仕事を効率的に行うために必要な時間管理。どうやったら時間を有効に使えるかについては、多くの人が試行錯誤を重ねています。記憶だけに頼るスケジュール管理などもってのほか。**自分に合ったスケジュール管理の方法を見つけ、予定をマネジメントしましょう。そうすることで、限られた時間をより有効に使うための工夫につなげられます。**

スケジュール帳にもいろいろな種類がありますし、紙の手帳でなくパソコンやスマートフォンのアプリのほうが都合がいい場合もあるでしょう。それぞれにメリットがありますから、よく比較検討して、自分に合ったものを取り入れましょう。

スケジュール帳は目的に応じて

自分の行動スタイルや仕事の進め方に応じて、適切なスケジュール帳を選びましょう。

○月

月	火	水	木	金	土	日

- **月間タイプ**

特徴

1か月の予定を見渡せ、カレンダーのように使える。

こんな人向き

月ごとに予定の決まる人。

○月

月		金	
火		土	
水		日	
木		memo	

- **週間タイプ**

特徴

1週間の予定を書き込め、週ごとに見渡せる。

こんな人向き

曜日ごとに予定の決まる人。

○月

	月	火	水	木	金	土	日
8							
9							
10							
11							
12							
13							
14							
15							
16							
17							
18							
19							
20							
21							
22							

- **バーチカルタイプ**

特徴

時間ごとのスケジュール管理に特化。

こんな人向き

不規則な予定が多い人。時間単位で行動しなければならない人。

アプリと紙の手帳のメリット

スケジュール管理系アプリと紙の手帳には、それぞれどんな点にメリットがあるか確認しましょう。

アプリのメリット

・繰り返しなどの入力が簡単
・「繰り返し」予定の一斉変更がラク
・リマインダーと併用できる　など

紙の手帳のメリット

・さっとメモが取れる
・電源を必要としない
・手書きすることで記憶に残りやすい　など

知っておきたい

紙の手帳を使う際にあると便利な小物

• 色ペン

会議や打ち合わせ、出張など、予定のジャンルごとに色分けして記入すればよりわかりやすくなります。

• 付箋

貼ってはがせる付箋を使えば、流動的な予定を管理しやすくなります。

• ポイントシール

半透明で、貼った下の文字が読めるものや、貼った上から文字を書き込めるものなどがあります。ほかに、予定に目印をつけるシールがあると便利です。

Q&A こんなときどうする?!

仕事とプライベートの手帳は分ける？

どのように手帳を使っているかによって、仕事とプライベートを分けたほうがいい人と、1つの手帳で済ませたほうがいい人に分かれるでしょう。ちょっとした日記のようにスケジュール以外のことも書き込みたい人は、仕事とプライベートの手帳を分けましょう。完全な時間管理が目的で使っているのなら、プライベートと仕事を1つの手帳で見渡せるようにしたほうが便利です。

書くスペースが限られていて見づらい

「荒川現場パトロール」なら「荒川P」、「常務と打ち合わせ」なら「J」など、記号化することで字数が減って見やすくなり、時間短縮にもつながります。書くスペースが多めのものを探すなど、自分に合った手帳やアプリを選びましょう。

07 人脈を活かせるように整理
名刺管理のポイント

たまった名刺は人脈の山 整理して有効活用しよう

ビジネスシーンで自己紹介をするときに欠かせない名刺。名刺交換でご縁のできた人々は働くうえでの財産となりますが、交換した名刺を整理できずにいたらその財産も持ち腐れ。**いただいた名刺はしっかり管理して、情報収集や顧客獲得、人脈の開拓のために活用しましょう。**

名刺をきちんと管理すれば、さまざまな場面でニーズに合ったふさわしい人物を選び出すことができ、ビジネスの成功につながりますが、整理が適切にできていないと名刺探しに時間がかかるだけでなく、せっかくの人脈をその先のビジネスに活かせません。名刺は活用しやすいよう整理して保管しましょう。

さまざまな管理方法

名刺を引き出しの中にまとめて保管しておくだけでは、あとになって整理が大変。自分に合った方法で管理しましょう。

• スキャンしてデータ化

特徴　検索してすぐに目的の名刺を探し出せる。

こんな人向き　とにかく名刺の枚数が多い人。

• クラウドで管理

特徴　ネットにつながっていればいつでもどこでも確認できる。

こんな人向き　外出先から確認する機会の多い人。

• 名刺ホルダーで管理

特徴　パッと見てわかるので1枚ずつ記憶に残りやすい。

こんな人向き　名刺の枚数がそれほど多くない人。

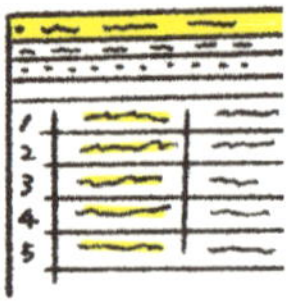

• Excel などに入力して管理

特徴　データの抽出・加工が容易。

こんな人向き　入力作業が得意な人。

名刺の整理に法則性をもたせる

データ化した場合でも名刺ホルダーに入れる場合でも、どんな順で整理するか、法則性をもたせることが大事です。いずれにも、メリット・デメリットがあるので、自分に合った方法で整理しましょう。

	メリット	デメリット
交換した日付順	新しい名刺を次々入れればいいので、並び替える必要がない	同じ会社・同じ部署の人がバラバラになる
氏名の五十音順	名前から探すときに便利	同じ会社・同じ部署の人がバラバラになる
業種・企業・部署別	同じ会社・同じ部署の人でまとまりができる	名前から探すときに探しづらい

Excelを使いデータ化すれば、並び替えや検索がラクです。

知っておきたい　名刺ホルダー　管理のコツ

名刺の枚数が多くなると、名刺ホルダーなどで管理をするのはなかなか大変。そこで、100枚を超えたらよく使う名刺と使用頻度が低い名刺に振り分けて、別のホルダーで保管しましょう。目的の名刺を探しやすくなります。

会社で
名刺管理の
ルールがあれば、
それに従おう

Q&A こんなときどうする?!

名刺は退職時は会社に返還するの？

取引先は個人であるあなたと取引をしたわけではなく、会社との取引の代表としてあなたに名刺を渡しました。つまり、取引先の名刺は個人であるあなたの所有物ではなく、会社の所有物とみなされます。ですから、退職の際には自分の名刺と取引先の名刺、両方を会社に返却するのが基本的なルールです。

古い名刺は捨ててよい？

上記のように、名刺は会社の共有財産ですから、個人の判断で勝手に捨ててはいけません。会社として破棄する判断になった場合は、個人情報に配慮して、シュレッダーにかけて破棄するようにしましょう。

08

より充実した成果を上げるために

会議の目的と事前準備

会議とは、意見を出し合う意思決定の場

会社や組織のなかで働く人にとって、会議は切っても切れない存在です。しかし、何のために集まってどこをゴールとするのかを見失って、だらだらと時間だけが経ってしまう不毛な会議になるケースも少なくありません。**会議とは本来、その議題にかかわる人々が集まってさまざまな意見を出し合い、それらを集約させて組織としての意思決定をする場です。**事前にアジェンダを配布して会議の方向性やゴールを定め、集中して意見交換が行えるよう環境づくりにも工夫をしましょう。また、時間の管理をしっかりと行い、会議の終了予定時間を厳守して、メリハリのある会議にしましょう。

会議は何のためにある？

会議は言ってみれば、複数人で行う「報告・連絡・相談」の場。
大きく2つに分けられる目的を確認しましょう。

- **情報伝達**

共有しておきたい情報を伝達する場。
・朝礼
・部門会議
・連絡会議

- **問題解決やアイデア出し**

意見を出し合って意思決定をする場。
・企画会議
・生産会議
・営業会議
・プロジェクト会議

よく実施される職場での会議

業績が伸びている会社では、意思決定や問題解決のための会議が多く、業績が落ちている会社では社内会議がないという回答が目にとまります。

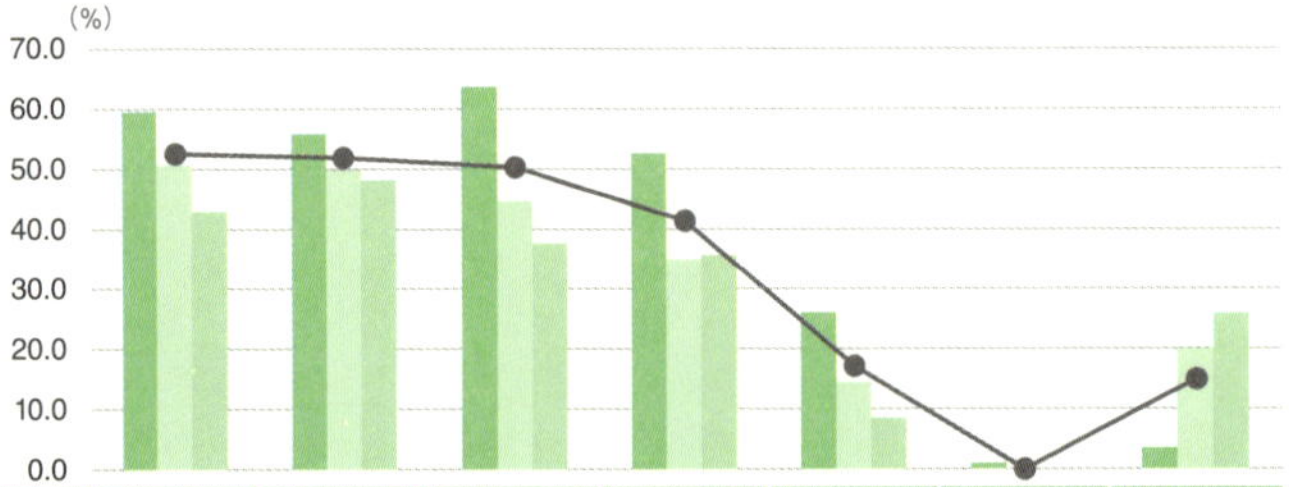

会社の業績	問題解決する会議	関係者が知っておくべき情報を共有する会議	意思決定する会議	アイデア出しをする会議	終了したプロジェクトなどについて評価する会議	その他	社内会議等は全くない
上昇 (n=359)	59.6	56.0	63.8	52.9	25.6	0.6	3.6
横ばい (n=476)	50.8	50.0	44.5	34.9	14.1	0.0	20.0
下降 (n=165)	43.0	48.5	37.6	35.8	8.5	0.0	26.1
●全体 (n=1,000)	52.7	51.9	50.3	41.5	17.3	0.2	15.1

出典：ジェイアール東海エージェンシー調べ（2016年）　　n=総数

会議を開くにあたって確認しておくべきこと

定例的な会議であっても、招集するため、あるいは参加するためには以下のことを確認しておきましょう。

- 時間
- 場所
- 目的
- 出席者
- どんな資料が必要か
- 会場の設備（プロジェクター、スクリーン、ホワイトボード等）
- 議事録はどうまとめるか

スムーズな招集

メールやチャットツールで招集されることが多い会議のお知らせ。
提携のひな型があれば、告知漏れがなくなり安心です。

2019年5月15日 ①
営業1課　山田美智子 ②

③ Aプロジェクト参加者各位

④ 進捗報告会議開催のお知らせ

⑤ 下記のとおり会議を開催いたします。皆様ご出席のほど、よろしくお願いいたします。

記

⑥ 1　開催日時
6月4日（火）　午後2～3時半
⑦ 2　開催場所
本社3階小会議室A
⑧ 3　参加者
Aプロジェクト参加者全員
⑨ 4　議題
・各チームからの進捗報告
・変更事項の報告
・その他懸案事項の報告
⑩ 5　備考
各チーム代表者は、前週までの報告書メール添付で共有のこと。

以上

①日付
②差出人
③宛名
④件名
⑤前文
⑥開催日時
⑦開催場所
⑧参加者
⑨議題
⑩備考

日付と曜日が
合っていないと
混乱するよ。
間違えないでね

資料作成のコツ

・A4サイズで3～4枚以内にまとめる。
・データを引用する場合は、引用元を明記する。
・全員分プリントする前に試し刷りをする。

ポイント

- □ 参加者に合ったレイアウト、文字の大きさにする。
- □ フォーマットがあればそれに従う。

資料を
ホチキスで止めるとき、
ヨコ書きなら左上を、
タテ書きなら右上を
止めるよ

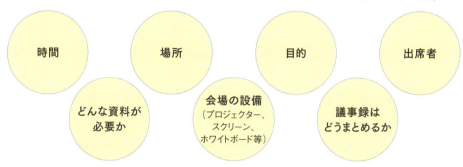

09

最適な環境でより良い討議を
会議室の作り方

集中した会議のために環境を整えよう

オフィス内のレイアウトやモノの置き方で業務の作業効率が変化するのと同じように、会議室も、会議の内容によって進行をよりスムーズにするためのレイアウトがあります。**滞りなく会議を進行していくために、椅子や机を最適な状態に並べ替えましょう。**レイアウト以外にも、会議室内の温度や照明の明るさなど、参加者がパフォーマンスを高められるような環境づくりも必要です。ストレスを与えるような環境ではいけませんし、かといって、リラックスしすぎるようでもいけません。会議に集中することができるように、気の利いた会議室づくりを心がけましょう。

会議室の作り方・基本の流れ

会議が始まる前とあとに必要なことは何でしょうか。
準備にあたって気をつけたい点をピックアップしました。

備品の確認 → 机や椅子のセッティング → 会議 → 原状復帰

- **室温は？**　個別調整が可能か、自動制御装置かを確認。
- **音響は？**　マイクはワイヤレスやピンマイクがあるか確認。
- **照明は？**　下の「照明基準」の表を参考に調整。

照明基準　JIS　Z9110

細かい視作業を行う事務所、営業室、設計室など	750～1500ルクス
会議室、印刷室、電子計算機室など	300～750ルクス
集会室、応接室、待合室、食堂など	200～500ルクス

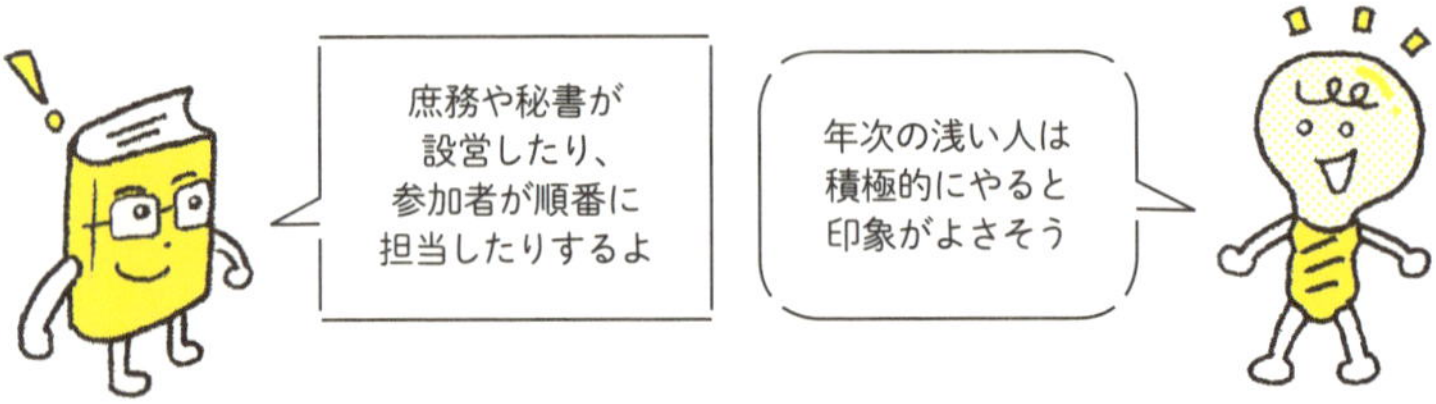
庶務や秘書が
設営したり、
参加者が順番に
担当したりするよ
年次の浅い人は
積極的にやると
印象がよさそう

レイアウト例

会議のタイプによって適したレイアウトがあります。
議題に応じて適切に進行できるよう、最適なものを選んでください。

対面型

2グループが互いに向き合って着席。

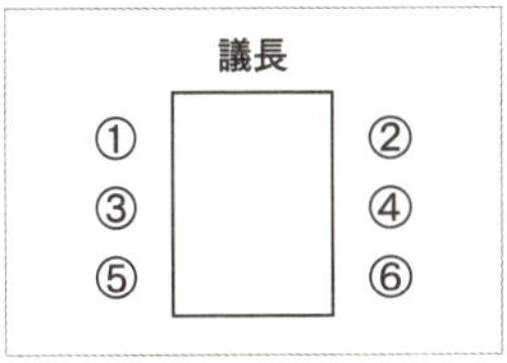

こんなときに有効

- 正式な契約を結ぶとき
- 活発なディスカッションが必要なとき

ラウンド型

丸いテーブルを囲んで着席。

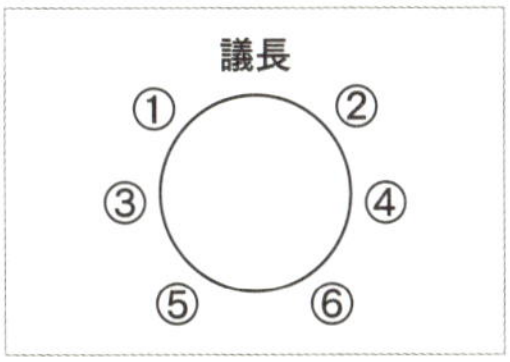

こんなときに有効

- 全員が平等に、立場を超えた意見交換が必要なとき
- 食事を伴う会議のとき

コの字型

議長席の向かいの机を外したレイアウト。

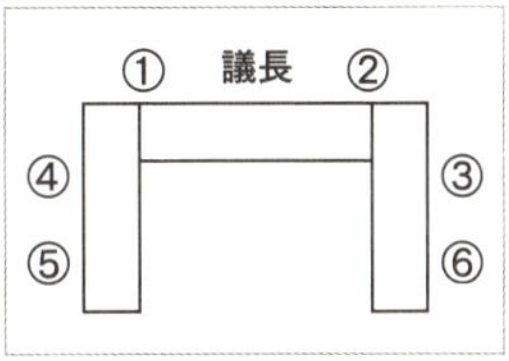

こんなときに有効

- 業務報告を行いながら進める会議のとき

スクール型

学校のようにすべての机・椅子が演台の方向を向く。

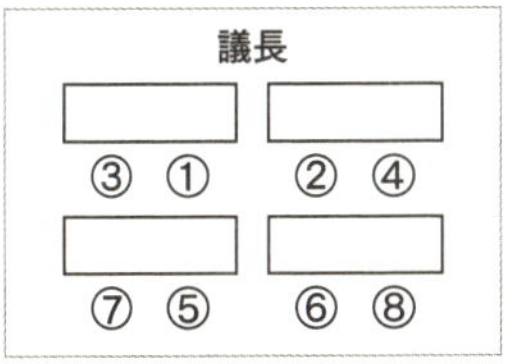

こんなときに有効

- 情報伝達がメインの会議のとき
- プレゼンテーションを含む会議のとき

連結型

長机を「口」の形に配置。

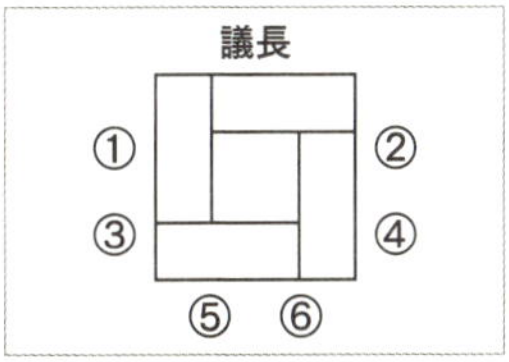

こんなときに有効

- 参加者全員が顔を見合わせつつ、適度な距離感で意見交換を行う会議のとき

逆コの字型

コの字の逆のレイアウトで、議長机が別島になっている。

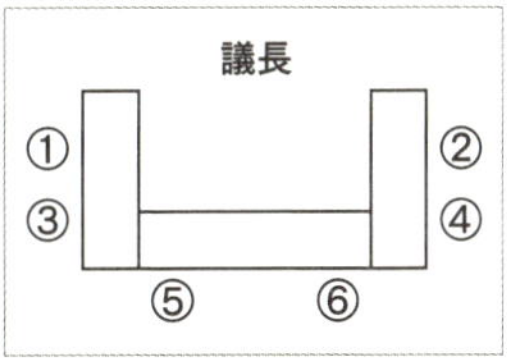

こんなときに有効

- 議長は中立的な立場をとり、参加者の活発なディスカッションが求められるとき

■ どんな会議の形式が多く採用されているか

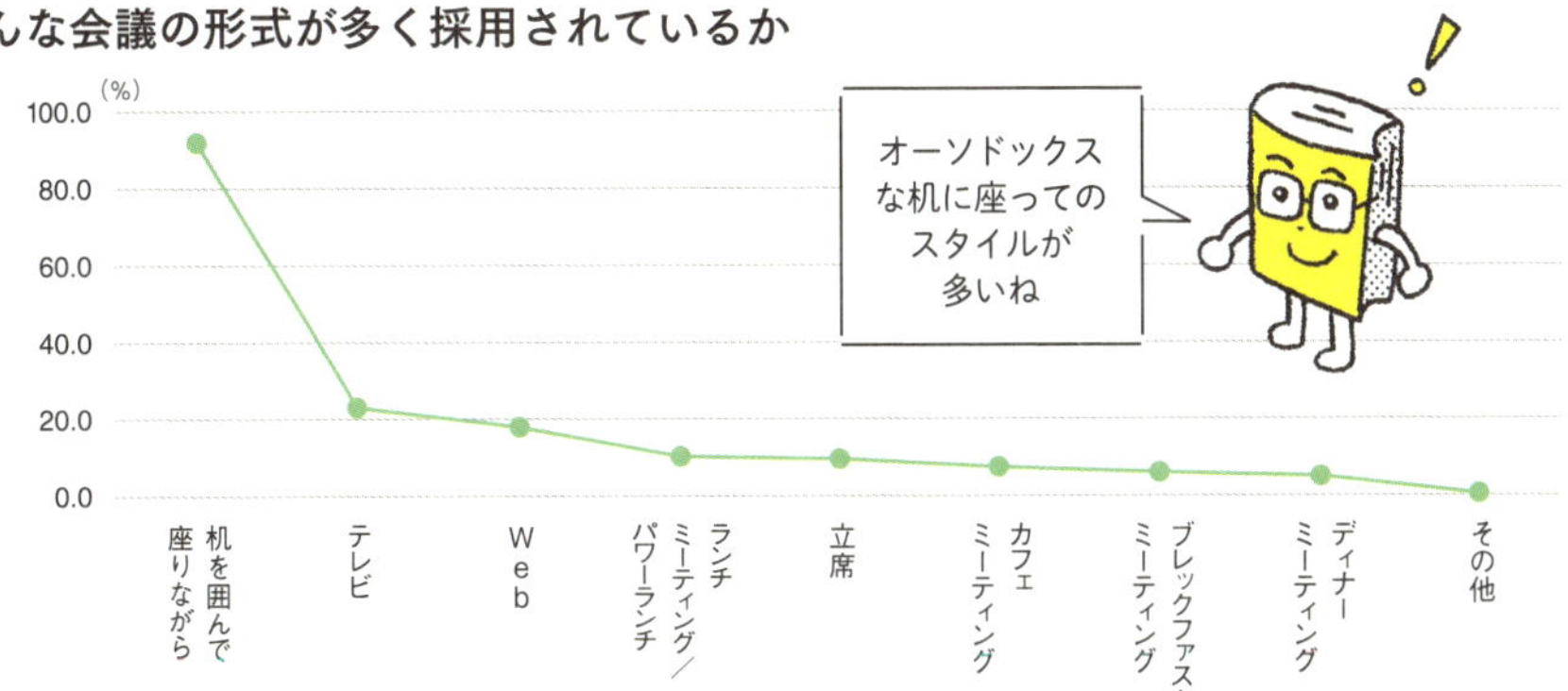

出典：ジェイアール東海エージェンシー調べ（2016年）

10

流れを整理してゴールを目指せ
会議のスムーズな進行

会議の質を上げて実りを多くするために

目的地を見失った会議はだらだらとしたムダな時間にしかなりません。目指すゴールに向かって出席者の意見を整理しながらナビゲートしていく「ファシリテーター」の役割が重要です。これは端的に言えば会議の進行役で、議論や進行を円滑にさせてゴールに向かうことをサポートする役割のことです。**参加者の発言を引き出し、参加者全員が納得できる終着地を目指します。**時間管理も必要ですし、議論が本来の議題から逸れたときには修正する役割もあります。進行役以外でも、参加者1人ひとりがファシリテーションを意識することで、会議の質が上がり、進行がスムーズになります。

会議を滞らせる要因

会議がなかなかゴールにたどり着かずだらだらしてしまうのには、以下のような要因があります。

議題が事前に共有されていない

何のための会議なのかわからずに出席している人がいる。

何をどこまで決めるかなど目的があいまい

ゴールそのものがあいまいでは結論が出ない。

必要以上の人が出席している

最低限の人数で議論したほうが早く進む。

決定済み事項の再検討

決まった話を蒸し返していたら堂々巡りから抜け出せない。

■ **会議への遅刻は厳禁**

たとえば10名参加の会議で5分遅刻すると、その間待たせた5分×10名で50分の損失になります。時間管理の観点から言うと、出勤時の遅刻より罪が重いのです。

こんな工夫もある

会議を短時間で集中して行うために、こんな工夫をしている企業もあります。

参加者を できるだけ少なく

必要最低限の出席者だけで討論を行い、周知は会議以外の場で行う。

立ったまま 会議

居眠りを防止して集中力アップ。長時間化を防ぎます。

5分、10分単位の 会議

所要時間をセットする際に1時間単位でなく細かく区切って設定。

会議を成功させるコツ

「会議」として設定した時間を充実したものにするために、以下のことに気をつけましょう。

時間厳守

開始時刻を守ることはもちろん、終了時刻を意識することで集中力を高めます。

テーマ・目的・時間を 事前に伝える

全員が議題を理解しているからこそスムーズな進行が可能。

議事録の活用

出席者を絞る代わりに、議事録で周知を行います。

質疑応答は最後に

途中で質疑を行うと時間がかかる原因に。

こんな会議は避けたい（会議の問題点）

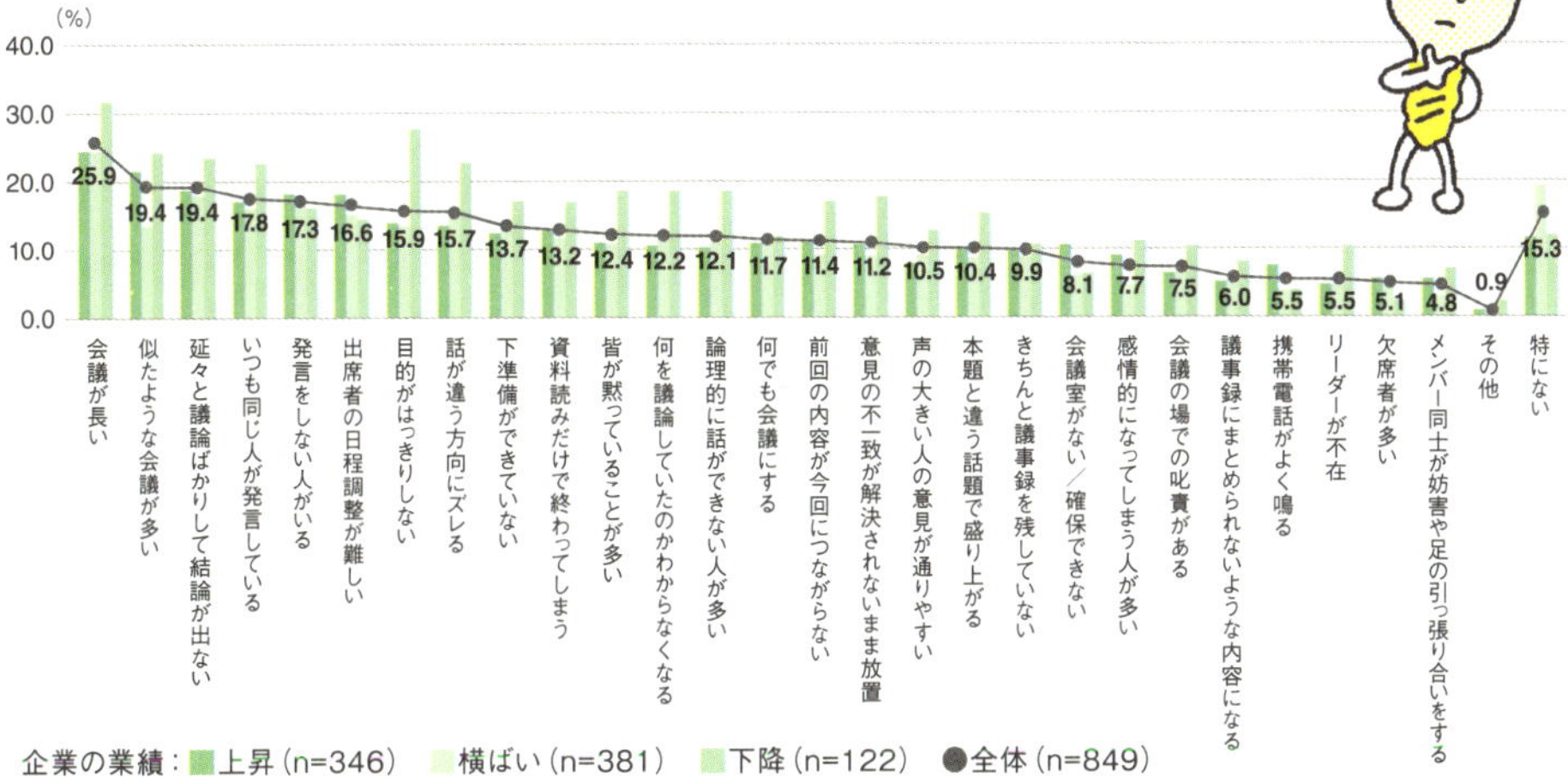

出典：ジェイアール東海エージェンシー調べ（2016年）

11

「手早く、わかりやすく」がカギ 議事録のまとめ方

ポイントを意識して理解しやすい議事録を

会議の内容をまとめた議事録は、会議に出席しなかった人たちにその内容を伝えるとともに、資料として残される一面ももっています。

できるだけ早く完成させること、あとから読んだ人が理解しやすいものであるかどうかを心がけましょう。ただ漫然と会議内容を書き並べただけではむしろ要点がぼやけてわかりにくくなってしまいます。まとめ方を工夫して、ポイントを意識してきちんと書くように心がけましょう。すると、職場の状況を的確に理解できるようになったり、会議を円滑に進めるための頭の訓練になったりして、単に会議を記録する以上の収穫が得られます。

議事録の目的

その会議でのゴール地点をはっきりとさせて、次の仕事につなげるための資料となることが理想です。

欠席者との情報共有
出席していなかった人と会議の内容を共有する。

認識の統一
会議で目指した到達点を共有し、全体の認識を統一する。

責任の所在の明確化
各分担や総合責任者をはっきりさせ、指示系統を明らかにする。

作成前の準備

1. (議長役に聞くなどして)議題を入手する
2. 過去の議事録を入手する

あらかじめ、
議題に沿って
ひな型を作成しておくと
いいね

議事録は3タイプ

法的に義務付けられたもの **株主総会議事録** **取締役会議事録**
発言をすべて記録したもの **国会会議録** **閣議議事録**など
要点と結論をまとめたもの **一般的な議事録**

要点と結論のまとめ方

会社や組織ごとにフォーマットが決まっている場合は、それに準じた書き方をしましょう。
一般的には、記載する項目は以下のとおりです。「6W3H」を意識しましょう。

2019年5月17日
作成者：営業部　山中武史

○○商品 販売促進会議 議事録

日時：5月15日（水）11：00～12：00
場所：東京支社 第一会議室
出席者：田中部長、山本課長、川口、中村、山中
欠席者：足立（出張）

議題
1.フェア実施店舗選定
2.ノベルティ選定
3.予算
4.実施スケジュール
配布資料　a.前年度実施プランと実績
　　　　　b.競合商品の前月の市場の動き（報告書）

決定事項
1.フェア実施店舗
　○○○、△△△、□□□、◎◎◎、×××
2.ノベルティ
　○○○1万個（要見積もり）
　×××8千個（要見積もり）
3.予算
　別紙のとおり
4.実施スケジュール
　別紙のとおり

※次回開催：5月28日（火）11：00～12：00
　　　　　同会議室、同メンバーにて

以上

- □ 文責
  この議事録を誰が書いたのか、責任の所在を明らかにしておく。
- □ タイトル
  議事録の題名だけで、何の会議かわかることが必須。
- □ 開催日時・場所
  会議を行った日時と会場を明確に。
- □ 出席者・欠席者
  誰が出席したのか、役職が上の人から順に記載。
- □ テーマと配布資料
  当日議論した議題と、配布した資料を明記。
- □ 決定事項
  会議の結果何が決まったのか具体的かつ簡潔に。
- □ 次回開催日時
  次の会議の日程を記載。

簡潔で客観的な議事録作成ポイント

- □ 見やすいか
  見た目に理解しやすいことが第1のポイント。
- □ 「6W3H」が明確か
  具体的な情報に漏れがないか確認。
- □ 客観的か
  事実と、それに対する意見や感想を列記していないか。
- □ 必要事項の漏れがないか
  伝えるべき事項に漏れがないか。

欠席者が見ても、会議の内容がわかる書き方を！

仕事を把握していないと書けないね

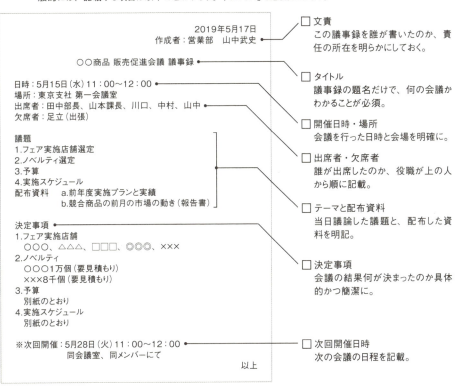

12

正しい知識でミスを防ごう

個人情報の取り扱い方

個人特定が可能な情報は取り扱いを慎重に

情報化社会が進むとともに、あらゆる情報がデータ化されて管理されています。**個人情報を活用することで、行政や医療・ビジネスなどのさまざまな分野で業務の効率化やサービス向上を図ることができる一方、適切に取り扱わなかったことにより個人の尊厳や権利を侵害することにもなりかねません。**氏名や生年月日、住所や電話番号・メールアドレス等の連絡先、勤め先等の情報や、顔画像、マイナンバーや住民票コードなどのほか、他の情報と組み合わせることによって個人特定が可能な情報など、個人のプライバシーにかかわるデータについては、特に慎重に取り扱わなければなりません。

個人情報とは

氏名や住所など「個人に関する情報」と、名字＋勤務先などを組み合わせることによって、個人の特定が可能な情報を指します。

個人に関する情報

特定の個人を識別できる情報

■ 個人情報の例

×は個人情報に当たらない。〇は個人情報。

×

5月1日
おたんじょうび
おめでとう

×

様
¥3,000
ご飲食代として

×

〇

山本あさひさん
お誕生日おめでとう
5月1日
社員一同

〇

山本あさひ様
¥3,000
ご飲食代として
カフェA店　3月15日

〇

■ 要配慮個人情報

- 人種
- 信条
- 社会的身分
- 病歴
- 犯罪歴
- 犯罪被害を受けた事実

■ プライバシーとの違い

• 個人情報

特定の個人を識別できる、ある個人に関する情報

• プライバシー

私生活や個人の秘密、それを干渉・侵害されない権利

事業者が守るべき4つのルール

企業規模の大小にかかわらず、次のことを守らなければなりません。

取得・利用	利用目的を特定して通知または公表し、その範囲内で利用する
保管	情報漏えいが生じないように安全に管理する。従業者や委託先にも安全管理を徹底する
提供	第三者に提供する場合は、あらかじめ本人から同意を得る。第三者に提供した・された場合は、一定事項を記録し原則3年保管する
開示請求への対応	本人から開示等の請求があった場合はこれに対応する。苦情等に適切・迅速に対応する

Q&A こんなときどうする?!

会社のサイトに人物が写った写真をアップしたいが同意書は必要？

人物特定ができるすべての人に口頭で明確な承諾を得ている場合は、書面での同意が省略されることもあります。ただし、互いの認識に違いがあったなどのトラブルを回避するために、同意書を作っておいたほうがいいことは言うまでもありません。また、承諾を得た利用目的とは別の目的で二次使用する場合には、改めて承諾を得る必要があります。本人の理解を得ない画像や動画の使用は厳禁です。

知っておきたい 10のチェックリスト

1 □ 取り扱っている個人情報について、利用目的を決めていますか？
2 □ その利用目的は、本人に通知するか公表していますか？
3 □ （組織的安全管理措置）個人情報の取扱いのルールや責任者を決めていますか？
4 □ （人的安全管理措置・従業者監督）個人情報の取扱いについて従業員に教育を行っていますか？
5 □ （物理的安全管理措置）個人情報が含まれる書類や電子媒体について、誰でも見られる場所・盗まれやすい場所に放置していませんか？
6 □ （技術的安全管理措置）パソコン等で個人情報を取り扱う場合、セキュリティ対策ソフトウェア等をインストールして最新の状態にしていますか？
7 □ 個人情報の取扱いを委託する場合、契約を締結する等、委託先に適切な管理を求めていますか？
8 □ 本人以外に個人情報を提供する場合、本人に同意をとっていますか？
9 □ 本人以外に個人情報を提供したり、本人以外から個人情報を受け取る際、相手方や提供年月日等について記録を残していますか？
10 □ 本人から自分の個人情報を見せてほしいと言われたり、訂正してほしいと言われた際には、対応していますか？

出典：個人情報保護委員会による中小企業向け「これだけは!」10のチェックリスト

個人情報保護法相談ダイヤル　03-6457-9849

13

ビジネスとは切っても切れない
知的財産を知る

相手の権利尊重も大事なビジネスマナー

　相手を尊重し、敬意を表することがビジネスマナーの基本だとすれば、相手が創り上げた商品やサービス、アイデアや技術などにも敬意を表することが必要です。よく知られている著作権のほかにも、左の表にあるように知的財産にはさまざまなものが存在します。取引先であってもなくても、**自社の技術やデザイン等が他人の権利を侵害していないかどうか、常に注意を払い確認しましょう。それと同時に、自分たちの権利を守る意識も重要。**日常生活のなかにはさまざまな知的財産権の侵害例があふれています。プライベートでも、他人の権利を侵害しない意識をもつことが大切です。

知的財産とは

人間の幅広い知的創造活動の成果を指します。作った人には、知的財産権という権利が一定期間与えられ、さまざまな法律で保護されます。

• 知的財産権を侵害すると

10年以下の懲役、または1000万円以下の罰金（法人の場合3億円以下の罰金刑）

• 参考サイト

特許庁　https://www.jpo.go.jp/indexj.htm
日本弁理士会　https://www.jpaa.or.jp
知的財産相談・支援ポータルサイト
http://www.inpit.go.jp/consul/consulsite/index.html

■ うっかりでは済まされない侵害例

- インターネット上で見つけた写真を保存して、SNSなどの自分の投稿に勝手に使用した
- 自分が使ってみて便利だなと思った仕組みを、自社の新製品開発に利用した
- 面白いテレビ番組を友達と共有したくて、テレビ画面を動画で撮影したものを動画投稿サイトにアップした
- 街で見かけたキャラクターのデザインがかわいかったので、真似をしてそっくりのものを作って自分のキャラクターにした
- 好きなアーティストの音楽をみんなにも聞いてほしくて、無断でYouTubeにアップした
- 大好きな歌をリスペクトしつつ、替え歌にして自分のライブで歌った
- SNSのコメントが素敵だなと思ったので、そのままコピーして自分でも投稿した
- 雑誌の内容が興味深かったので、そのページを写真に撮って許可なくSNSに投稿した
- 使いたいパソコンのソフトが高価なので、持っている人にコピーしてもらって使っている

知的財産権の種類

知的財産権は大きく分けて、産業財産権と著作権等に分かれます。
さらに9つの細かい種類に分類されています。

	名称	保護期間	保護対象	例
産業財産権	特許権	出願から20年 医薬品等については 最長25年まで延長 できる場合があります	発明と呼ばれる比較的程度の高い新しい技術的アイデア（発明）を保護します。「物」の発明、「方法」の発明及び「物の生産方法」の発明の3つのタイプがあります。	・カメラの自動焦点合わせ機能 ・長寿命の充電池
	実用新案権	出願から10年	発明ほど高度な技術的アイデアではなく、言い換えれば小発明と呼ばれる考案を保護します。	・日用品の構造の工夫
	意匠権	登録から20年	物の形状や模様など、物の斬新なデザイン（意匠）を保護します。	・パソコンやオーディオなどの家電製品で独創的な外観をもつもの
	商標権	登録から10年 （10年毎に更新することができます）	自分が取り扱う商品やサービスと、他人が取り扱う商品やサービスとを区別するための文字やマーク等を保護します。	・会社や商品のロゴ ・宅配便などのトラックについているマーク
著作権等	著作権	原則として、創作時から 著作者の死後70年 （法人著作は公表後70年）	文芸、学術、美術、音楽の範囲において、作者の思想や感情が創作的に表現された著作物を保護します。コンピュータプログラムも含みます。	・書籍、雑誌の文章、絵など ・美術、音楽、論文など ・コンピュータプログラム
	回路配置利用権	登録から10年	独自に開発された半導体チップの回路配置を保護します。	・半導体集積回路の回路配置
	商号	期限なし	商人が自己を表示するために使用する名称であり、会社の場合には社名が商号となります。	・〇〇株式会社など
	不正競争の防止	期限なし	営業の自由の保障の下で自由競争が行われる取引社会を前提に、経済活動を行う事業者間の競争が自由競争の範囲を逸脱して濫用的に行われ、または社会全体の公正な競争秩序を破壊するものである場合に、これを不正競争に該当するものとして防止します。	・他人の周知な商品等表示を使用して、自己の商品・営業を他人の商品・営業と混同させる行為 ・他人の商品の形態を模倣した商品を譲渡等する行為 ・ドメイン名の不正取得など
	育成者権	登録から25年 （樹木30年）	植物の新品種を保護します。	・いちごの新品種 ・いんげん豆の新品種

出典：日本弁理士会ホームページ

知っておきたい

会社の特許か個人の特許か

あらかじめ権利の取得や対価の支払いを社内規定などで決めている場合、社員が職務として成し遂げた発明の特許を取る権利は企業に帰属することが定められています。

（2015年改正特許法）

苦労して作った商品だったのに

プロダクトデザイナー・35歳

苦労して完成させた商品のデザイン。うれしくて知人に見せたら、その知人が同じデザインを盗用し、先に意匠登録してしまいました。法律的には私がデザインを盗んだという扱い。とても悔しいです。

リアルなお仕事事情

「他人から見てわかりやすく」を意識することで、仕事にも変化が

渋谷かなえさん（仮名） 27歳 女性

2年前に25歳の若さで主任に抜擢された渋谷さんは、いわゆる天才タイプ。頭の回転がとても速いので、行動も早く、判断も正確です。ただ、頭の中で思考が次々と処理されていくために、周りの人はそのスピードについていけないこともしばしば。それが災いして「言っていることがわからない」と言われてしまうこともありました。

往々にしてこのタイプの人は片付けが苦手です。自分では何がどこにあるのかわかっているのでまったく問題ありませんが、周りの人にはやはり理解不可能。「私のデスクからちょっとアレを持ってきて」と言われても、頼まれた人が目的のものを探し出すのは難しいでしょう。それでも渋谷さん自身はスピード重視で仕事をしているので、机の上の書類の山を全部片づけている暇があったら、次の仕事に取りかかりたいと考えてしまっていました。

そんな渋谷さんが、一念発起してデスク周りの整理を始めました。きっかけは、新しいプロジェクトのリーダー就任が決まったこと。アシスタントもついて、常にチームで仕事を進めていかなければなりません。机の上のどこに何があるかくらいはチームのメンバーが見てもわかるようにしておかないと、と考えたようです。自分が良ければ、ではなく、誰が見てもわかりやすく、を心がけて整理整頓したところ、仕事の説明や指示の出し方でも他人からわかりやすくを意識するようになって、仕事がよりスムーズに進むようになったとか。渋谷さんの仕事の仕方はまた1段階レベルが上がったようです。

Chapter 6

冠婚葬祭・つき合い

仕事関係でのつき合いは、慣れるまではたいへんかもしれません。
気づかいを忘れず、上手におつき合いしましょう。

01

部外に人脈を広げるチャンス

社内行事（時間外のつき合い）

見直されている社内行事参加したら楽しいかも!?

それほど大きな会社でなくても、業務で直接かかわっている人以外はなかなか顔を合わせる機会がないものです。でも、部署の垣根を越えて社内全体で行う行事があれば、普段接する機会のない人とも会話をする機会が生まれてくるもの。また、**業務以外でも1つの目的で協力し合うことは、社員の気持ちを1つにし、働くモチベーションを上げることに役立ちます。**最近ではそんな考え方をベースに社内行事を企画する企業が増えてきているようです。義務としていやいや参加するよりも、行事自体やさまざまな人とのコミュニケーションを楽しむつもりで、能動的に参加しましょう。

社内行事の意義

社内行事には、新年会や社員旅行のようなレクリエーション要素の強いものと、入社式や表彰式のようなセレモニー、社員総会や研修のような業務にかかわるものがあります。

• 親睦

歓迎会、送別会、新年会、忘年会、お花見、運動会、社員旅行、バーベキュー

• 意欲の向上・方針の共有

表彰式、創立記念日、社員総会、研修（新人・管理職）

■ 企業の規模別社内イベントの実施目的

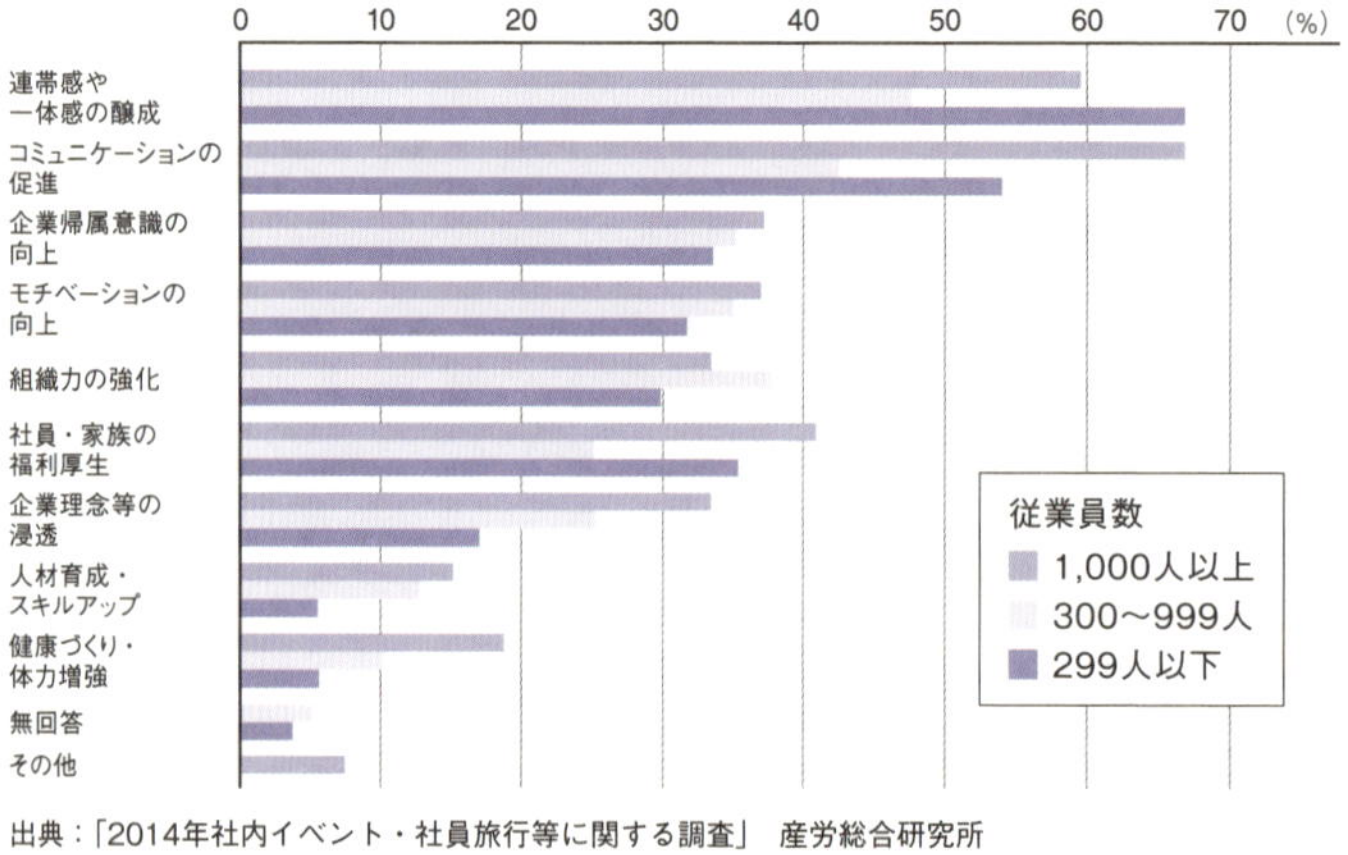

出典：「2014年社内イベント・社員旅行等に関する調査」 産労総合研究所

社内行事の準備

社内行事の担当者が、日程、場所を決め、準備をします。その流れをまとめます。

日程を決める
周年行事は、前の年度の終わりに年間行事予定を確認しておく

→ **場所を決める**
出席が予定される顔ぶれが集まりやすい場所を選ぶ

→ **会場を決める**
人数・予算・設備などを考慮して検討

→ **告知して出欠確認**
案内を出し、出欠を取る

出欠は早めに表明するのが、担当者に対する心づかい

→ **会費の徴収**
事前に徴収したほうがやりくりがしやすいことも。

場所（お店）選びのポイント

- 出席予定者（特に上位者）が足を運びやすい場所であること
- 交通機関の便利な場所であること
- 定員が出席予定人数以上であること
- キャンセル時のルールがはっきりしていること

社内行事を楽しむ４つのオキテ

義務と思うと憂鬱ですが、社内の人脈を広げるチャンスと思えば参加のモチベーションが上がります。

①参加希望は早めに伝える

②他部署の人たちと交流を図る

③改まった場では私語を慎む

④手伝いを申し出る

NG 関係性を悪化させるNG言動

- 異性へのセクハラ
- 部下に対してのパワハラ
- アルコールが弱い人に無理やり飲ませる（アルハラ）
- 暴露話をする
- 無礼講と言われて本当に礼儀を欠く

知っておきたい

ユニークな社内行事例

参加者みなでアイディアを出し合って社内行事を行うのも楽しいですね。

- ケータリングでシェフを招いてカジュアルな料理を作ってもらい、部内ランチ会を開く。
- 提携先の農家で、田植えや草取りをさせてもらう。
- 始業前の早朝ヨガや座禅などの「朝活」をする。

無礼講のルール

無礼講だからといって、地位や階級を無視した無礼なふるまいが許されるわけではありません。タメ口、上司の短所を指摘するなどもってのほか。飲みすぎて迷惑をかけるのもNGです。だからといってかしこまりすぎているのも考えもの。普段聞けない趣味、学生時代の思い出などの話題で場を和ませたいものです。

忘年会の幹事になったら

社内行事の代表格の1つ、忘年会。1年の締めくくりとして力を入れている会社も多いことでしょう。

進行を詳しく見てみましょう。

日程を決める

・忘年会はどの会社も同じ時期に行うので開催が集中する。早めに予定を立てる

場所・会場を決める

・出席が予定される顔ぶれが集まりやすい場所を選ぶ
・人数・予算・設備などを考慮

メニューを決める・予約

・予算に対しての満足度を考える
・食べ物アレルギーにも配慮
・キャンセル規定を確認

告知・出欠確認・会費徴収

・案内を出し、出欠を確認し、会費を集める

式次第・座席表作成

・出し物が必要な場合は進行しやすい席になるよう配慮
・あいさつ役を決めて依頼する
・自分の席は店員とやり取りをしやすい下座に

当日は一足先に会場入りする

・装飾や仕込みが必要な場合は準備
・参加者が心地よく過ごせる会場づくりをする

式次第に従って進行

・参加者が楽しめているかどうか気を配る
・進行の時間管理

お開き

・帰りの交通機関にトラブルがないかチェック
・忘れ物がないか確認

精算・後片付け

・最終的な出席人数や追加注文などを確認して精算
・持ち込んだものはすべて持ち帰る

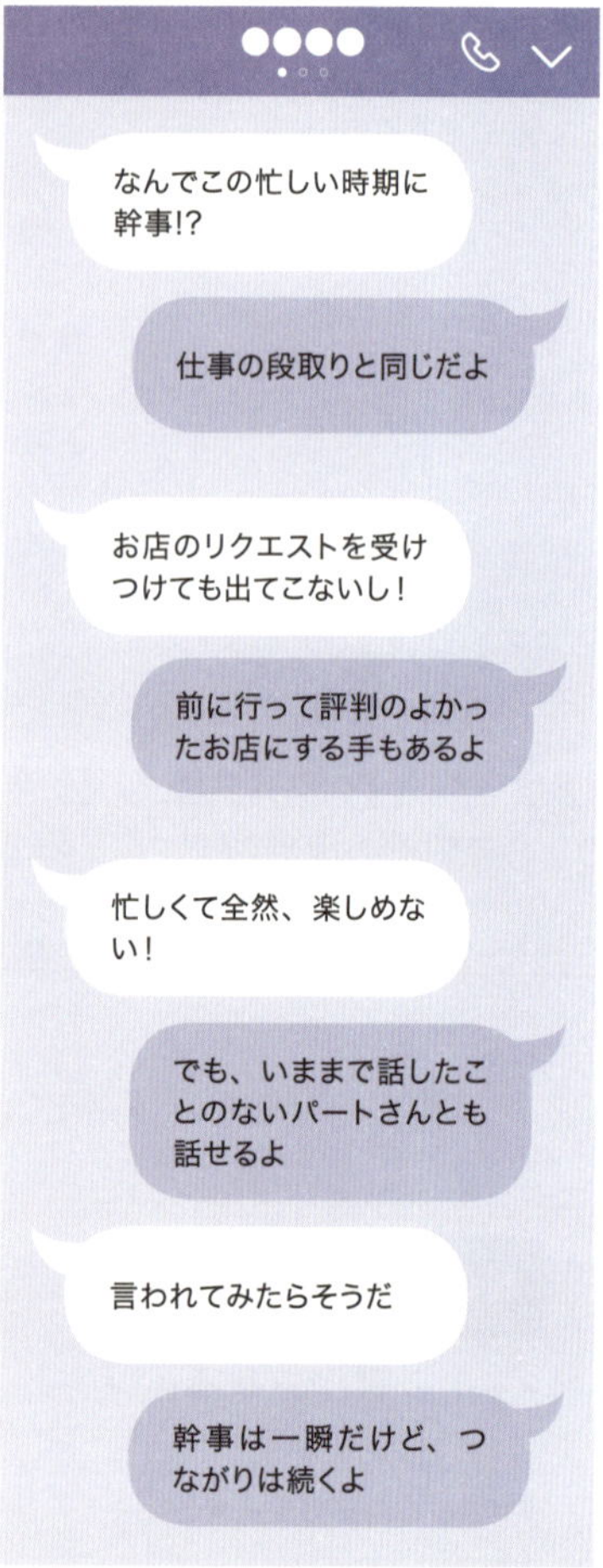
なんでこの忙しい時期に幹事!?
仕事の段取りと同じだよ
お店のリクエストを受けつけても出てこないし!
前に行って評判のよかったお店にする手もあるよ
忙しくて全然、楽しめない!
でも、いままで話したことのないパートさんとも話せるよ
言われてみたらそうだ
幹事は一瞬だけど、つながりは続くよ

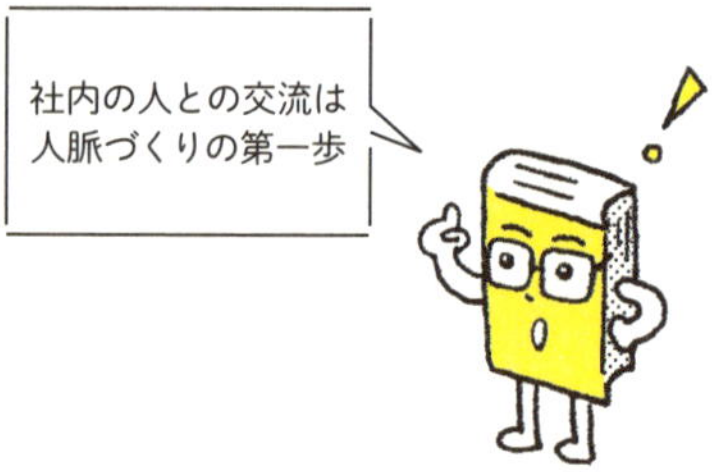
社内の人との交流は人脈づくりの第一歩

どうしても……の場合の対処法

飲み会や休日のレクリエーションなど、都合がつけづらかったり、ほかの用事があったりして出席できないときの伝え方をおさえましょう。

- **あいまいな返事をしない**

出席人数を確認したい場合があります。あいまいにせず、早めにきちんと断りましょう。

- **すぐにバレる嘘を理由にしない**

断ったことよりも嘘をついたことのほうが問題視され、人間性を疑われます。

- **誘ってくれたお礼を言う**

出席はできなくても、誘ってくれたことに対する感謝の気持ちを伝えましょう。

- **別の機会に積極的に交流**

コミュニケーションをとる機会がほかにあれば、積極的に利用しましょう。

接待の心得

接待とは、取引先と交流を深め信頼関係を築くために行うもの。どんな点に気をつけたらいいか、見てみましょう。

- **身だしなみ・言葉づかい**

相手への敬意を忘れずに、お酒の席でも身だしなみや言葉づかいに気をつけましょう。

- **お酌の仕方**

グラスが空きそうになったら「いかがですか」とすすめます。無理強いや形式にこだわりすぎはNGです。

- **お店選び**

こちらで決める場合は、できるだけ取引先に便利な場所を選びます。食べ物の好き嫌いを確認しておくとよいでしょう。

- **話を聞く姿勢**

何を話していいかわからないときでも、正しくあいづちを打って熱心に話を聞く姿勢を見せればOKです。

- **手土産・二次会**

ちょっとしたお土産があると好印象。二次会も自分のペースにならないように注意しましょう。

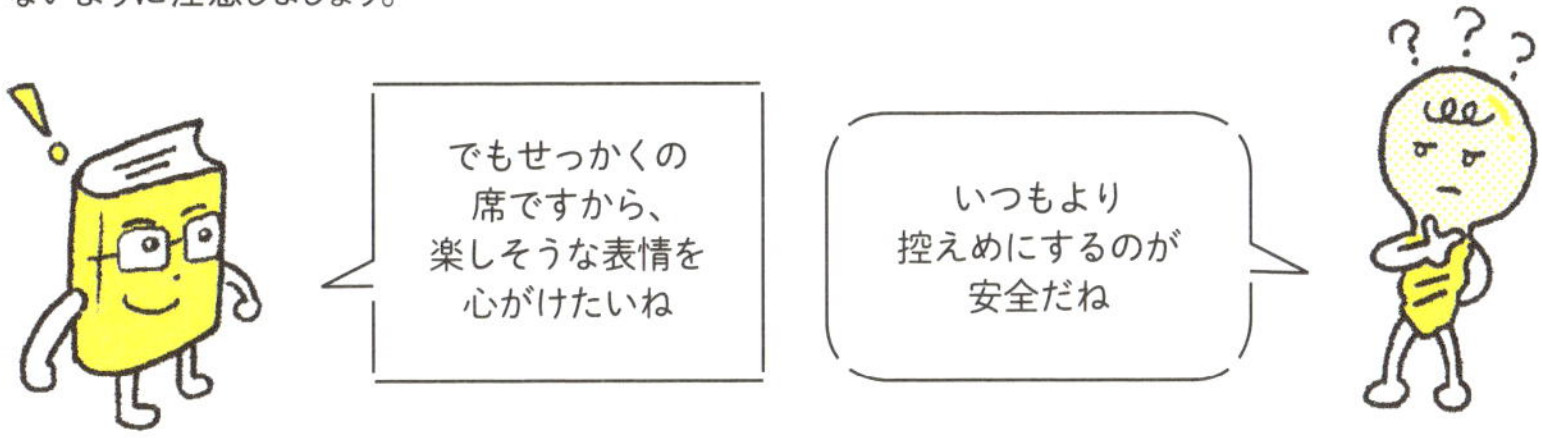
でもせっかくの席ですから、楽しそうな表情を心がけたいね
いつもより控えめにするのが安全だね

経理・40歳

幹事の経験が、管理職になって活きた

入社1年目は、サマーフェスティバル、運動会、社員旅行、忘年会と幹事ばかりをやっていました。幹事の慰労会の幹事までやり、何のためにこの会社に入ったのかと内心腹立たしいこともありました(30代まで、何度幹事をやったかわかりません)。

ところが管理職になり、部署の配置や人事を考える立場になると、行事の運営を取り仕切っていた経験が役立ったのです。なぜなら、会社組織の運営と類似している点が多いのです。もし、あなたが幹事に指名されても、面倒くさがらずやりましょう。全力で行えば、その経験が必ず役に立ちます。

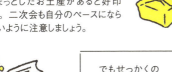

02

社会人らしくふるまう

結婚式・披露宴のマナー

冠婚葬祭にきちんと対応できてこそ社会人

結婚式をはじめとした冠婚葬祭の場面では、社会人としての常識をきちんと備えているかどうかが問われます。マナーを守って行動しましょう。**この場合のマナーはビジネスマナーというよりも、一般常識に近いものです。**知らずに誤った行動をとったら、周囲から非常識な人と認識されてしまうでしょう。たとえ仕事ができる人でも、冠婚葬祭でのマナーを正しく守れていなければ、あなた自身の評価が下がるばかりでなく、会社の品格が疑われてしまいます。いざというときに慌てないように、きちんとしたマナーを身につけておきましょう。そのうえで、**お祝いする気持ちを忘れずに。**

結婚式に招待されたら

おめでたい席に招待されたら、出席までの一連の行動もマナーを守って。
行動そのものでお祝いの気持ちを表現しましょう。

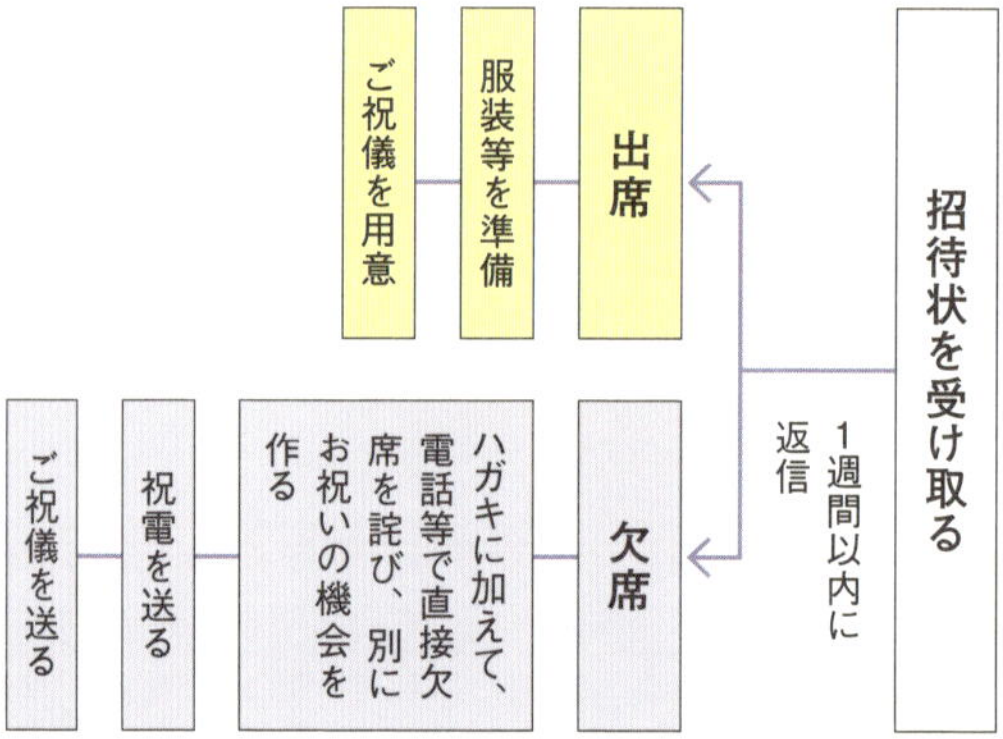

招待状を受け取る
1週間以内に返信
出席
服装等を準備
ご祝儀を用意
欠席
ハガキに加えて、電話等で直接欠席を詫び、別にお祝いの機会を作る
祝電を送る
ご祝儀を送る

ご祝儀の相場

地域や関係性によって異なる相場ですが、およその目安は次のとおりです。自分が会社の同僚で30代なら3万円が目安です。

新郎新婦との関係	ゲストの年代：20代	ゲストの年代：30代	ゲストの年代：40代
会社の上司	3万円	3万円・5万円	5～10万円
会社の同僚	2万円・3万円	3万円	3万円
会社の部下	2万円・3万円	3万円	3万円
会社の取引先	3万円	3万円・5万円	3万円・5万円

出典：「マイナビウエディング」株式会社マイナビ

2万円はOKという
説もあるけど、
まだまだ偶数の
ご祝儀に抵抗のある
人も多いから
気をつけたほうが
いいね

NG

服装（168ページ）

（168ページ）

- モーニング・タキシード
- 白のドレス
- 新婦より派手
- 既婚女性の振袖
- 昼なのに肌の露出が大きいドレス
- ブーツ

忌み言葉

- 繰り返す重ね言葉
  戻る・戻す・繰り返す・繰り返し・再び・再度・再三・二度・二回
- 別れを連想させる言葉
  別れる、切る、切れる、離れる
- 不幸・不吉な言葉
  死ぬ、仏、葬式、負ける、病む、敗れる、悲しむ、嫌う、九（く）、四（し）

Q&A こんなときどうする?!

弔事と重なったらどちらを優先？

弔事と慶事が重なったら、弔事を優先させるのが鉄則。お祝いは日を改めてすることができますが、お別れはたった一度です。その場合、欠席の連絡はできる限り早めにしましょう。直前に断る場合は、必ず出席の際に渡す予定だった金額と同額のご祝儀を渡しましょう。当日の連絡なら、本人にではなく会場に伝言します。

急に行けなくなったらどうする？

準備が進んでいることを考えると、出席を取りやめるのは避けたいもの。本当にやむを得ない場合は早急に連絡を入れて謝罪し、出席と同額のご祝儀を送りましょう。

社内でお祝いするには

本人に欲しいものを聞いてからみんなでお金を出し合ってプレゼントを用意するのがいちばんいいのですが、もし「何でもいい」と言われたら以下のようなものが無難です。

• 花束

ピンクや黄色が好まれます。ラッピングにも祝福ムードを。

• 高級タオル

日用品は高級品を選びましょう。名入れをすると記念品らしくなります。

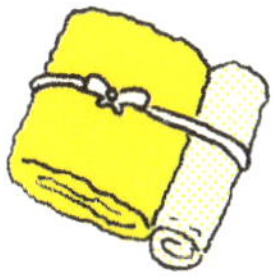

• 夫婦箸などペアの食器

知人友人からもらうお祝いNo.1なので、何個あっても困らないものを選びましょう。

• お食事券

食べ物そのものよりも、ちょっと高級なレストランのお食事券などがベター。

■ 熨斗《のし》のかけ方

蝶結びではなく、結びきりの水引（飾りひも）がついた熨斗紙を。もちろん色は紅白で！

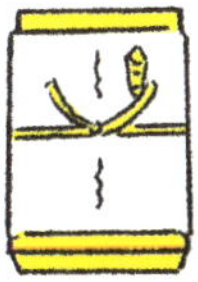

一般的な服装

結婚式なら正装で！と思ってしまいがちですが、礼装は当事者やその親族のみ。

一般的な披露宴だったら男女とも準礼装が基本です。

セミロング以上の長さの髪はアップスタイルに。

パステルカラーのワンピースがおすすめ。年齢が上がってきたら落ち着いた色を選びましょう。

白は絶対にNG。

昼間は肌の露出はおさえて。夜はカクテルドレスもOK。

バッグは布製のものを。ワニ革など爬虫類のものはNG。アクセサリー、ネイルは新婦より目立たないのが鉄則。

和装の場合、既婚女性は振袖ではなく訪問着を。

靴はプレーンなパンプスを。ミュールやバックストラップは避けましょう。

髪はすっきりと整えましょう。

シャツは白か淡い色のレギュラーカラーがおすすめ。

フォーマルなブラックスーツに、白やシルバーグレーのネクタイでお祝いの気持ちを表現。

モーニングや燕尾服は親族のみ。ゲストは黒などのフォーマルスーツで。

和装の場合、黒の紋付きは避けて略礼装で。

靴は飾りの少ない革製のものを。多少光沢があっても大丈夫です。

知って おきたい

スピーチを頼まれたら

スピーチを頼まれたら、快く引き受けましょう。「新郎新婦があなたを指名したのは、あなたとかかわりのある場面でのエピソードを、配偶者となる相手の親族や上司・友人に紹介してほしいから」と考えると、自然と話す内容は絞られてきます。祝福の言葉を述べて新郎新婦との間柄を自己紹介したあと、できればユーモアを交えながらエピソードを紹介し、はなむけの言葉を添えて話を締めます。主役は新郎新婦であることを忘れずに。

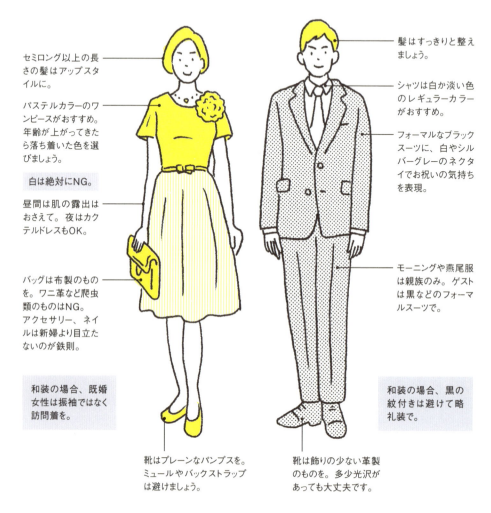

披露宴のマナー

慣れないフォーマルな場でも、基本をおさえておけば大丈夫。スマートに行動しましょう。

受付

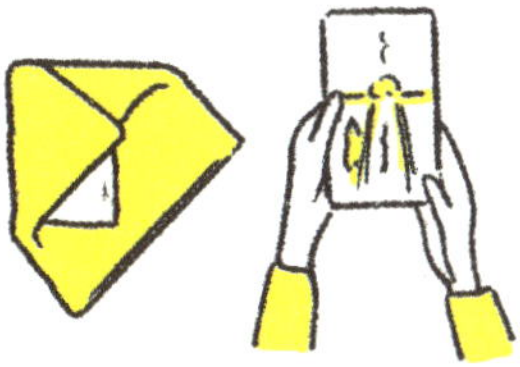

必ずお祝いの言葉を述べてから、新郎新婦どちらの招待客かを伝えて記帳します。祝儀袋を取り出すときは、ふくさを右、次に下と順に開いて取り出し、相手から見て正面に持ち替えて渡します。

入場

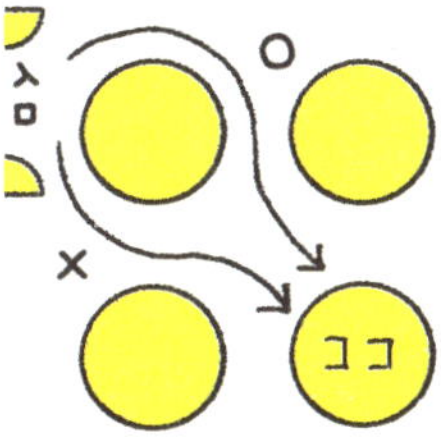

席まで進む際は、中央を突っ切らず壁際から進みます。

手荷物

大きな荷物はクロークに預けましょう。小さなバッグは背もたれと腰の間か、椅子の右下に置きます。左側は係員が出入りするので、空けておきましょう。

■ 洋食の際のマナー

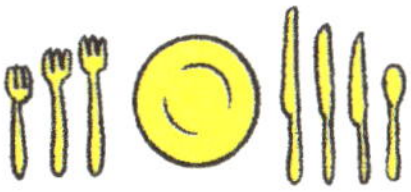

フォークとナイフは外側に置かれたものから使います。

飲み物や食べ物のおかわりは、食べ（飲み）きれる量だけにします。

中座の際はナプキンを椅子の上に置きます。テーブルの上は食事終了の合図です。

知っておきたい

自分が結婚するとき

• 誰を招待するか

職場関係のゲストを招くときは、心情的な親しさよりも関係性で選ぶのが基本。仲のいい上司より直属の上司やその上長、同期よりも同じ職場で一緒に働いている人を優先したほうが角が立ちません。親しい人は二次会や、別の機会を設けてお招きするとよいでしょう。

• 式を挙げないときは

挙式しなくても、会社や上司には必ず結婚の届け出と報告をします。自分では仕事を続けるのが当たり前と思っていても、結婚の知らせを聞くと周囲は気にしますので、今後のことについてもはっきりと伝えておきましょう。

03
その他の慶事
お祝い事は結婚式以外にも

人生のあらゆる場面にお祝いのシーンがある

人生のさまざまなステージに、お祝い事があります。子どものころに入学や誕生日のお祝いをされてうれしかったという経験がある人は多いと思いますが、社会人になったら、**今度は、その「うれしい気持ち」を贈る側になりましょう。**出産・入学・卒業・就職・結婚記念日・還暦・古希といったプライベートなことから、昇進・栄転・開業・社屋の新築といったビジネス上の祝い事まで、祝福を伝える気持ちは同じ。素直にお祝いの表現をすることで、コミュニケーションは円滑にまわっていきます。ストレートに気持ちが伝わるよう、マナーはしっかりと守りましょう。

お祝いのメッセージ例

さまざまなお祝いのシーンに合わせて、率直な祝福の言葉を贈りましょう。

出産祝い	・ご出産おめでとうございます。健やかなご成長をお祈りします。 ・ご出産おめでとうございます。職場一同より、ささやかですがお祝いを贈ります。ゆっくり休んで下さいね。
入学祝い	お嬢様の小学校ご入学をお祝い申し上げますとともに、ご健康とご多幸をお祈りいたします。
卒業祝い	ご子息のご卒業を祝し、新しい門出に向けてエールを送ります。おめでとうございます。
新築祝い	ご新居のご完成おめでとうございます。落ち着かれましたころ、ご新居拝見に伺いますね。楽しみにしております。
お誕生日祝い	・お誕生日を、心よりお祝い申し上げます。ご健康で、益々ご活躍されますようお祈りしております。 ・お誕生日おめでとうございます。この一年が素晴らしい年でありますように。
結婚記念日	結婚○周年おめでとうございます。これからも仲良く、理想のご夫婦でいて下さい。
還暦祝い	謹んで還暦のお祝いを申し上げます。これからもお体を大切にご活躍下さい。益々のご健勝をお祈りしております。
古希祝い	つつがなく古希を迎えられましたことを、心よりお祝い申し上げます。どうぞこれからもお体を大切にいつまでもお元気でいらして下さい。
就職祝い	ご就職おめでとうございます。新社会人として、今後の益々のご活躍を期待いたします。
定年退職祝い	長年にわたりご指導頂きありがとうございました。今後のご健康とご活躍をお祈りいたします。
快気祝い	退院おめでとうございます。あまり無理をなさらず。でも、1日も早い復帰を皆でお待ちしていますね。
綬章・叙勲祝い	栄えあるご受章を、心からお祝い申し上げますとともに、益々のご活躍をお祈り申し上げます。
栄転・昇進祝い	この度のご栄転誠におめでとうございます。これからも変わらぬご指導を賜りますようお願い申し上げます。
落成祝い	新社屋落成を祝し、貴社の益々のご発展と社員ご一同様のご健勝をお祈り申し上げます。
創立記念	創立○周年おめでとうございます。貴社の今までのご功績に敬意を表するとともに、今後のさらなる繁栄をお祈り申し上げます。

お祝いしてもらったら

個人的なお祝いをいただいた場合はお返しをするのが基本。きちんと感謝の気持ちを込めてお礼をしましょう。

• お返しの品

お返しの品は10日〜1か月以内に贈ります。いただいた金額の半額相当のものをお返しするのが一般的です。いただきっぱなしにならないよう気をつけましょう。

• お礼状

ハガキよりも書状で書くのが一般的。頭語・時候のあいさつから始めて、心を込めてお礼の言葉を伝えましょう。

お中元・お歳暮

冠婚葬祭の「祭」は、いわゆるお祭りだけではなく、お正月やお中元・お歳暮など、季節の伝統行事を指します。豊かな人間関係のために大事にしたいごあいさつです。

時期は？	お中元：7月上旬〜15日（地域によっては7月中旬〜8月15日） お歳暮：11月下旬〜12月20日頃（地域によっては12月13日〜20日頃）
誰に？	お世話になった目上の方に、目下から送るのが一般的です。
相場は？	3000円〜5000円が一般的な相場とされています。高価すぎるものは受け取る側の気持ちに負担をかけてしまうので、5000円を上限と考えれば無難です。

■ お中元・お歳暮に向く品

毎年、さまざまな企画ものがデパートなどで販売されます。流行に敏感な方への贈り物に利用してもいいでしょう。

• 菓子・ジュース類

企業宛てに贈る場合は、個包装で賞味期限の長いものを選びましょう。

• 洗剤セット

個人宛てに贈る場合、賞味期限を気にしなくていい家庭用品も人気です。

• 商品券

目上の人に贈るのは避けましょう。

「お好きなものを選んで」という主旨なら、商品券よりカタログギフトがおすすめだよ

04

哀しみの気持ちももって

通夜・葬儀のマナー

遺族の哀しみに寄り添って繊細な思いやりある行動を

お祝い事よりも当事者の感情を大きく揺さぶるのが弔事。冠婚葬祭のなかでは最も繊細に立ち居ふるまうことが求められます。**何よりも故人の尊厳を大切にすること、遺族の哀しみを踏みにじらないことを最優先としたうえで、行うべきことを粛々と進めていきましょう。**親しい間柄ならすぐに弔問に駆けつけますが、会社関係者なら必ず会社の対応に従いましょう。通夜と告別式の両方に参列するのはかまいませんが、会社関係者の場合はどちらかに参列すれば問題ないでしょう。通夜の場合は喪服でなくてもかまいません。遺族の立場に立ち、心を込めて見送る気持ちをマナーで表現しましょう。

訃報を受けたら

不幸な報せはいつも突然。動揺してしまうのは無理もありませんが、そんなときこそ段取りをしっかり立てることが大切です。

訃報を受ける

お悔やみの言葉を述べて、通夜と葬儀の日程、会場、連絡先、喪主の氏名、宗教・宗派、会社からの手伝いは必要かを確認

→ **上司・総務に報告**

NG

- 上司の指示を仰がず自己判断をする。
- 遺族に直接連絡する。

- **弔電の手配**

葬儀の前日までに喪主のもとに到着するよう手配。

- **香典の用意**

宗教・宗派によって表書きや水引が違うのでくれぐれも注意。

- **関係者への連絡**

問い合わせがあった場合は、口頭ではなく文書やFAXで伝えましょう。

香典の相場

地域や関係性によって異なる相場ですが、およその目安は次のとおりです。

		最多回答額（円）	平均額（円）
親戚関係	祖父母	10,000	19,945
	親	100,000	64,649
	兄弟姉妹	50,000	40,654
	おじ・おば	10,000	17,145
	その他の親戚	10,000	13,484
会社関係	職場関係	5,000	5,697
	勤務先社員の家族	5,000	4,631
	取引先関係	10,000	8,083
友人関係	友人・その家族	5,000	5,905
地域関係	隣人・近所	5,000	5,058
その他		5,000	6,357

出典：「第５回香典に関するアンケート調査報告書（平成28年度）」
一般社団法人全日本冠婚葬祭互助協会 https://www.zengokyo.or.jp/

経験することが少ないから難しい。先輩や総務担当者に相談しよう

社員が亡くなった場合の訃報の例

2019年4月30日

従業員各位

総務部

訃報

本社経理部長、湯田正彦氏は去る4月29日15時30分ごろ、急性心不全のためご逝去されました。享年54歳。

ここに謹んで弔意を表し、お知らせいたします。なお通夜ならびに葬儀、告別式は、下記のとおり執り行われます。

記

・通夜	5月1日（水）18時～19時
場所	セレモニーホール大沼 小平市大沼町 0-00-0 電話 042-000-0000
・葬儀及び告別式	5月2日（木）10時～12時
場所	セレモニーホール大沼 小平市大沼町0-00-00 電話 042-000-0000
・喪主	湯田耕太　様
・備考	葬儀は無宗教にて執り行います。

以上

ポイント

- ☐ 発表はできる限り迅速に。
- ☐ 故人に対しての敬意を表し、丁寧な表現で。
- ☐ 通夜・告別式とも式場の住所、電話番号を記載。
- ☐ 喪主、宗教宗派を明記。

社員の家族が亡くなった場合の訃報の例

2019年3月21日

各位

総務部長
鈴木 太郎

訃報

総務部庶務課 緑山辺瑠照殿のご尊母まりこ様には、ご病気のため 3月20日20時45分、享年72歳にて永眠されました。
故人のご冥福をお祈りし、謹んでお知らせ申し上げます。
通夜、葬儀は下記のとおり執り行われますので、宜しくお願いいたします。

記

・通夜	3月21日（木）午後6時より
・葬儀及び告別式	3月22日（金）午前10時より
場所	名称：猿江会館 住所：江東区0-00-00 電話：03-0000-0000
・喪主	緑山辺瑠照 様
・備考	葬儀は無宗教にて執り行います。

以上

ポイント

- ☐ 連絡を受けてからできる限り迅速に。
- ☐ 故人に敬意を表し、丁寧な表現で。
- ☐ 詳細な死因に踏み込み過ぎない。
- ☐ 式場の住所、電話番号を明記。
- ☐ 喪主、宗教宗派を明記。

知っておきたい

どこまで知らせるか

会社によって、また、関係先とのつき合いの深さや故人の社会的な地位、業界での立場などによって判断が異なります。右ページでも述べたように、必ず上司に報告・確認し、勝手にお知らせの連絡をしないことが第一です。「家族葬にしたいから参列はご辞退いただきたい」等、故人や遺族側の事情も考慮する必要があります。遺族に直接確認するのではなく、報せを届けてくれた方に確認を。

通夜・葬儀の服装

喪服の着用が一般的ですが、もともと、喪服は近親者が喪に服していることを表すものなので、通夜であれば弔意を示す暗い色調の服装でもよいとされています。

ラメなど派手なメイク、ノーメイクともにNG。薄いメイクで。

基本はアクセサリー不要です。つけるなら一連の真珠かオニキスのネックレスを。

黒のツーピースか、グレーなどダークな色のアンサンブルやワンピース。

派手なバッグは避ける。布製の黒く地味なものが無難です。

サンダルやブーツ、高すぎるヒールは厳禁。黒のプレーンなパンプスを。布製が正式。ストッキングは黒が無難。

シャツは白い無地を。色物・柄物は厳禁。

ネクタイ、ベルト、靴下も黒。

黒のスーツが基本。ボタンも黒のものを。

数珠は各宗派共通のものを選ぶ。

靴も黒で、光沢のないものを。


冬の寒い日でも毛皮のコートはNG。

参列できないとき

できることなら駆けつけたいけれど、どうしても難しい。そんなときは以下のような形で哀悼の意を表しましょう。

• 弔電を打つ

喪主宛てに葬儀の前日までに送りましょう。

• 参列する人に香典を託す

現金書留で送っても問題ありません。お供えの花や花輪を送ることも。

• 後日改めて

ご遺族の都合を確認してから、普段着で弔問します。

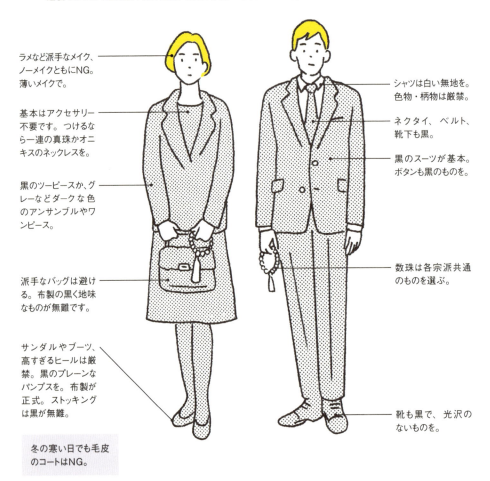

お悔やみの言葉

哀しみの思いは深くても、それをご遺族に伝えるのは難しいものです。お悔やみの席では長年使われてきたあいさつをするのが無難です。このときだけは、ハキハキ言わないようにしましょう。

式場（受付）で

- お悔やみ申し上げます（遺族に対する言葉。ただしキリスト教では使わない）
- ご愁傷様です（遺族に対する言葉）
- ご冥福をお祈りします（故人に対する言葉）

訃報を受けたときに手紙で

- この度は急なご訃報に接し、謹んでお悔やみ申し上げますとともに、心よりご冥福をお祈り申し上げます。
- この度は思いがけないご訃報に接し、信じられない思いでおります。ご生前のご厚情に深く感謝するとともに、心よりご冥福をお祈り申し上げます。

NG

使ってはいけない言葉

- 「重ね重ね」
- 「たびたび」
- 「いよいよ」
- 「再三」
- 「ますます」
- 「次々」
- 「追って」

キリスト教では「お悔やみ」「供養」も忌み言葉です。

避けたい言動

- 死因をうわさするのは厳禁。
- 知り合いとの世間話も控えましょう。
- 通夜のお焼香後に出される料理やお酒（通夜ぶるまい）に箸をつけないのはマナー違反。

Q&A
こんなときどうする?!

喪中ハガキをもらって初めてご不幸を知った

もしかしたら葬儀を近親者だけで行うため、ご遺族があえて知らせなかったのかもしれません。年賀の欠礼を知らせる喪中ハガキでご逝去を知った場合は、まず電話やメール、あるいは寒中見舞いといった方法で相手に対してお悔やみの一報を入れます。親しい間柄なら弔問について尋ねてみてもいいでしょう。

リアルなお仕事事情

結婚披露宴招待状の返信ハガキ「Address」欄にメールアドレスが

小平健太郎さん（仮名）　29歳　男性

後輩の面倒見が良い小平さんは、若手のリーダーとして会社からも期待を寄せられる人物。30歳を前に、地方勤務時代に出会った女性と結婚することになり、お世話になった方々をはじめ、先輩や同僚、かわいがっている後輩たちにも招待状を送りました。上司をはじめ、多くの先輩や同僚から続々と返信が届くなか、後輩のひとり、社会人１年目のＡくんからの返事がありません。

「仕事はできるやつなんだけど、個性的で、よくこちらの想像を超える行動をすることがあるんです。普段あまり周りのことに関心なさそうに見えるから、たぶん返事を出すのを忘れちゃってるんだろうなと思って、『人数確認したいから、来るか来ないか教えて』って声をかけたら、慌てて『手渡しでもいいですか？』って返信ハガキを持ってきたんです。そのハガキが、やっぱりこちらの想像の斜め上をいっていました（笑）！」。

手渡されたハガキは、出席にマル。その下の「Address」、つまり住所を書くべきところに、住所ではなくメールアドレスが書かれていました。

「そうか～！　そんな誤解をしちゃったか、って。彼とは５歳くらいしか離れていないけど、もしかしてこれが世代間ギャップかなと思って、後輩に話をするときには、自分の感覚が絶対だと思わずに、相手にとって誤解なくわかりやすい説明をしようと心がけるようになりましたよ」。

相手のミスを責めるのでなく、自分の工夫につなげていった小平さん。小平さんの人望が厚い理由が垣間見えた気がしました。

Chapter 7

ビジネスマインド

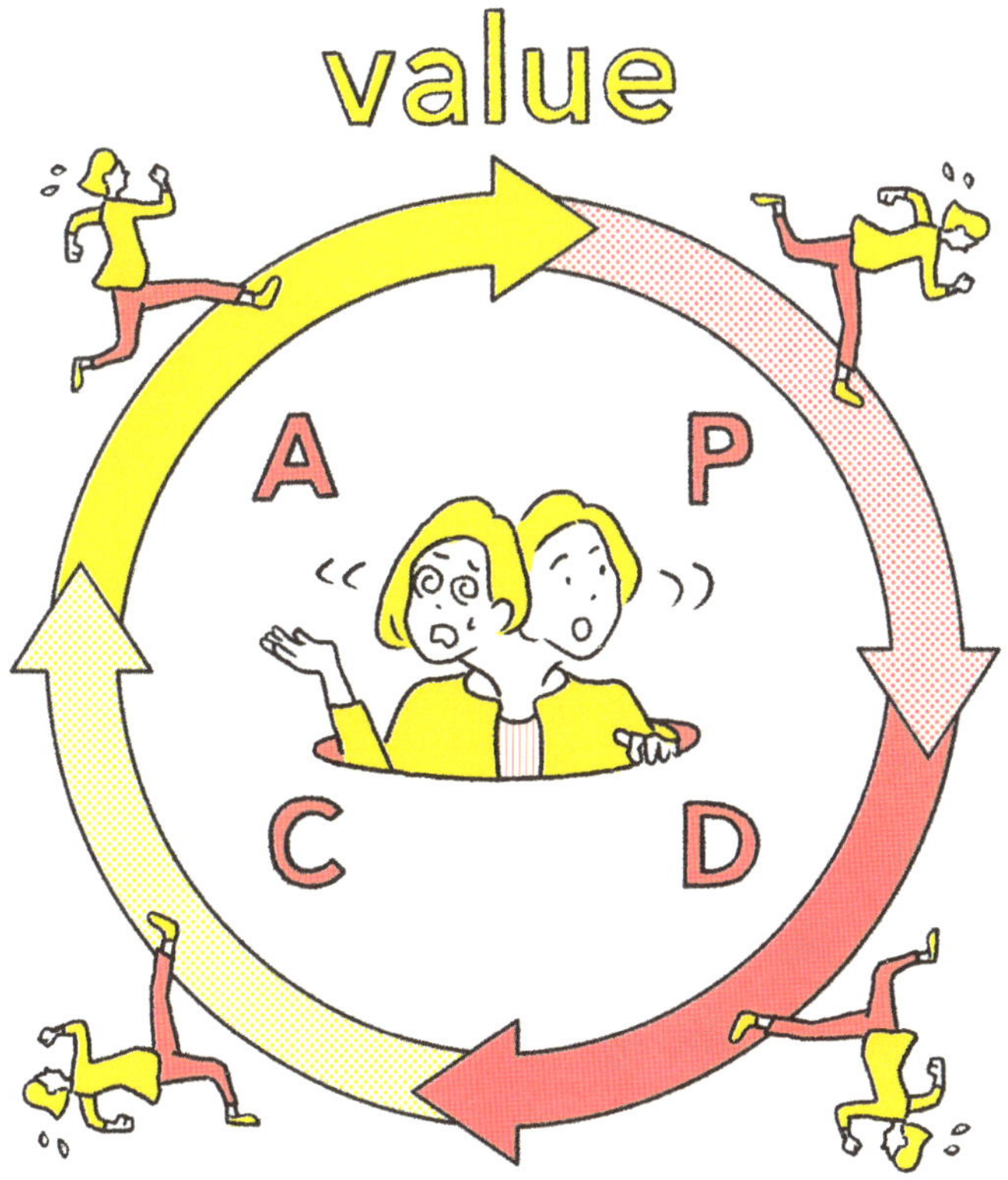

仕事をするにあたって、知っておきたいビジネスの常識。
自分の心構えを改めて確認しておきましょう。

01

時代に即した働き方をしよう
「生産性」を考え直す

「労働力を増やす」から「生産性を高める」へ

日本では長年、多くの人手をかけ、労働時間を長くかけることによって利益を増やそうとしてきました。しかし労働力不足を背景にこの点を見直し、生産性を高めることに意識が向けられるようになってきました。**生産性とは、つぎ込んだ労働力に対してどれだけのものを生み出せたか、という割合のことです。**この計算の分母にあたる労働力を増やせば、生産性の値は小さくなります。逆に減らせば、生産性の値は大きくなります。同じものを同じ時間で作るのに10人で作るのと5人で作るのとを比べたら、当然、5人で作ったほうが生産性が高いと言えますし、Aさんは3日かかった仕事がBさんは2日でできたのなら、Bさんのほうが生産性が高いことになります。

「生産性を高める」ことが求められる理由

労働力人口の低下や、日本の国際競争力の低下は、すぐに解決できる問題ではありません。こうしたなかで利益を上げていくためには、残業など労働時間を多くして成果を増やすのではなく、働く人がそれぞれのスキル向上などを通して生産性を高めていくことが必要です。

効率を高め生産性を上げることで1人ひとりの労働時間が短縮され、仕事と生活の調和を図るワークライフバランスを整えることもできます。働き方改革が目指すのは、いまの時代に即した方法で生産性を高めることなのです。

■ 産業別生産性の日米比較

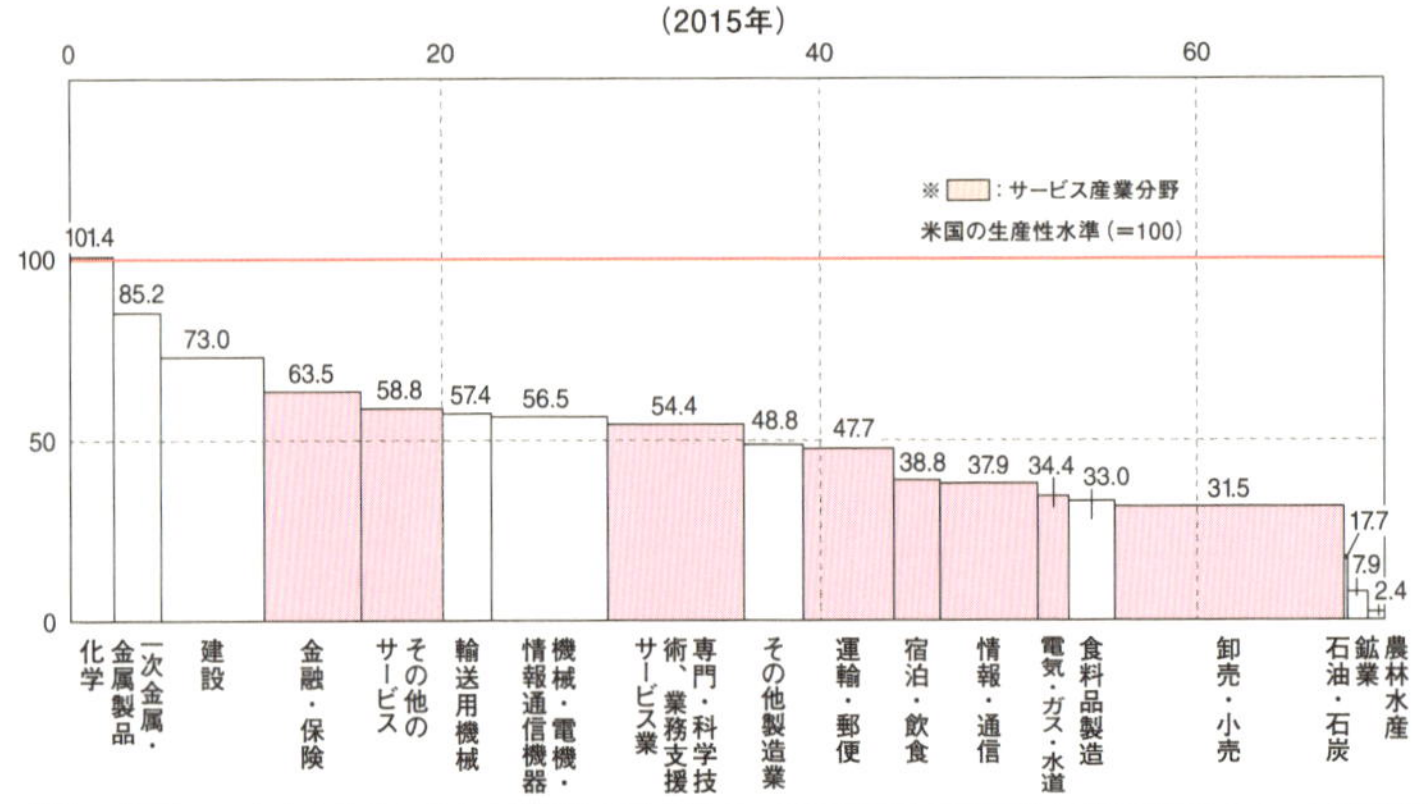

※縦軸は米国を100としたときの日本の労働生産性水準を、横軸は国内のGDPにおける各産業のシェア率を表しています。
出典：「産業別労働生産性水準の国際比較（2018年4月）」公益財団法人 日本生産性本部

生産性が高い・低いとは？

どういうときに生産性が高いと言えるか、図で確認しておきましょう。

同じ時間で仕上げる量が多い

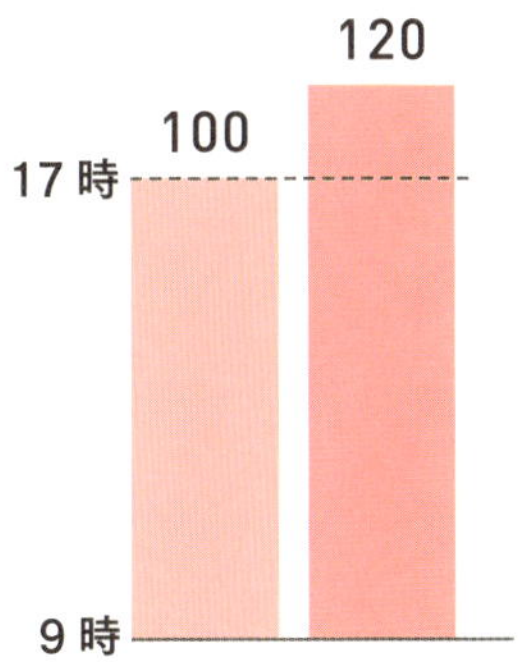
120
100
17時
9時

チームや個人で同じ時間で仕上がる仕事量が多いほうが生産性が高いと言える

同じ量を仕上げる時間が短い

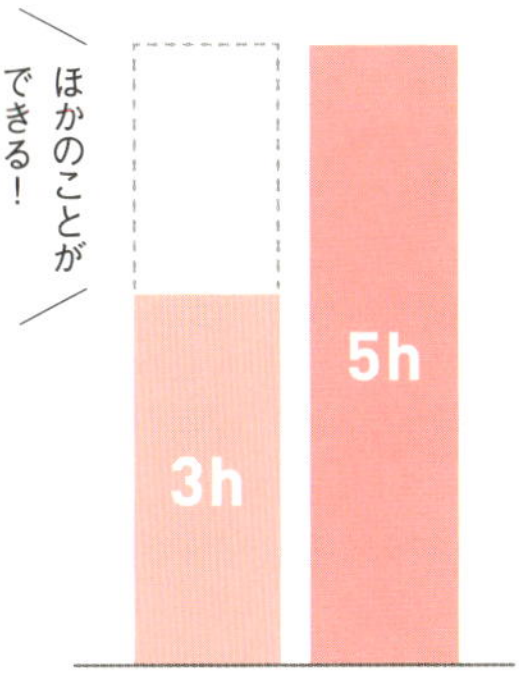
ほかのことができる！
3h
5h

同じ量でも短い時間で仕上げられたほうが生産性が高いと言える

同じものでも多くの人に支持される

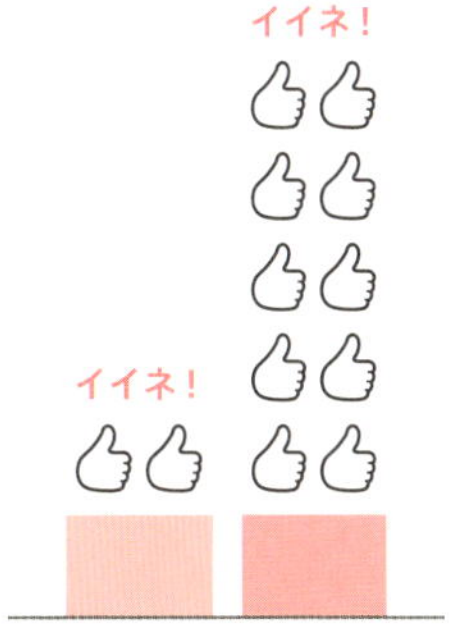
イイネ！
イイネ！

多くの人に求められる仕事は付加価値が高く対価も上がり、生産性が高いと言える

ワークライフバランスの実現と生産性

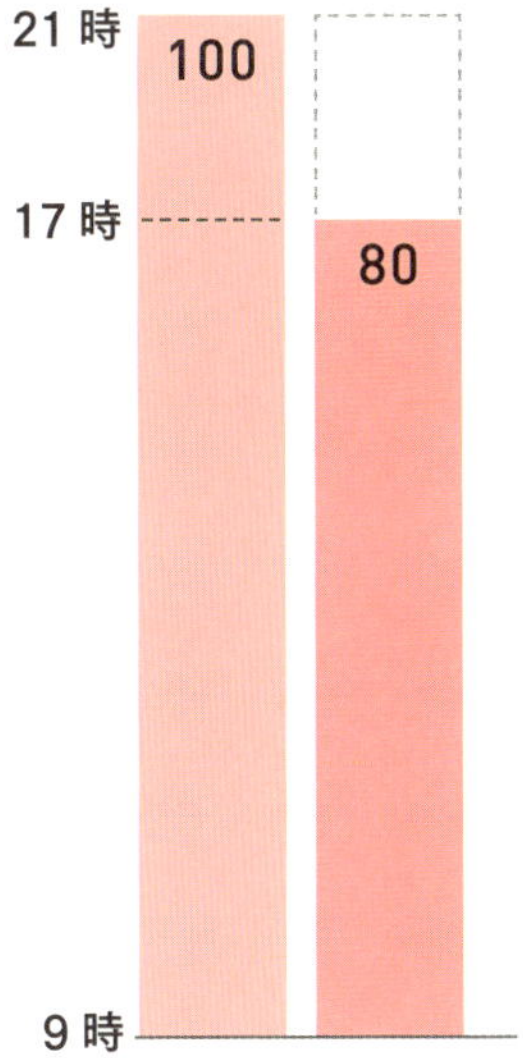
21時
100
17時
80
9時

これまで21時まで残業して仕上げていた仕事を、そのまま17時までで切り上げた場合、このようになる。

単純に労働時間を減らしただけでは、収益が下がり対価も減ります。

働く時間が減っても収益が下がらないようにすることを考えないといけないんだね

生産性を上げるためのポイント

- 働く人それぞれがスキルを向上させて短時間でも仕事量をキープ
- 企業が時短やテレワークを認めて、退職しなくてもいいようにする
- 企業が社会保障などの必要がない外部人員の協力やオートメーション化する

02

価値の高め方を探ろう

「価値」を考える

いま、価値が高いのは生産性の高い人

これからの時代、生産性を高めていくことが大事なのは理解できたことと思います。ムダに時間をかけるのでなく、少ない労働時間でも多くの成果を上げることが求められる時代です。一般的には多くの時間をかければより多くのものを生み出すことができますが、いま求められているのはそういう働き方ではありません。タイムカードを押して残業扱いにならないようにして仕事を続けるサービス残業など、論外です。

時間をお金で買う費用対効果

仕事の価値は時代によって、また人によってそれぞれですが、いま「価値が高い」とされる人材は、生産性の高い人です。コストを下げてより多くのものを生み出すことが高く評価されます。「コストカット」と聞くと、お金をかけないことと思うかもしれませんが、自分ですべてをやり通すよりもお金を払って他人に任せたほうが効率が良いのであれば、そのお金は大したコストにはなりません。むしろ1人でやり通そうとしたときの「時間」や「労力」のほうがコストが高いと言えます。

ビジネスの世界では、**正しくお金を使えばあとからお金が返ってきます。最終的にプラスになるのであれば、それはむしろ生産性を高めることになるのです。**費用対効果を検討し、お金をかけることで解決できることは、お金で済ませるという視点ももっておきましょう。

仕事に新しい価値を創造していく

また、生産性を高めるためには、成果に付加価値を与えることも必要です。**付加価値とは、これまでになかった新しいものや独自のものを、商品やサービスに付け加えることです。**完全に新しいことを生み出すばかりではありません。既存のものでも視点を変えたり使い方を変えたりすることで、新たな価値を生み出すことができます。それは新規事業や企画に携わる人だけに限ったことではなく、**たとえば事務的な作業においても工夫することによって効率化を図り、これまでの仕事に新たな価値を生み出すことができます。**生産性を高めるヒントはさまざまな場面にあるのです。

価値が高ければ対価も見合って高くなる

誰しも、品質やサービスに納得できれば少々高くてもお金を払おうと思った経験があることでしょう。

株価

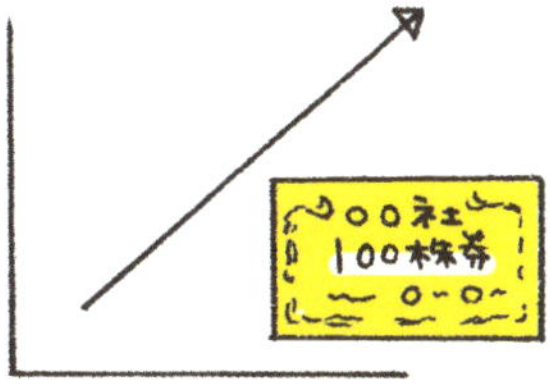

企業に対する期待が高ければ、1株の価値（株価）も上がる

広告料

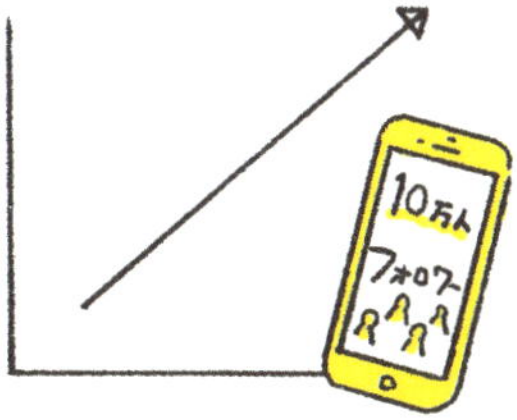

多くの人が見るウェブサイトなら、広告効果が高いと考えられる

技術料

経験値の高い人材と浅い人材とでは、技術料が違う。たとえば、美容師で新人よりチーフのほうがカット料金が高いなど

時間の買い方

人は誰もが平等に1日24時間を与えられています。逆に言えばそれ以上の時間を使うことはできません。上司に相談のうえ、対価を支払い、協力を得ることも考えましょう。

■ 時給計算の例

たとえば、年収300万円の人が1日8時間・年間250日働いているとすると、次の式で1時間あたりの賃金を計算することができます。

年収 300万円 ÷ 労働日数 250日 ÷ 労働時間／日 8時間 × 会社の経費 1.5 ＝ 2,250円

■ 割り出した時給を元に試算した料金の例

次に、割り出した時給を元に、8時間かかると予測される仕事をその人が行った場合の対価を計算してみましょう。

2,250円 × 実働予測時間 8時間 ＝ 18,000円

○外注費がこれより安い
○同じくらいか短い時間で仕上がる

これなら、外注しても釣り合う！

新しい付加価値の例

自分は事務職だからとか、企画部門ではないからと思わず、普段の仕事を見直してみましょう。

ラテアート

カフェラテの泡でハートやリーフの絵柄を描くラテアートは、意外性がありうれしいですね。

欠かせない付箋

強力な接着剤の開発途中で生まれた、つきやすくはがれやすい接着剤から、付箋のアイデアが生まれたそうです。

自分の価値を高める

経理・40歳

いままで、多くの仕事関連の資格を取得したりセミナーを受講したりしてきました。これは自分の価値を高めるため。授業料という投資で、知識を得るための時間を買っていたんです。

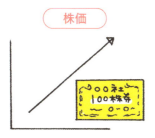

03

オフの充実がオンに効く

仕事以外の時間を増やす

業務以外から受ける刺激が仕事に生きてくる

社会人にとって、仕事以外の時間の過ごし方はとても重要です。もちろんオフのプライベートな時間をどのように過ごそうと個人の自由ではありますが、その過ごし方で仕事の生産性に大きく差が出ます。

最も大切なことは、きちんとリフレッシュすること。ダラダラ過ごすのはかえって疲れを体に残すことになり、オンの際のパフォーマンスに影響が出ます。また、自宅に仕事をもち込んで作業を続けるのでは生産性は上がりませんし、新しい視点は生まれません。仕事のことは一旦抜きにして、趣味に没頭したり体を動かしたり、人と会ったりしてみましょう。オフの状態で知り会った人や出会った情報ほど、なぜか仕事に役立つということは、ある程度の実績をもつビジネスパーソンなら誰でも経験していることですが、これもオフに切り替えたからこそ生まれるもの。**適切なリフレッシュをすることで仕事以外からいい刺激を得ることができ、さまざまな形で仕事の改善や効率を上げることに役立ちます。**

定時後の過ごし方で新たな視点を身につける

これは休日の過ごし方に限ったことではなく、定時退勤後の過ごし方でも同様です。業務外の予定を積極的に組み込んでみましょう。たとえば、語学学校に通ったり、資格の勉強をしたり、異業種交流会やセミナーに参加したりといったことのほか、学生時代の恩師や友人、家族や恋人と食事をする予定を入れてもいいでしょう。会社の規則に違反していなければ、副業に取り組むのもいいでしょう。**普段とは違う角度から物事をとらえる視点ができ、視野が広がることで本業の仕事に役立ちます。**個人事業主としての副業なら、経営面での考え方も身につきます。

定時後の予定を入れれば自分で工夫するようになる

こうした予定を定時後に入れると、時間内に仕事を終わらせる方法を自分で工夫するようになります。定時後すぐ帰ることを周囲に伝える必要がありますが、宣言することで時間内に終わらせる気持ちをより確かにする作用もあります。オンとオフのメリハリをしっかりつけて、本来の仕事の生産性を高めましょう。

副業をもっている人・希望している人の割合

現在は「働き方改革」の一環で副業・兼業の普及・促進が図られています。
副業を希望していても、実際に行っている人のほうがまだ少ないのが現状です。

雇用形態別副業者の割合とそれを希望する人の割合の推移

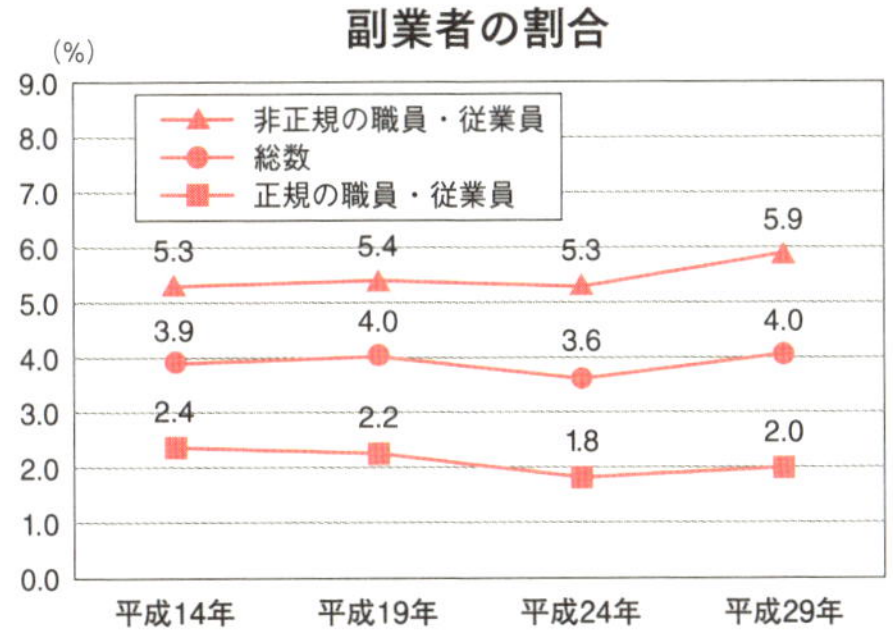

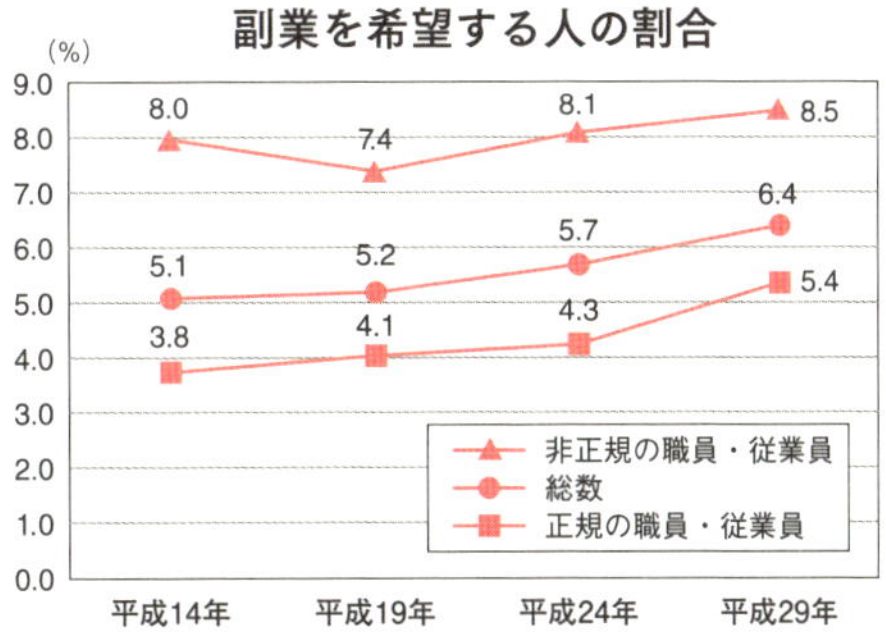

出典：「平成29年就業構造基本調査」総務省統計局

Q&A こんなときどうする?!

フリーランスで公私の区別をつけにくい

フリーランスの場合、働く時間や量をしっかり管理しないと、仕事を引き受けすぎたり、予想より時間がかかってしまったりという事態に陥りやすいものです。あらかじめ休日を決めて周知したり、納期に余裕をもって引き受けるなどして、時間管理に努めましょう。

副業は自由にしてもいいの？

会社には、副業禁止の規定がある場合があります。たとえば会社に損失を与える恐れがあったり、深夜勤務をして日中の本業に支障をきたしたり、会社の信用を落としかねない仕事であったりする場合です。しかるべき部門に確認しましょう。

レクリエーションで学習

経理・40歳

レクリエーションとは、仕事の疲れをいやすための休養のこと。元はre（再び）+creation（創造）、つまり、再創造から派生した言葉だそうです。あるときそれを知り、友人と会ったりカラオケに行ったりしてストレスを発散する休日もいいですが、勉強することで再び創造する時間をもつことも必要だと考えるようになりました。

通勤時間を有効に

講師・34歳

電車で朝晩1時間かけて通勤しています。手軽なので、ついついブログを眺めたりLINEでのやり取りをしていたのですが、1日2時間を有効に使おうと思い立ち、Googleアラートを使って効率よく関心のある記事だけを読むようにしました。

04

1日のゴールを設定しよう

就業時間は自分で決める

割り当てられた仕事を時間をかけてやるのはNG

短い時間で効率よく生産性を上げたくても、人間の集中力は何時間も続くものではありません。個人差はもちろんありますが、**一般的に集中力が続くのは45～50分が限度と言われています。**近年の研究では「52分集中し17分休憩」を繰り返すのが最も生産性が上がるというデータもあります。

長時間労働を減らし、決められた業務時間内で生産性を高めることが必要となっているいま、新人であろうとも時間内で成果を出すことが求められています。割り当てられた作業を、時間をかけてやっていては仕事が進みません。**短時間で、やるべきことをやるためには、こうした人間の仕組みを理解して業務に取り入れることも工夫の1つです。**

適切な休憩を取ることで集中力を高めよう

ここで気をつけたいのは、単に作業時間を短く区切るだけでなく、所定の時間内に決められたタスクを終わらせられるよう努力すること。その瞬発力が集中力に結びつきます。言い換えれば、1日のなかで締切がこまめにやってくるようなものです。締切を設定すると、そこに間に合わせようとする集中力が発揮できますし、こまめに休憩を取ることで、疲労がたまる前に回復させることができます。**集中力の高い状態が1日のなかで断続的に増え、それが1日全体の生産性の向上につながります。**

このやり方を成功させるためには大きく2つのポイントがあります。まず、切り替えをしっかりすること。メールチェックなどもNG。休憩中は仕事のことを一切引きずらないように、オンとオフのメリハリをつけるよう心がけましょう。

ToDoリストを作ったら優先順位を決めて取り組む

次に、ToDoリスト（240ページ）を作ること。やるべきことをすべて書き出して、時間配分に合わせて作業内容も細かく区切ると、作業時間の見積もりがラクになります。作業のスケジュールが立てやすくなり、仕事の優先順位や目標を正確に設定できます。見積もりと実作業のズレも把握しやすくなるので微調整も簡単で、フレキシブルに取り組むことができるでしょう。

ならして仕事をする

残業をしないといっても、業務の都合でそうはいかないこともあります。各自調整をしてメリハリをつけて働きましょう。

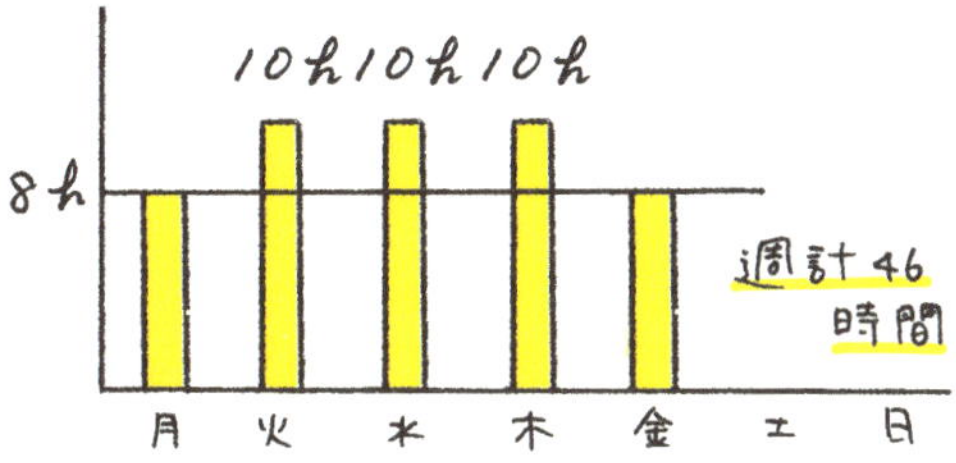
10h 10h 10h
8h
週計46時間
月 火 水 木 金 土 日

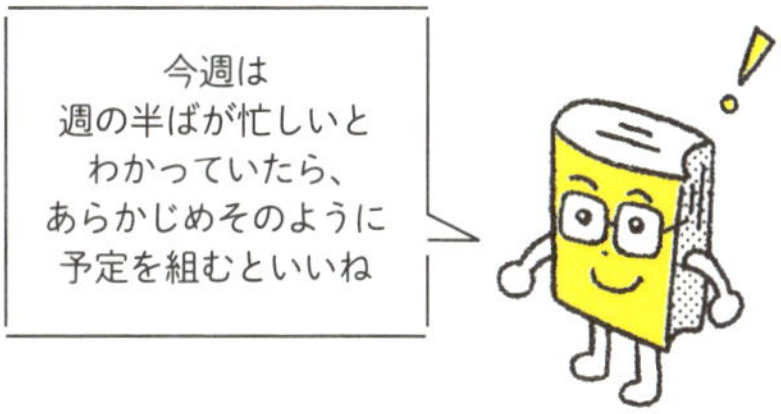
今週は
週の半ばが忙しいと
わかっていたら、
あらかじめそのように
予定を組むといいね

ToDoリストを作る

1日、1週間単位でやらなければならないことをすべて書き出してみましょう。
プライベートの用事を合わせて書き出してもいいでしょう。

5月16日（火）

- ☐ A社宛ての御見積書作成
- ☐ B社宛ての提案書を課長に確認してもらう
- ☐ 13：00 打ち合わせ（課長同行）
- ☐ C社・D社からの見積書を確認する
- ☐ E案件のスケジュールを立てる

午後1時に中間チェック

5月16日（火）

- ☑ A社宛ての御見積書作成
- ☐ B社宛ての提案書を課長に確認してもらう
- ☑ 13：00 打ち合わせ（課長同行）
- ☐ C社・D社からの見積書を確認する
- ☐ E案件のスケジュールを立てる

やらなければならないことが就業時間内に終えられそうにないときは、残業しなくて済むよう何らかの方策をとってみましょう。

- スピードを上げる？
- スケジュールを調整して明日に回す？
- ほかのチームメンバーに協力してもらう？

チームで共有して助け合う

ホワイトボードで出退勤がわかるようになっているなら、退社予定時間を書き込むのもいいでしょう。
自分のなかで緊張感をもって仕事に取り組め、周囲のチェックの目も働きます。

課長	17：00
田中	18：00
山本	19：00
白井	16：00
根岸	19：00

← 退社予定時間を書く

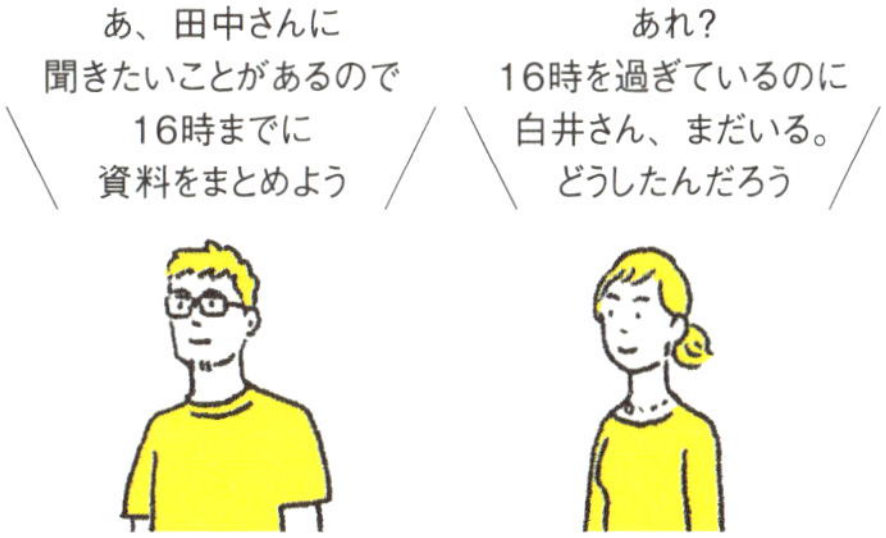
あ、田中さんに
聞きたいことがあるので
16時までに
資料をまとめよう
あれ？
16時を過ぎているのに
白井さん、まだいる。
どうしたんだろう

05 目先のことにとらわれない 優先順位をつける

優先順位を決めるコツは「緊急度」「重要度」「手順」

仕事の生産性を上げるためには、時間管理をしっかりと行うことが大切です。そのために、185ページで述べたように**するべきことをすべて書き出して、優先順位をつけてから取り掛かる必要があります。**

では、優先順位はどのように決めたらいいでしょうか。一般的に使われるのは「緊急度」「重要度」そして「手順」を軸とすることです。緊急の仕事を先にやるのはもちろんのこと、重要度の高い仕事も優先させます。重要な仕事を後回しにした結果、十分な検討時間が取れなかったり、やっつけ作業になったりしてしまっては仕事が台無しです。

また、盲点となりやすいのが「手順」です。たとえば、他部署から資料をもらわないと作成できない書類をあなたが作成していたとして、さあ取り掛かろうという段になってから他部署に資料請求をしたのでは、資料が届くまでの時間がムダになってしまいます。緊急なことや重要なことをするにあたって、その前にやらなければならないことを見落とさないようにしましょう。

優先順位は、上司や先輩にチェックしてもらう

優先順位を決めたら、朝のミーティングで報告するなど、上司や先輩にチェックしてもらうといいでしょう。経験が浅いうちは、何が緊急で何が重要か、判断を間違えてしまうこともあります。上司は、部下よりも高く広い視点から業務全体を見通しています。まずは、自分の考えた優先順位を報告することが大切です。次に、上司や先輩からのアドバイスを取り入れて、ＴｏＤｏリストを修正しましょう。

お客様がいちばん社内はその次

間違えてはいけないのは、**自分や身内の都合ではなく、お客様を優先すること。**そのためには、会社にとって何が最も優先順位が高いのかを考えることです。社内でやり取りのある業務のほうが視界に入りやすいため、ついそちらのほうが緊急性があって重要な仕事のように感じてしまうかもしれませんが、本来、大切にするべきなのはお客様。この順番を間違えないようにしましょう。

優先順位を決める軸は２つ

仕事には急いで対応しなければならないことと、先に取り組んだほうが効果が出ることがあります。以下の2図に示した2つの軸で、優先順位を計ってみましょう。

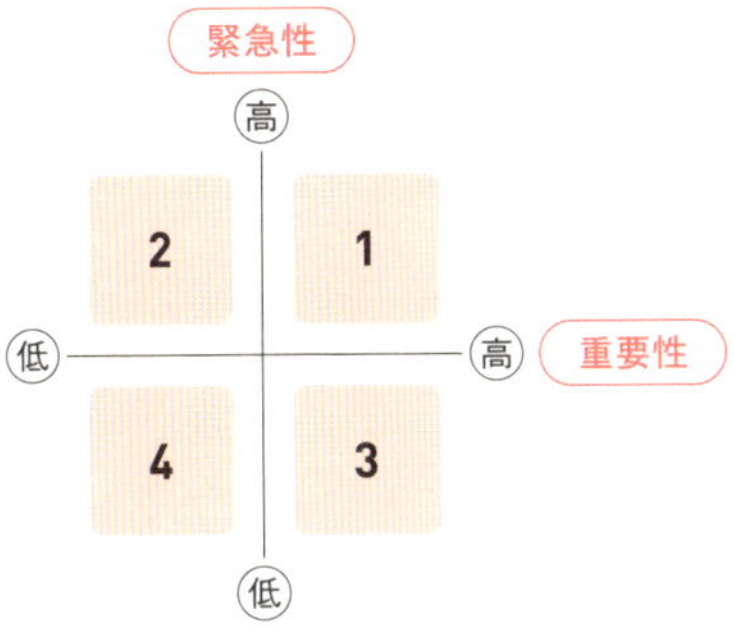

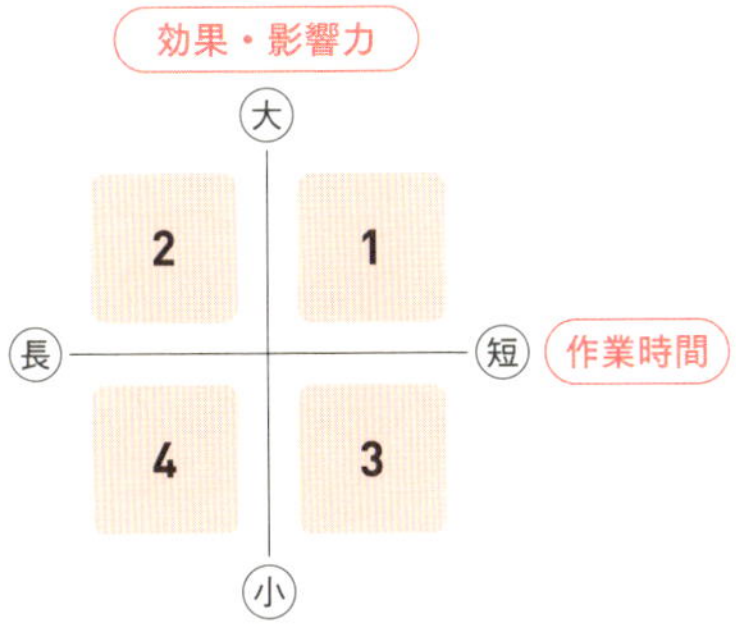

優先順位をつけるには所要時間の把握も不可欠

ToDoリスト	所要時間	〆切	優先度
□㋐○○○○○○ —	20時間	5/15〆	④
□㋑○○○○○○ —	3時間	今日中	①
□㋒○○○○○○ —	45分	明日中	②
□㋓○○○○○○ —	4時間	5月中	⑥
□㋔○○○○○○ —	2時間	5/20〆	⑤
□㋕○○○○○○ —	1時間	明日中	③

→ スケジュールを立てる

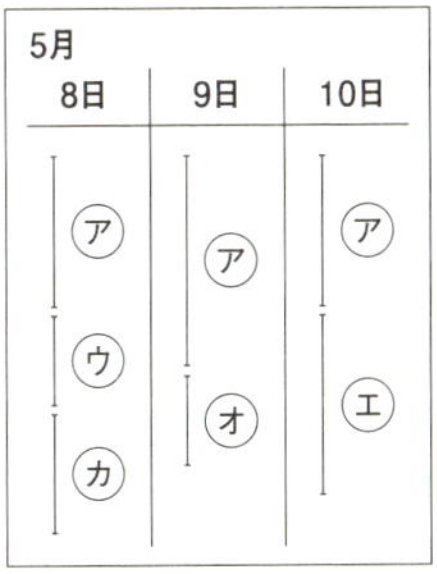

優先順位と締め切りがわかっていれば、
スケジュールを立てるときにも
迷わないし、間違わないで済むね

Q&A
こんなとき
どうする?!

お客様第一だとわかってはいても……

お客様が最優先だと頭ではわかっていても、つい、社内のラクな仕事や好きな仕事、円滑に進む仕事を優先してしまうことがあります。優先順位を間違えないためには、第一だけでなく第二も挙げること。つまり、お客様第一、社内第二とします。第二を付け加えることで、お客様にかかわる仕事が最優先だということがより明確になります。

06

いつ何をしたら効果的？

1日の仕事の配分

集中力が高い午前中に重要な仕事を終わらせる

1日は誰もが同じ24時間ですが、その使い方次第で仕事の成果には大きな差が生じます。1日のなかには、集中力が高まる時間帯と下がる時間帯とがあります。ＴｏＤｏリストを作って仕事の配分を考えるとき、このことを考慮して仕事の割り振りをしてみましょう。

1日のなかで、集中力が高まるのは午前中です。午前中に優先順位の一番高い仕事を終わらせるつもりで始業から取り組みましょう。優先順位の高い順に取り掛かれば、緊急ではなく重要でもない仕事が残っていきます。そのなかに、今日中に必ず終わらせなければならない仕事が含まれていることは、ほとんどないはず。つまり、残業してまでやる仕事ではないのです。夕方になれば、当然仕事の能率は下がります。それなら182ページで提案したように定時で切り上げて、習い事や家族との時間に充てたほうが、よほど有益です。

15分単位で予定を立てると集中力が持続する

仕事の配分を考えるとき、ついキリの良さから1時間間隔で設定してしまいがちですが、**1時間単位はあまりおすすめできません。**184ページで説明したように、人間の集中力は1時間は続かないからです。それよりもっと細かく、**15分単位で区切って仕事を設計したほうが、集中力を持続させることができます。**入力作業は15分、書類のチェックを30分、企画書の作成なら45分、といった具合に、15分単位で時間を区切って仕事をするのです。**特に午前中は、集中力が持続しやすいので30分、45分と連続して行ってもいいでしょう。**

会議は夕方の45分間に雑談や脱線が減る効果が

ダラダラと1時間かけていた仕事を45分で終えるように意識すると、1日8時間の勤務なら単純計算でも（60分−45分）×8で120分（2時間）が浮きます。2時間近く残業しているなら、この方法で定時に帰ることが可能です。会議も、夕方の45分間に設定すれば脱線や雑談が減って時間どおりに終わるようになります。どの時間帯に何をするかによって、1日の生産性は大きく変わってくるのです。

集中タイムの作り方

集中力が高い午前中に密度の高い仕事をするために、次のような工夫をしてもいいでしょう。

• 電話を取り次がない

電話担当を日替わりで決め、その人以外は電話を取らないようにします。また、緊急の電話でない限り、午後に折り返すなどの対応をしましょう。

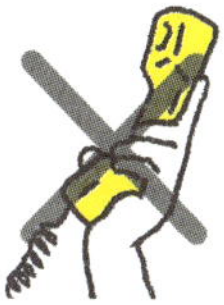

• メールチェックをしない

朝いちばんに確認して緊急の対応を済ませたら、午後までメールチェックをやめてみるのも手です。

• 声かけしない

この時間は、ホウ・レン・ソウをしない時間にします。そのためには、朝のミーティングでしっかり情報共有することが必要です。

• 1人にしておけない新人への対応

仕事の指示が必要な新人には、30分ごとに声をかけさせるか、一緒に取り組むかして1人にしないようにします。

「時間がない」からできない仕事は、優先順位が低い

仕事の効率化を図るには、仕事の優先順位を考えたりこれまでの習慣を改めたりと、面倒なことが多く、ついつい「時間がないから」とあと回しにしてしまいがちです。でも、効率化は大切なミッションです。

1日め

今日は資料提出の締め切りが2つもあるから、あの仕事は明日にしよう

2日め

昨日、やり残した仕事があるから、あの仕事はあとにしよう

3日め

大事なことだとわかってはいるけど、業務量が多すぎて考えられない

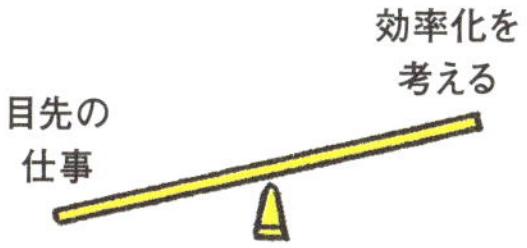
効率化を考える
目先の仕事

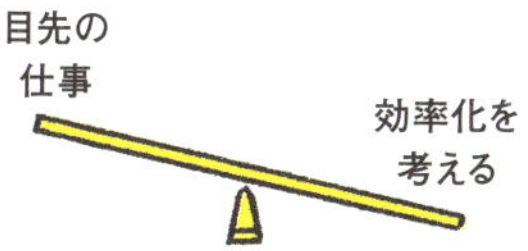
目先の仕事
効率化を考える

ここで効率化を図ればあとがラクになる!

経理・40歳

短く余った時間で目を休める

15分、30分単位で仕事をして1～2分時間が余ったら、目を閉じて目を休ませています。パソコン画面のブルーライトを浴びている目は疲れているので、1時間に1分、目を閉じるだけでも休養でき、次の仕事の活力になります。

スケジュールの見直し方

仕事の割り振りがうまくいかない人は、日報と前日立てた予定を見比べて、ズレを検証してみましょう。確認もれなどで仕事のミスが多い人は、それを防ぐ手立てを立てましょう。意見をコロコロ変える上司やクライアントに悩まされているなら、確認を密にするか、それを見越してスケジュールを立てましょう。

07

細かく分けて負担を減らす 「難しい」を分解する

重要な仕事は複雑で心理的な負担が大きい

緊急度の高い仕事、重要度の高い仕事を先にするのが仕事の鉄則とわかっていても、なかなか思うように進まないこともあります。重要度の高い仕事ほど、量が多かったり複雑だったりと厄介なものが多く、つい簡単にできることから先に手をつけてしまいがちだからです。その結果、重要な仕事が後回しになり、ストレスもたまるし気も重くなる……という経験は、誰でも少なからずあるのではないでしょうか。

手順ごとに細分化すれば取り掛かりやすくなる

そういった**難しい仕事は、分解して作業することをおすすめします。**大きな仕事を手順ごとに細分化するのです。**どんな大きな仕事でも、手順のうえではいくつかのステップに分かれているはずですから、それに合わせて細かく区切ってみましょう。**時間配分的にも、ToDoリスト上、視覚的にも、重く、難しかった仕事が取り掛かりやすい小さなユニットの集合体に変わります。

手順で分けられない仕事は取り組む時間のなかで区切る

過去にもやった仕事なら細分化するのは簡単でしょう。たとえば決算業務なら、「①決算（現金チェック）、②決算（残高証明書取得）、③決算（受取手形の確認）……」などと分けてみましょう。どうですか？「決算」とだけ書かれたToDoリストよりも心理的な負担が減って、まずは1つずつ取り掛かろうという意欲もわいてくるのではないでしょうか。

もし、今回初めて取り組む業務で、手順にそれほど習熟していない場合や、どうしても細分化できない仕事の場合は、**トータルの見込み時間を元に15分単位で区切る、というのも1つの方法です。**例を挙げると、営業企画案に45分はかかりそうだとしたら、「①営業企画案（1）15分、②営業企画案（2）15分、③営業企画案（3）15分……」といった具合に細分化します。45分続けなければ消し込めなかったToDoリストのタスクでも、15分取り組めば1つ消せますから、達成感が得られます。ポイントは、項目をできるだけ細かく分けること。取り除ける心理的な負担は取り除いて仕事に取り組みましょう。

仕事の細分化

大きな仕事や難しい仕事は、細かく分解して取り組みましょう。ただ漠然としたかたまりで見ているより、どういう手順で行えばいいか、役割分担をどうするかなどが見えやすくなります。

新規開拓を細分化した

営業・28歳

入社して半年くらい経ったときのこと、担当エリアの新規開拓をするよう、上司に命じられました。飛び込み営業をするかと思うと気が重く、なかなか取り掛かれませんでした。先輩に相談したところ、自社の商品を置いてもらえそうな店のリストアップ、競合商品に勝てそうなキャッチフレーズの考案、アポ取りの電話かけ、実際の訪問の順にやってごらんと言われました。それならできそうと、取り組んで、取引のないショップに足を運ぶことができました。取り掛かってみると自分なりの課題も見えて、その後の行動にもはずみがつきました。

■ ToDoリスト作成の注意点

ToDoリストを作成する際、①現金出納帳のチェック、②銀行から残高証明書を取り寄せる、③神楽坂現場パトロールなどとやる仕事をいちいち記入していたら、リスト作成だけで大変です。ToDoリスト作成はスピード重視。自分が判断できるなら略してもかまいません。上記の例なら、①C、②B／K、③KGPで十分です。

08

時間の作り方

「任せる・整理する・やめる」で時間を作る

時間の作り方　その1
人に任せる

「タイム・イズ・マネー」という言葉があります。アメリカ合衆国独立に尽力した政治家で、雷が電気であることを実験で明らかにしたことでも知られるベンジャミン・フランクリンの言葉です。「時は金なり」と訳されますが、実際には、時間はお金以上の価値があります。失ったお金は取り戻したり増やしたりすることができますが、失った時間は取り戻せません。

1日は誰にとっても24時間で、増やしたり減らしたりすることはできません。それでも、時間を使わずに作業を終わらせることはできます。他人に任せてしまえばいいのです。**「この仕事は自分でなければ」というのは思い込み。決してラクをするために人任せにするのではありません。**後輩や同僚に任せることができれば、あなたはその分の時間を、優先すべきほかの仕事に充てることができ、チームとしての生産性を上げることにつながるのです。

ただし、任せるからには相手を信頼していることが前提です。後輩や同僚との信頼関係を築けているかが、ここで問われます。また、仕事を任せることで後進の育成につなげることもできます。仕事の指示を的確に与えるためには、自分がその仕事をきちんと理解していなければなりませんし、他人に教えることで理解が深まることも事実です。

時間の作り方　その2
仕事を整理してみる

また、チーム内で重複した作業があってそこにムダが生じていることがよくあります。たとえば銀行での記帳などはそれぞれで行うよりも誰かがまとめてやったほうがムダがありません。

時間の作り方　その3
やめてみる

慣習で行っていることのなかにも、実はムダな行為もあるはずです。当たり前と思っていると気づきにくいので、まだ慣習に染まっていない若い人に意見を聞くといいでしょう。ムダだと判断したら、たとえそれが長年の慣習だったとしても、思い切ってやめてしまうことも必要です。

こうして普段の仕事を見直してみると、使える時間はまだまだ増やせるものです。

時間を作る＝仕事の幅を広げられる

どんなに手を早めても処理速度には限界があります。

後輩に任せたりうまくアウトソースするなどで時間を作り、仕事の幅を広げるチャンスを作りましょう。

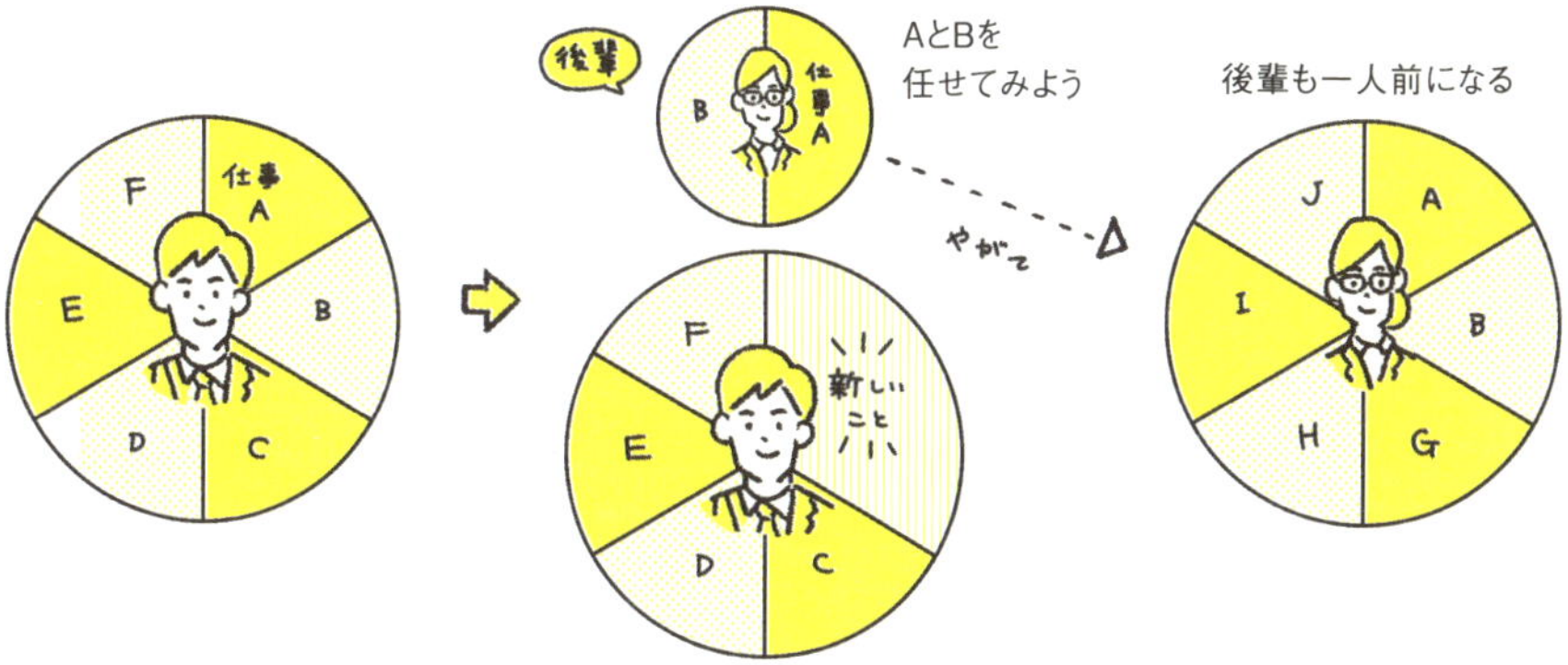

NG

- 長年、自分を信頼しているクライアントだから
- 自分にしかノウハウがないから
- まだ若手にはムリだから
- やらせて失敗されると困るから

OK

- これまでの良さに加えて、新しい目線を取り入れてみよう
- ノウハウは会社の共有財産
- しばらく一緒にやって育成しよう
- 途中経過は必ず確認しよう

こんなところにムダがある

ささいなことでも積み重なると大きなムダになります。

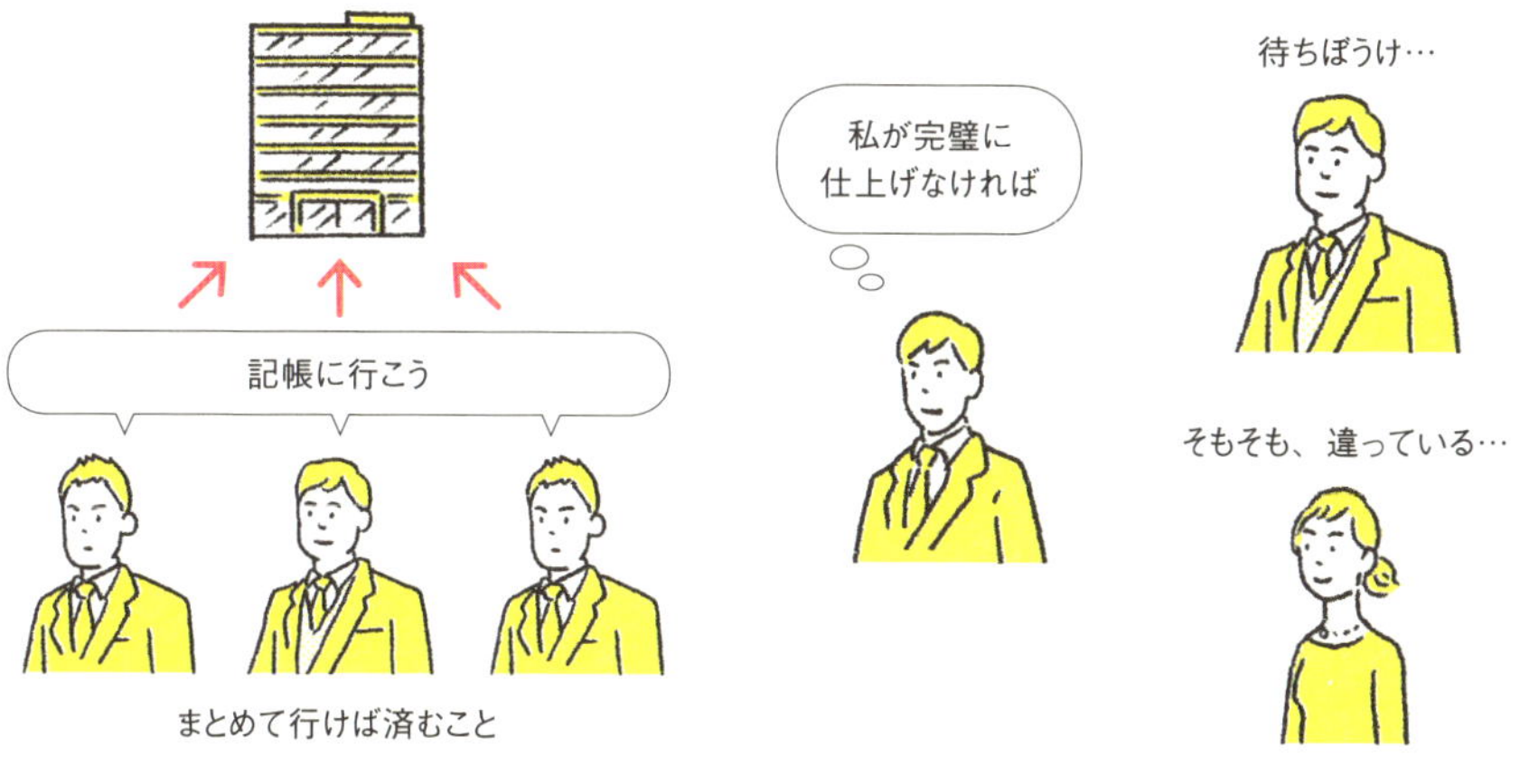

09

必要な会議をより効果的に

会議を整理する

会議がムダなのではなく会議の在り方がムダ

仕事は、人と人が顔を突き合わせて行うことが基本、という考えは根強いものです。もちろんコミュニケーションが大事だということに異論はありませんが、「顔を突き合わせる」ことが目的となってしまっては、本末転倒です。

ある企業で、残業を減らすために各社員が何の仕事にどれだけの時間をかけているか、客観的に見直す調査をしたところ、就業時間の実に30%を会議に費やしていたことがわかりました。午前中に会議を行っていたので、その後の予定がなければ延長できるため、時間どおりに終わらないのが日常だったとか。

本来は必要な、伝達や議論や意思統一の場である会議。その存在がムダなのではなく、会議の在り方にムダが多いのです。

会議の目的を共有し、議論に集中できるようにする

雑談や脱線に多くの時間を費やしてはいないか、その場にいなくてもいい人間が出席していないか、そもそも単なる情報共有ならメールや社内電子掲示板で用が足りるのではないかなど、シビアに見極めればムダは減らすことができるはずです。

会議に時間がかかることの理由の1つに、何のために集まるのか理解しないまま集合している人が多いことも挙げられます。**必ず事前に議題を共有して会議の方向性を定め、集中して意見交換が行えるよう環境づくりにも工夫が必要です。**

ムダな脱線をしないよう、通達会議は立って行う

営業・28歳

以前は、午前中に集まって通達が目的の会議を行っていましたが、懸案事項が出ると、それについて話し合いが始まり、午前中がまるまるつぶれてしまっていました。いまは、30分と時間を区切り立って行っています。懸案事項は別の会議かビジネスチャットで場を設けることに決めたことで、時間の短縮が図れています。

事前の情報共有で考えをもって集まれる

企画・26歳

わが社では、会議の2日前までに議題がメールで回ってくることになっています。そうすることで、部内の調整や、うまくいけば外部見積なども用意して会議に臨めるので、話が早く進みます。

進行役・議事録役の当日の役割

会議の開始から終了までの流れを、それぞれの立場から見てみましょう。

会議開始

- 議題の確認
- 目的の共有

アイデア出し、通達事項の共有、意思決定　など

→

- タイムキーピング
- 目的からそれる意見の整理

→

- 結果まとめ

→

- 質疑応答

→

- 責任者をはっきりさせる
- 次の行動予定を提案

→

会議終了

会議はPDCAを回すためのもの

会議はムダなものではありません。PDCAを回すために必要なことを、会議で執り行いましょう。

Plan
会議
案件の進め方、責任者、期日などが決まる

Do
行動
責任者が中心となり、決まったことにそって実務を行う

Check
事後（中間）検証
計画どおりに進んでいるか、外部の状況に変化はないかなど検証する

Action
次の行動
行動の結果を受けて新しい計画を立てる

- **責任者を決める**

会議で案件の責任者をはっきりさせずに終わると、会議後、決定事項などが放置されているのに気づいたとき、誰が進めるのかでもめます。

- **期日を決める**

納期、実施期日などから逆算し、いつまでに行うのか、決めます。

PDCAというと特別なことのように聞こえるかもしれないけれど、心がけるだけで仕事の精度が変わってくるよ

会議が有益なものになれば、仕事がうまく回りそう

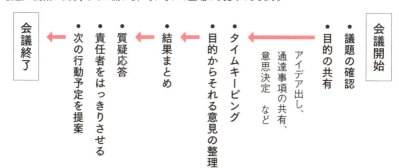

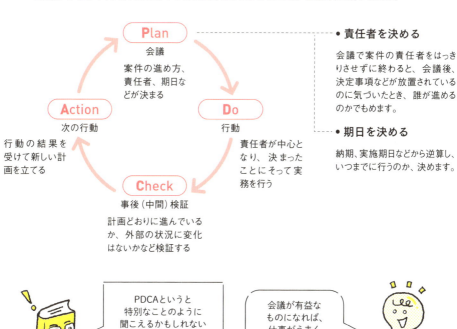

リアルなお仕事事情

元気にあいさつ、朝礼で情報共有
活気にあふれる部署に変身

川口奈美さん（仮名）　32歳　女性

大手電気機器メーカーに勤める川口さんは、総務部に異動し課長に昇進しました。

「新しい部署はみんな真面目なんだけど、お互いにあいさつもなく、淡々と業務をこなしているだけ。やや活気に欠けるように感じられたんです」。

そこで、雰囲気を変えようと川口さんの提案で部内研修を行いました。まずは、電話応対と言葉づかい。基本中の基本である、大きな声であいさつをするところからスタートです。最初はみなさん恥ずかしがっていましたが、次第に抵抗なく声が出るようになりました。その時点で、それまで見られなかった笑顔がみなさんに見られるようになりましたが、それを持続させるために、朝礼で各自の仕事内容を口頭で共有するようにすすめました。たったそれだけなのに、みるみるうちに部署内の雰囲気が変わっていったことに、川口さん自身も驚いていました。

「以前はただ各自で自分の仕事をしていたので、ほかの人がどんな仕事をしているのか、つかみ切れていなかったんだと思います。でもいまではほかのスタッフに有益と思う情報が入ったときにはそのスタッフに教える、といったような協力体制が自然と生まれてきました。互いに関心をもつようになって、部内全体に活気が出てきたんです」。

コミュニケーションが活発な職場は、仕事もうまく回ります。いま総務部は、これを他部署にも波及させようと取り組んでいるそうです。

Chapter 8

より良い関係

仕事を進める際、自分のがんばりだけではうまくいきません。
周囲の協力を得られるよう、努力しましょう。

01 目的を共有する

ベクトルが重なると加速度が増す

経営理念によって軸ができ行動指針がブレなくなる

自分の勤める会社や組織の「経営理念」を言えますか。一字一句そのままでないとしても、意図を自分の言葉で語れるでしょうか。**経営理念とは、経営活動を通じて実現しようとする信念・理想です。**その会社や組織が何を大切にし、どこを目指しているのかを言葉にしたものです。

社員は「経営理念」を自分のなかに落とし込むことによって行動指針にブレがなくなります。なぜなら、社内の共通意識に「軸」ができ、くい違いが生じなくなるからです。会社や組織にはさまざまな価値観をもった人が存在していますが、軸ができれば、価値観や前提条件の違いから生じるミスコミュニケーションはなくなります。**理念を共有することで、共に同じ方向に向かって進む仲間となることができるのです。**

目的を共有することでモチベーションが高まる

多くの場合、仕事は分業化されていますが、その仕事が何につながり、最終的に社会にどのような影響を与えるのかまで意識して仕事をしているでしょうか。わかりやすい例として、レンガを積む仕事を想像してみてください。ただレンガを積み上げるのではおそらく目的意識を失ってしまいます。積み上がったときに何ができるのかを知っていて、さらに完成形がどのように人々の役に立つのかを見通したうえでレンガを積むほうが、モチベーションが高まることでしょう。**この「完成形」や「どのように人々の役に立つか」こそが、プロジェクトの目的です。**目的が浸透していれば、1人ひとりの作業は違っても共通意識をもって取り組むことができます。

終業前ミーティングで確認PDCAをしっかり回そう

朝のミーティングでそれぞれの仕事内容を共有する会社は多いと思いますが、**終業前にもミーティングを行い、進み具合を確認し合うことも意識共有に役立ちます。**仕事の計画を立てて実行し、チェックをしてできていないところは改善をする。このPDCA（195ページ）を回していくことによって、共有した目的を1人ひとりにさらに浸透させていくことができるのです。

目的を共有する

会社員、自営業にかかわらず、仕事は複数人で行うものです。最終ゴールである目的を共有していれば、途中、予期せぬことが起こっても対応がブレません。

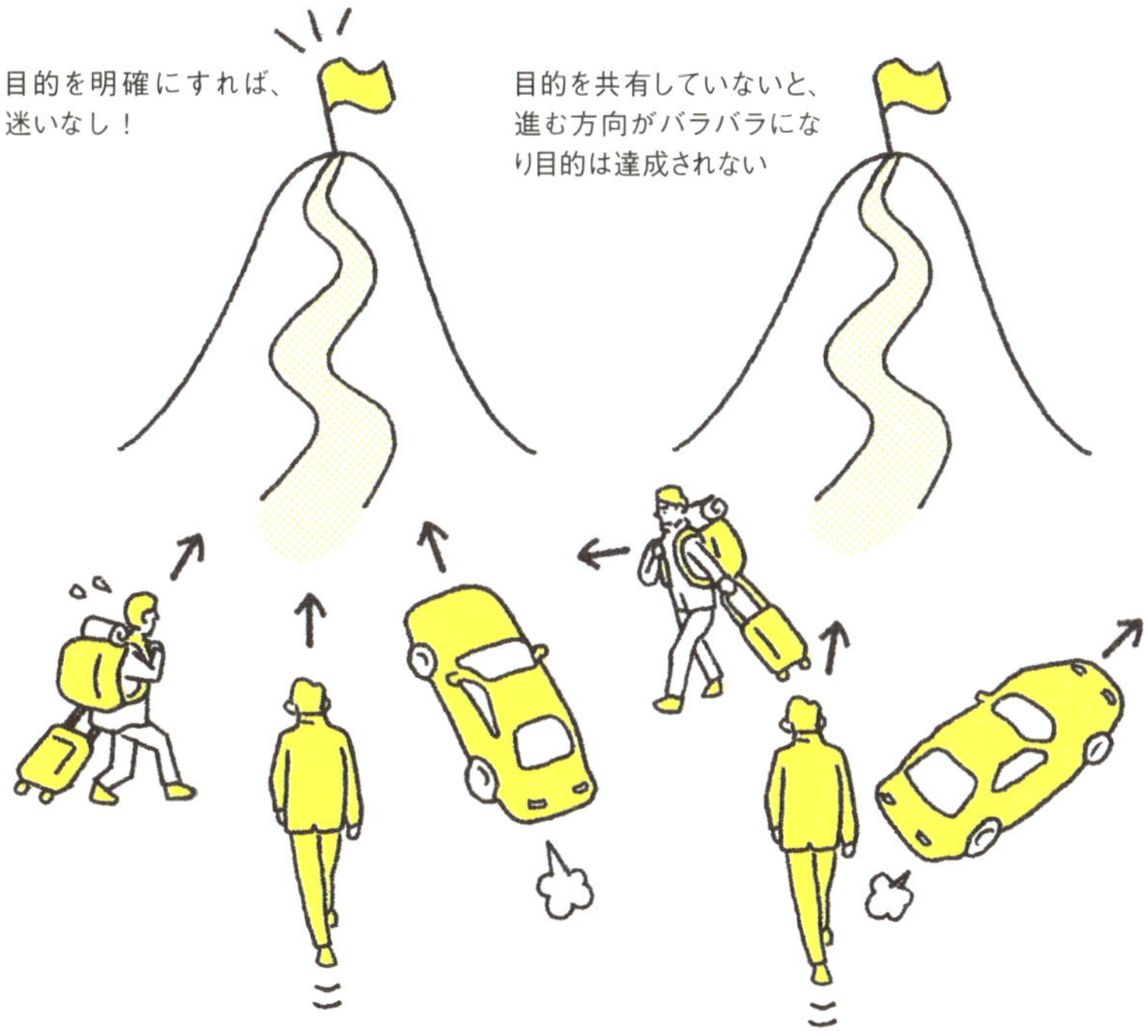
目的を明確にすれば、
迷いなし！
目的を共有していないと、
進む方向がバラバラになり目的は達成されない

■ 経営理念とは

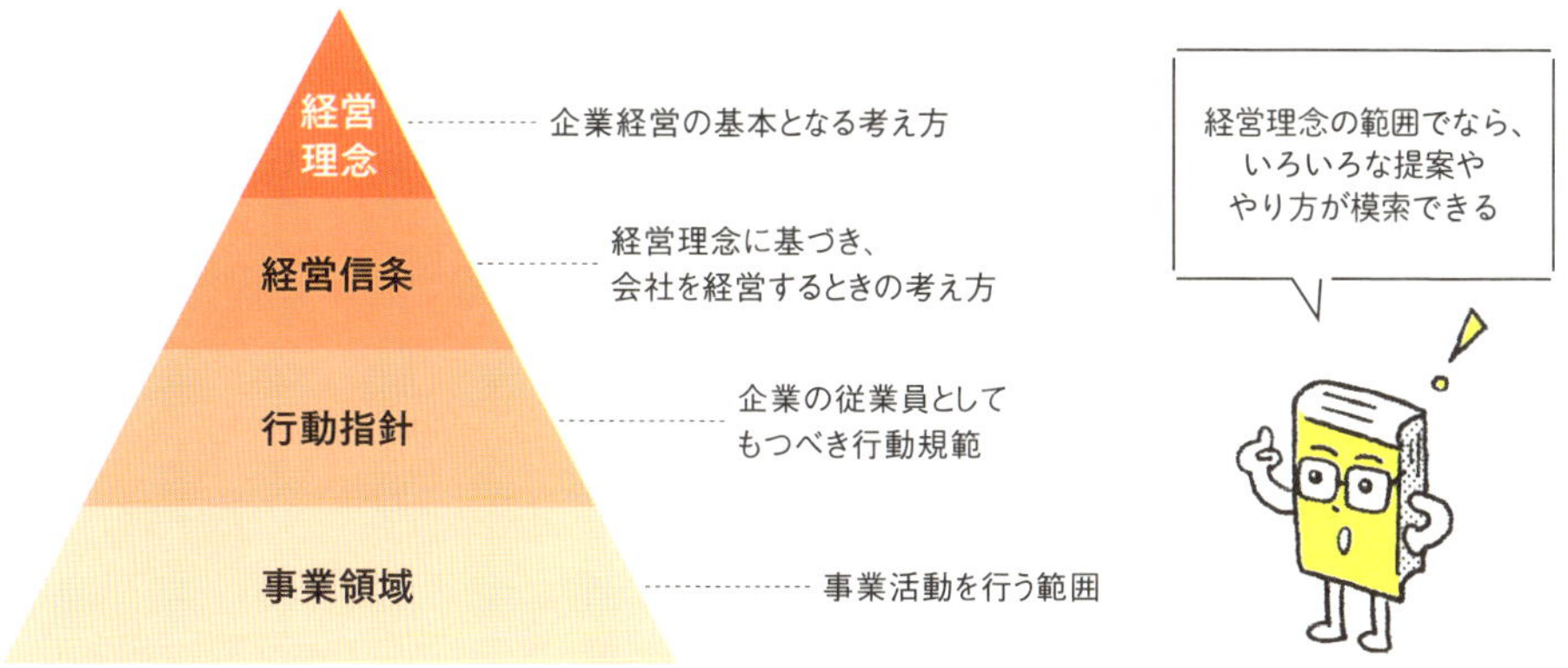
経営理念
企業経営の基本となる考え方
経営信条
経営理念に基づき、会社を経営するときの考え方
行動指針
企業の従業員としてもつべき行動規範
事業領域
事業活動を行う範囲
経営理念の範囲でなら、いろいろな提案ややり方が模索できる

02

お互いを理解し合うメリット

チーム内の距離を縮める

単純接触効果を取り入れてチーム内を円滑に

営業担当が特段の用事がなくてもお客様のもとに足しげく通うのは、会う回数を増やすことによってお客様との距離を縮め、親しくなるためです。これは、接する回数が増えれば増えるほど印象が良くなって好感度も高まっていく「単純接触効果」によるもので、アメリカの心理学者ロバート・ザイアンスが論文にまとめ発表したことから「ザイアンスの法則」とも言われています。

コミュニケーションを密にすることが求められるチーム内に、この法則を取り入れない手はないでしょう。**接触する回数が増えれば互いにより好感をもちやすくなり、仕事上でも協力関係が築きやすくなりますし、同じ目的をもって努力を重ねていくことも、やりやすくなっていきます。**

朝のミーティングで仕事内容を共有する効果

特に、朝のミーティングは念入りに行いましょう。仕事内容の共有が不足していると、行き違いや互いの誤解・思い込みによるミスが生じ、進めたはずの仕事がムダになってしまうからです。互いにチェックし合うことで漏れがなくなったり、カバーし合ったりすることもできるでしょう。また、集中して取り組んでいるときに話しかけられたりして、そのたびに集中力が途切れてしまうようなことも、朝のミーティングで周囲に自分の仕事内容や進め方を常に伝えておけば回避できます。

上司とも同僚とも相互理解を深めよう

コミュニケーションにとって大切なのは、相互理解です。互いに理解が進めば、適材適所で仕事の分担をすることができますし、職場内の人間関係によるストレスが軽減されます。これは上司と部下との間にも言えることです。職場での「飲みニケーション」は嫌がられる傾向にありますが、単純接触効果を狙って上司と顔を合わせる機会を増やすことも必要です。上司に限らず、一緒に働く仲間のことは好きになったほうが仕事への意欲が高まります。そして、好きになってもらったほうが、あなたにとっても仕事がしやすくなります。互いの個性を活かし合いながら、仕事を進めていくことが理想です。

単純接触効果

人の集団である企業、組織内では、相手への好感や安心感をもつことが第一歩となります。

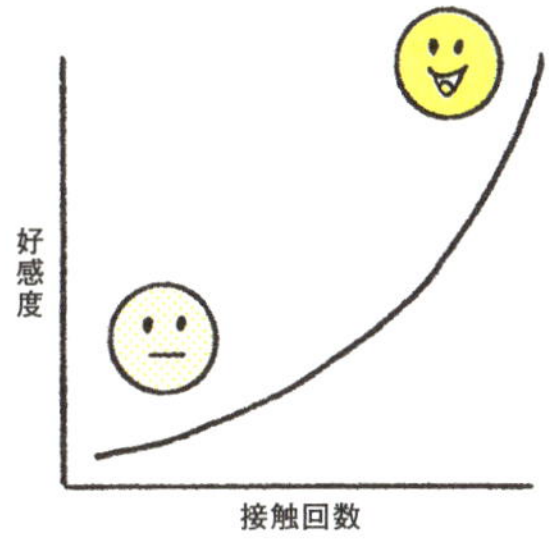
好感度
接触回数

〈例〉
- CMで何度も見ると、良さそうに見えてくる
- 毎朝、バス停で会う人は知り合いのように思えてくる

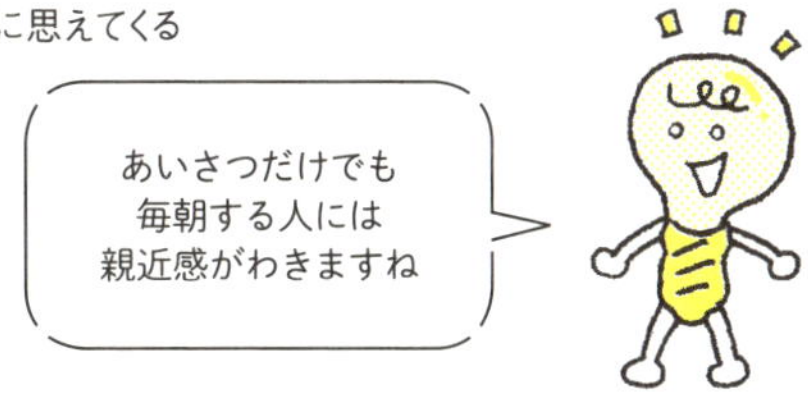
あいさつだけでも
毎朝する人には
親近感がわきますね

朝のミーティングのメリット

毎朝、仕事を始める前にチームで行動や仕事の進み具合を確認しておけば、ムダな作業が省け、ミスも減らせます。

• 本日の業務内容 • 業務の進捗状況 • トラブルの報告 • 次週までの事業報告	×	• 時間を決める • メールやチャットツールでなく対面で行う	＝	チーム内の距離が縮まり、情報共有ができ、仕事が進む

社外の協力者にもこまめにメールで進捗報告

編集・24歳

プロジェクトが進行してからも、しばらく稼働予定のないフリーランスのライターさんに週1回程度メールを出し、全体の進捗状況をお知らせしています。こうすることで、チーム感をもってもらえているように思います。

コミュニケーション促進を実行している企業の例

• まかない

会社が用意した食材を使って自由に料理ができるキッチンがあり、クックパッドに投稿されたレシピでランチを作ったりすることができる。（クックパッド）

• 誕生日会、仕事 Bar

同じ誕生月の人が集まって行う誕生日会に1人あたり3000円の補助を出したり、5人以上が集まってまじめに仕事の話をする場合に、飲食費として1人あたり1500円を補助したりする。（サイボウズ）

03

責任と指示系統がはっきりする

役職・階級を理解する

1つ上の役職のつもりで仕事をしよう

日本の企業にはさまざまな役職があります。その順列は、会社や組織によって若干の違いがありますが、横並びで同列の役職はほぼ見当たらず、その役職の肩書によって上下関係がはっきりと分かれていることがほとんどです。**このヒエラルキー(ピラミッド型の序列)は、上層部から下に向かっての指示系統をそのまま表しています。仕事ではこの階級による上下関係を意識することも必要です。これを無視してしまうと、指示系統が乱れてしまうからです。**

かつて終身雇用で年功序列が当たり前だった時代には、よほどのことがない限り、ある程度の年数がくれば着実に1つずつ階級が上がっていきました。いまでは年齢に関係なく能力で抜擢されることも少なくありません。出世だけが仕事の目的ではありませんが、認められて上の役職を与えられることをモチベーションとするのも悪くないでしょう。

また、どの階級においても、**実際より1つ上の役職に就いているつもりで仕事をすると、それまで気づかなかった視点で物事をとらえられるようになります。**新入社員だったら「主任ならこんなときどう解決するだろう?」、係長なら「課長だったら、部下の自分にどう伝えるかな?」など、一段階上の視点を意識してください。同じ事実でも立場によってとらえ方が変わります。それを体験できれば、**問題点や足りないことを発見しやすくなり、問題解決が少しラクになります。**

上下関係のないホラクシー型組織

ホラクシー型組織とは、管理職やリーダーを配置しないフラットな組織形態で、役職や階級も存在しません。個々の裁量と意思決定で役割が分担され、平等な立ち位置から仕事をやり遂げていくのが特徴です。

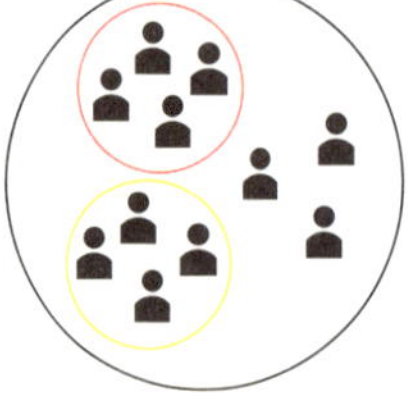

メリット

- それぞれの主体性が強化される。
- 上下関係からくるストレスがない。
- 素早い意思決定が可能。
- 自由度が高い。

デメリット

- トップダウンの命令系統がないので、組織としてのコントロールが難しい。
- 問題が起きたときに、1人ひとりにかかる負担が大きくなる。
- (198ページ)のような「目的の共有」が希薄になる。
- (200ページ)のように「チーム内の距離を縮める」ことが難しくなる。

役職早わかり

組織によって違いはありますが、一般的な企業で取り入れているヒエラルキーを見てみましょう。

- **会長** …… 社長退任後に就任することが多い。経営に影響力をもつ。
- **社長** …… 会社の代表であり、トップとして経営にあたる。
- **専務** …… 社長を補佐し、会社の監督、管理にあたる。
- **常務** …… 社長の補佐にあたる。
- **部長** …… ある部をたばねる長。責任者。
- **次長** …… 部長などの次席。補佐。
- **課長** …… ある課をたばねる長。責任者。中間管理職。
- **係長** …… ある係をたばねる長。責任者。
- **主任** …… 一般の従業員のなかで、一定の年数を経たり熟練した者に与えられる役職。

■ 取締役会とは

会社の経営にあたり意思決定などをする機関。会長、社長、専務、常務、社外取締役などからなる。社外取締役は、会社と利害関係をもたない外部から選出される取締役のことで、監督強化を目的としておかれる。

■ 代表権とは

対外的に会社を代表して契約を結ぶなどの物事を行う権利のこと。代表取締役は、この代表権をもつ取締役のこと。

主な英語表記の役職の略称

外資系企業やグローバルに活動する企業のなかには、次のような役職名を採用するところも多くなりました。

CEO (Chief Executive Officer)	最高経営責任者
COO (Chief Operating Officer)	最高執行責任者。実務上の責任者
CFO (Chief Financial Officer)	最高財務責任者
CAO (Chief Administrative Officer)	最高総務責任者
CLO (Chief Legal Officer)	最高法務責任者
CCO (Chief Compliance Officer)	最高コンプライアンス責任者

04
自分だけ「わかったつもり」はNG
指示・依頼は明確に出す

仕事が遅くなる原因は指示の出し方に問題あり

部下や同僚、社外スタッフに仕事の指示をしてなかなか予定通りに進まない場合、指示の出し方に問題があることを疑ったほうがいいでしょう。「指示がわからなければ確認すればいいのでは?」と思うかもしれません。しかし、明確な指示があれば疑問点や確認事項がはっきりしますが、指示があいまいだと、どこをどう正していったらゴールにたどり着くかすら見出せません。思いつきで仕事を振ってくる上司の指示などで、そんな経験をしたことがある人も少なくないのではないでしょうか。

不明確な指示のケースでは、指示を出した本人がきちんと内容を整理しきれていないために伝え方があいまいになることが往々にしてあります。指示を出す相手が同僚や後輩であっても、取引先など社外の協力者であっても、まず指示を出す自分自身が作業内容をしっかり把握し、整理することが必須です。**仕事全体の構成を考え、どの順番でどのように作業をしてほしいかを明確にしてから、順序良く相手に伝えましょう。**

数字や6W3Hを使って具体的で客観的な指示を

たとえば、いくつかある作業のうちのどれを先に仕上げてほしいか、優先順位を明確にすること。その期限をはっきりと伝えること。指示内容は客観的で具体的であること。思いつくままに指示を出している人は、この点があいまいになっている可能性があります。**6W3Hを明確にし、数字を使って具体的に伝えることが誤解やミスをなくします。**

大切なのは、「伝える」よりきちんと「伝わる」こと

さらに、**業務進行表などを活用して仕事内容を互いに共有することも、指示を的確にしてスムーズに業務を進めることに役立ちます。**進行表を相手に渡してそれっきりではなく、進行表を互いに確認しながら指示をして、さらに確認の質問をするという2段階方式をとれば、かなりの確率で誤解によるミスは防げます。

大切なのは、「伝える」ことより「伝わる」こと。**きちんと伝わっているかを確認しながら仕事を進めていきましょう。**

指示を明確にする

指示がわかりづらいために、せっかく行った作業をやり直すことになれば、依頼側も請け負い側も時間・労力のムダになります。

依頼する際のチェックポイント

- □ 全体像を伝える
- □ そのなかのどのパートを担ってほしいか伝える
- □ 納期・期限を伝える
- □ やり方を伝える
- □ （社外なら）料金を伝える
- □ 責任者（問い合わせ窓口）を伝える

依頼されるときは、
これらを確認すれば
いいんだね

「言った言わない」を避ける

口頭説明だけでなく、文書に残したり、大事なことは復唱してもらったりしましょう。万が一、水掛け論になってしまったとき、感情的になって互いに相手を悪者にしようとするのは避けたいもの。どちらが悪いかではなく、事実を客観的にとらえ、なぜそのような行き違いが起きたのか原因をつきとめ、改善に努めます。

あいまいなまま進めるとどうなる？

自分にとっての当然が相手にとってもそうとは限りません。
仕事に過不足が起きたり、納期、金銭のトラブルに発展することもあります。

自分の責任
責任者不在地帯
自分の責任

言った
言わない

6W3Hで指示のヌケ・モレを防ぐ

①When（いつ、いつから）　②Where（どこで）　③Who（誰が）
④Whom（誰に）　⑤What（何を）　⑥Why（なぜ）
⑦How（どのように）　⑧How much（いくらで）　⑨How long（どのくらいの期間で）

05

経験の蓄積を未来に活かす

マニュアル化のすすめ

効率よく仕事を進めるために「しくみ化」しよう

日々の仕事のなかには、何度も何度も繰り返される業務があります。簡単な例を挙げると、受注の際の見積書や請求書、会議の議事録、取引先へのお礼状、備品の発注、経理担当者に渡す書類の処理、等々。こまごまとしたことではありますが軽く扱っていいものではありません。かといって、これらをすべてゼロベースで考えていくと、相当な時間も労力もかかります。

繰り返しの仕事で、担当が自分から誰かに変わっても引き継がれていくようなものは、マニュアル化しておくことをおすすめします。マニュアルに落とし込めるということは、その仕事が十分に「しくみ化」されているということ。**仕事のしくみを作っておくことで、作業手順にもれやミスがなく、効率よく安全に業務を遂行することができます。**また、しくみをマニュアルにすることで言語レベルでの整備が行われ、担当者が変わっても同じレベルで仕事を進めていくことが可能になります。引き継ぎもラクになりますし、先人が踏襲してきたことをマネることで、格段と仕事が早くなります。

マニュアル化された仕事も臨機応変な対応が必要

ただし、気をつけなければいけないのは仕事が単なる「コピー&ペースト」に終始しないことです。しくみ化されている仕事は、手順をなぞっていくことで仕事を早く終わらせることができますが、頭を使わずになぞるだけでは仕事とは言えません。いまはどういう状況で、なぜその手順が必要なのかについて、意識的である必要があります。**状況が変わったときにマニュアルの手順をもとに正しく修正や微調整ができるか。個別の事例にもしっかりと目を向けられる対応力も求められます。**

マニュアルも個人の裁量で常にアップデートを

また、マニュアルがあっても、常により良くしていく意識も大切です。マニュアルからプラスアルファで良いものを作ったら、それを上司に提案してみましょう。誰にとっても良いものであれば社内でシェアされることでしょう。**こうしてマニュアルの改良を重ねつつ、知識や経験も順次積み上げられてゆくのです。**

マニュアルの作り方

マニュアルがあれば、効率よく仕事を進めることができます。ポイントを確認しましょう。

Step 1 何のマニュアルを作るか
マニュアル化できるもの、しないものを仕分ける
↓
Step 2 誰が何を遂行するためのマニュアルか
誰が、何を、いつ、何のために行う業務か、はっきりさせる
↓
Step 3 業務内容を把握する
何をやっている、何のために、いつまでになどを個別の作業ごとに洗い出す
↓
Step 4 関係者にもヒアリングする
Step 3で拾いもれたことや、漫然と行っていたことの改善点が見つけられる
↓
Step 5 マニュアルの構成案を作る
Step 2を指針として、Step 4で収集した情報を整理して骨格を固める
↓
Step 6 マニュアルを作成する
Step 5をもとにして、実際にマニュアルを作成する
↓
Step 7 マニュアルをもとに運用する
出来上がったマニュアルをもとにして仕事を行い、抜けがないか、わかりにくいところがないか、確認する。不具合があれば修正する

■ ルーティンワーク用 ToDoリストも作成する

たとえば、スケジュールチェック、机の拭き掃除、ゴミ出しなど、毎日行う業務（ルーティンワーク）もToDoリストに、すべて書き出して一覧にまとめておきます。

そうすることで、「ヌケ・モレ」を防ぐことができます。さらに、ルーティンワークを行うことで、決断や考える時間を減らし、脳の負担を少なくする効果もあります。ルーティンワーク用ToDoリストは、毎回コピーして使用し、終わった項目にはチェックをつけていきます。

項目は業務が増えれば加え、不要になったら削除し、アップデートしましょう。

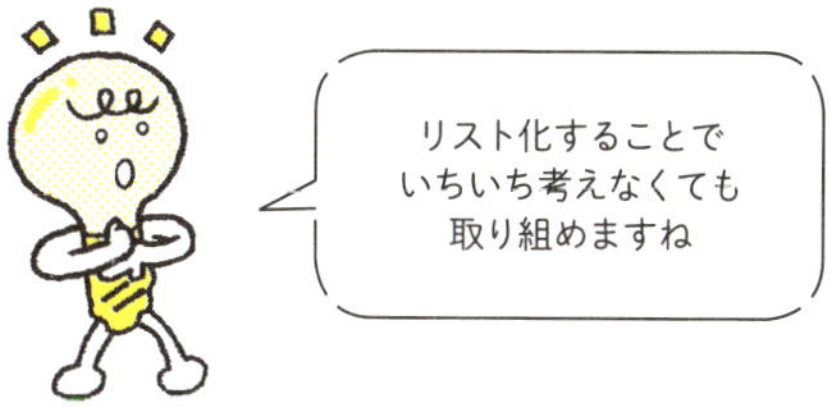
リスト化することで
いちいち考えなくても
取り組めますね

リストの例

ルーティンワーク用ToDoリスト	
	手帳記入
	スケジュールチェック
	株価チェック
	受注チェック
	入出金
	短期プライムレート確認
	机の拭き掃除
	ゴミ出し（火・金）
	タブレット充電

06

直接対話が有効なときもある

メールに頼らないほうがいいとき

信頼を得るためのコミュニケーション

いまでは当たり前のように使われている仕事のメールですが、多くの職場で本格的に導入されたのは2000年代に入ってからのこと。つまり、まだそれだけの歴史しかなく、メールでのやり取りに未だ抵抗感を覚えている人が一定数いることも事実です。メールなどのやり取りで仕事を完結させる外注システムのクラウドソーシングが成り立つくらいですから、きちんとした指示とホウ・レン・ソウのコミュニケーションがあれば、顔を合わせずに仕事を完結させることも可能です。しかしそれは相互に承認があれば、という前提での話。**メールより電話と考える相手に対しては、相手に合わせて電話でのやり取りを中心にしたほうがいいでしょう。**こちらの都合より相手の安心を考えたほうが信頼を得られ、仕事はうまく回ります。

急を要するときやニュアンスを伝えたいとき

そのほかにも、メールよりも電話や対面でのやり取りが効果的な場合もあります。たとえば、**急を要するとき。**メール送受信の一往復にかかる時間を考えると、電話で話したほうが手早く済みます。**ニュアンスを伝えたいときもそうです。**文字のコミュニケーションでは「ガーっと」「ざざざっと」といった擬態語や擬音語は正しく伝わりにくいものですが、話し言葉の中で使うと、むしろ細かい説明より伝わりやすいこともあります。また、**リアルタイムの会話だと、相手が誤解しているなと気づいたらすぐに修正することもできます。**日時や数字などの具体的な内容は口頭で伝えたあとに確認のためメールしておくと、間違いが防げそうです。

謝罪はメールで済ませない直接会ってお詫びしよう

もう1つ、メールで済ませずに直接話したほうがいいのは謝罪です。一刻も早くお詫びの気持ちと反省を伝えるという意味でもメールより電話がいいですし、その後、直接出向いて頭を下げるほうがなおいいでしょう。電話、または対面のほうが、200ページで触れた「単純接触効果」が高まるという作用もあります。逃げずに真摯な気持ちを伝えましょう。

電話とメールのメリット・デメリット

相手の時間や都合を気にせず送ることができ、あとで読み返すこともできるメールはとても便利なコミュニケーションツールですが、電話が適していることもあります。

	メリット	デメリット
電話	・つながれば、すぐに伝えられる ・ニュアンスまで伝えやすい ・相談しながら伝えられる ・相手の反応も確かめやすい	・相手の状況によっては迷惑がかかる ・伝えもれ、誤って伝わるなどのトラブルが起こりうる ・何かについて話すときは、それを共有していないと話しにくい
メール	・相手の状況にかかわらず送っておける ・複数人に同時に送れる ・文書を共有することができる ・あとで読み返せて、言った言わないの水掛け論になりにくい	・相手が見たかどうかわからない ・すぐに返事がもらえるとは限らず、仕事が停滞する可能性がある ・ニュアンスが伝わりにくい

こんなときも直接話す

電話のメリットを生かし、次のような場合は電話を使うようにしましょう。

• いますぐ確実に伝えて対応してほしいとき

相手が電話に出れば、必ず伝わり、そのことが確認でき、緊急度も伝えられる

• 対応がさまざまになりそうなとき

相手の状況によってこちらの対応も変わるような場合、電話で直接話しながら決めたほうが早くて確実

• ニュアンスを伝えにくいとき

書くと強いニュアンスになってしまうなどのとき、電話で相手の反応を確認しながら伝えるほうがよいこともある

謝罪するときは、
まず電話で一報を

■ 身近な友人や知人とのコミュニケーション手段（対面での会話を除く）

「年代」によるコミュニケーションツール選びの1つの指針となるかもしれません。

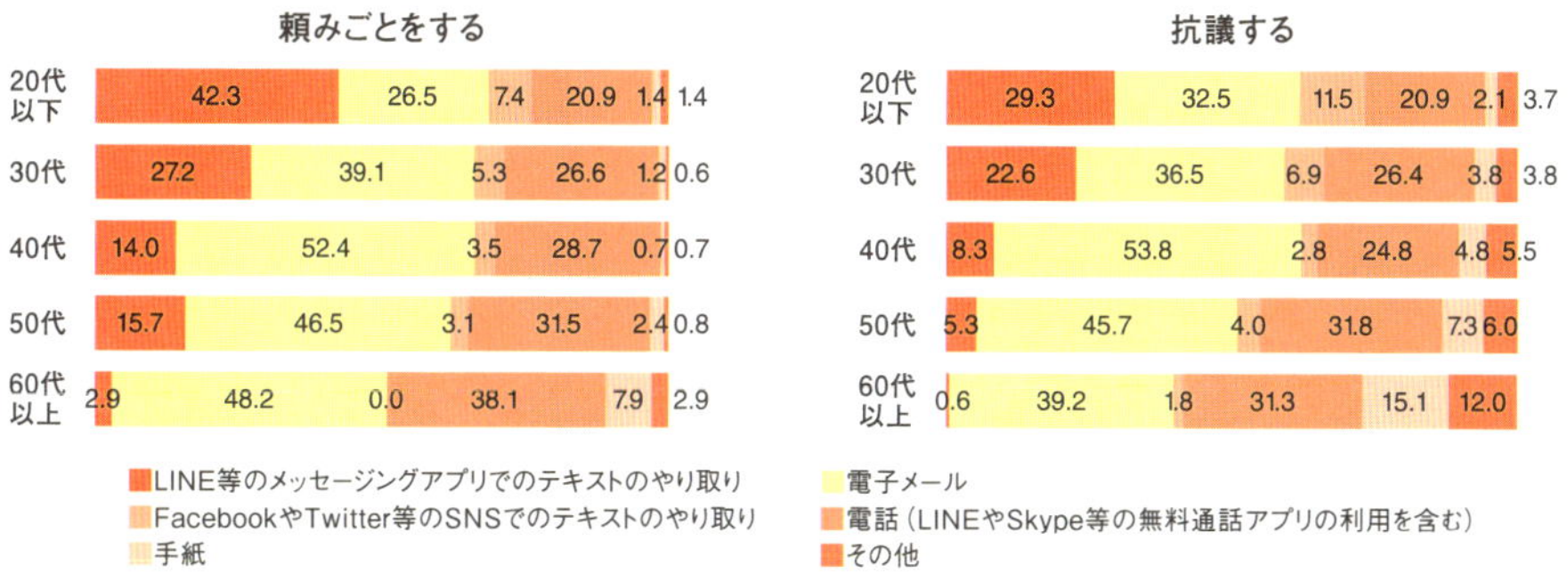
頼みごとをする
20代以下 42.3 26.5 7.4 20.9 1.4 1.4
30代 27.2 39.1 5.3 26.6 1.2 0.6
40代 14.0 52.4 3.5 28.7 0.7 0.7
50代 15.7 46.5 3.1 31.5 2.4 0.8
60代以上 2.9 48.2 0.0 38.1 7.9 2.9
抗議する
20代以下 29.3 32.5 11.5 20.9 2.1 3.7
30代 22.6 36.5 6.9 26.4 3.8 3.8
40代 8.3 53.8 2.8 24.8 4.8 5.5
50代 5.3 45.7 4.0 31.8 7.3 6.0
60代以上 0.6 39.2 1.8 31.3 15.1 12.0
LINE等のメッセージングアプリでのテキストのやり取り
FacebookやTwitter等のSNSでのテキストのやり取り
手紙
電子メール
電話（LINEやSkype等の無料通話アプリの利用を含む）
その他

出典：「社会課題解決のための新たなICTサービス・技術への人々の意識に関する調査研究」（平成27年）総務省

07

叱る側も叱られる側も成長の機会

上手な叱り方・叱られ方

叱る側になったときに気をつけたいこと

叱られるのは誰でも嫌なものですが、叱る側も気持ちの良いものではありません。叱らなければならない事態が発生していること自体が不快なうえに、叱ったことで相手にどんな影響を与えてしまうかを考えると、ただ怒ればいいというものでもありません。ましてハラスメントが問題視されている昨今、言い方や、叱るシチュエーションまで考慮しないと、自身に火の粉が振りかかります。

しかし、叱られることは本人に新たな気づきをもたらすチャンスです。また現状からの改善を図るために叱ることは、叱る側にとっても成長の機会となります。

叱るときつい「どうして」という単語を使ってしまいますが、これは相手を委縮させてしまいがち。ひと言加えて、相手に改善の機会を与え、成長を促しましょう。たとえば、

上司「どうして遅刻したんだ!」
部下「寝坊しました…」
上司「何やってるんだ!!」

となってしまいますが、ここに「どうしたら」を加えると、

上司「どうして遅刻したんだ!」
部下「寝坊しました…」
上司「どうしたら寝坊しないと思う?」

こう問いかけると部下は、夜更かしをしない、目覚まし時計を2つ用意するなど、解決策を考えるようになります。

叱るとき気をつけるのは、

- **人格を否定しない**
- **他人と比べない**
- **長々叱らない**
- **人前で叱らない**

という4点です。叱ったあとは、正しく行動しているか確認し、できていれば褒めるなどのフォローをするといいでしょう。

叱られたときこそ改善のチャンス

決してただ失敗を責めているのではなく、あなた個人として、またチーム全体としてより円滑に業務が進むようにと考えたうえでの叱咤です。

課題を提示してもらったととらえて、いまこそ成長のチャンスだと思って改善に取り組みましょう。

「どうしたら」は人を成長させる

「どうして」と「どうしたら」のコミュニケーションが及ぼす違いを見てみましょう。

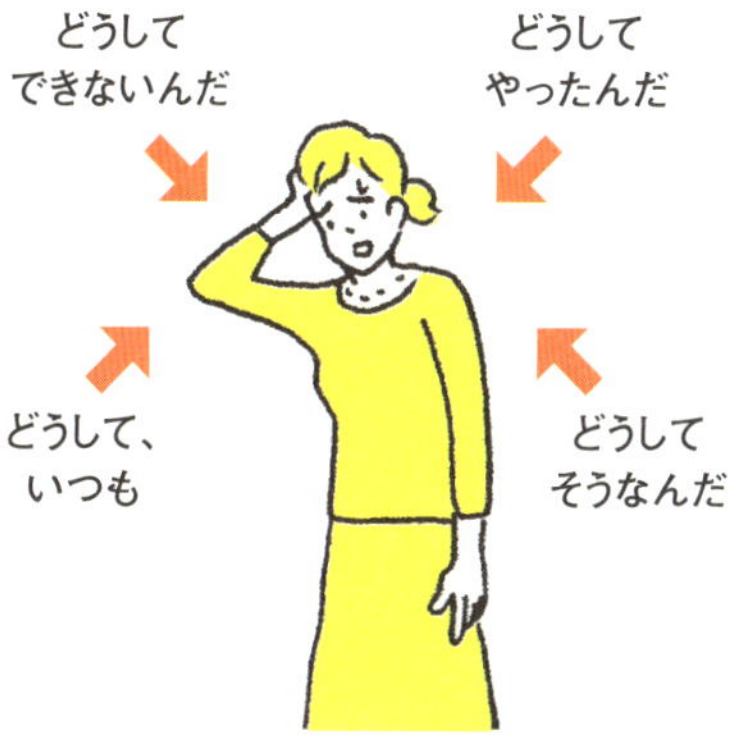
どうして
できないんだ
どうして
やったんだ
どうして、
いつも
どうして
そうなんだ

どうしたら
いい?
どうしたら
やれる?

上手に叱る・叱られる

どちらの側も、同じ目的をもって仕事を完遂させようとしていたら、叱るのも叱られるのも、大事なコミュニケーションの1つです。

NGな考え方

- 自分もできていないから言いづらい
- 自分だって叱られてきた
- 叱られるのが怖い
- 特定の人ばかり叱られる

→

OKな考え方

- 自分にもこういう失敗がある。正していこう
- 相手に伝わってこそ。伝わるコミュニケーションスタイルを探そう
- おびえているだけじゃ叱られ損。改善点として受け止めよう
- 叱られている当人より客観的に聞ける周囲の人が、あとで上司が注意している点を冷静に伝え直してみよう

放っておかれるより ずっといい

営業・22歳

担当する店舗スタッフたちにも慣れて、たわいない話もできるようになった頃のことでした。話の途中で、つい強めのツッコミを入れてしまったところ、そばで聞いていた店舗スタッフの1人が「私たち、友達じゃないんだよ」とひと言。そのときは、とても恥ずかしかったです。勤務中は、仕事のために集まった仲間。互いに相手を知り、親しみを感じるにも節度をもつのがマナーだったと思い至り、注意をありがたく感じました。

見込みがないと
思われていたら、
叱っても
もらえないね

08

由来や背景も知っておこう

業界用語を習得する

同じ業界内だけで通用する言葉がある

仕事をしていると、一般では耳慣れないけれど会社や同じ業界の人たちの間では当たり前に使われている言葉が少なくありません。**社内のみで使われているそうした言葉を「社内用語」、同じ業界内で使われている表現を「業界用語」といいます。**

ここでいう業界用語とは、放送や広告の業界で使われている、いわゆる「ギョーカイ用語」だけを指すものではありません。建設業界には建設業界の、食品業界には食品業界の、「業界用語」が存在します。左ページにいくつか挙げてみましたが、このほかにもいろいろあるでしょう。なかには同じ単語でも業界が違うと別の意味を指すものもあります。たとえば「インバウンド」は海外からの訪日客の意味ですが、コールセンターでは受電業務を指します。「アポ」といったら、普通は面会約束などのアポイントメントの略と思いますが、医療業界では脳卒中を意味します。逆に、同じ品物を、業界によって別の名前で呼ぶこともあります。ワックスを多く含んだ芯の柔らかい色鉛筆のことを、出版業界ではダーマトと呼び、放送業界ではデルマと呼んでいます。

業界特有の用語には早くなじんでおこう

仕事に早く慣れていくためには、それぞれの会社や業界に独特のこうした表現に早くなじむ必要があります。業界向けの新聞や雑誌があれば、必ず目を通すようにしましょう、わからない単語があれば、積極的に上司や先輩に確認しましょう。

社内用語・業界用語はお客様に対して使わない

社内用語や業界用語を覚えると、急に「仕事のデキる人」になったような気がしてしまいます。しかし、**使う際にはその単語の意味や成り立ちまでしっかりと理解しておかないと、単なる知ったかぶりになってしまったり、仕事についての知識が浅いことが露呈して信用を失ったりするので注意が必要です。**また、社内用語や業界用語は、**社外のお客様に対しては使わずに、一般的な表現に言い換えるのが暗黙のルールです。**

社内用語・業界用語は、あくまで共通の背景をもったコミュニティにのみ通用するものだと心得ましょう。

業界用語ではないが、仕事でよく使われる言葉

業界用語以外にも、仕事でよく使われる独特の言い回しがあります。一例を見てみましょう。

あいみつ
相見積もり。複数社から同条件で見積もりをとって一社に決めるスタイル

アイドルタイム
待ち時間

あごあしつき
食事代、交通費がつくこと

足が出る
予算をオーバーする

遊び
余裕

押す↔巻く
予定時間より遅くなる↔早まる

落としどころ
対立する意見が最終的に落ち着く妥協点

掛け(売り)
料金後払いで商品を売ること。決まった締日と支払日がある

競合他社
同じフィールドでビジネスをする他社

五月雨
梅雨のようにだらだらと続くように、一度にまとめずあるところ(できたところ)から順に

ざる
おおざっぱでチェック機能が働いていないこと

什器
・店舗用器材の陳列棚、展示用のテーブルなど
・オフィスのデスク、椅子、間仕切りなど

たたき台
検討用の素案

天引き
給与から税金や諸経費を引くこと。実際、手にする金額が手取り

飛び込み
アポなしで突然、訪問する。飛び込み営業

なるはや
なるべく早く

丸投げ
自分の仕事をそっくりそのまま他者に任せること

揉む
ある事項について、関係者で議論する

うかつに使うと混乱を招く

業界用語の例

飲食業
・兄貴・弟(食材が古い、新しい)
・バッシング(食事を終えて退店した客の席を片づける)
・中間バッシング(食事中の客の席から済んだ食器を片づける)
・やま(品切れ、売り切れ)

客室乗務員
・CBN(キャビン。客席のエリア)
・GLY(ギャレー。機内食等を準備するエリア)
・バンク(仮眠場所)
・ブリーフィング(フライト前の打ち合わせ。フライト後の反省会は「デブリ」)

広告業
・クリ(コピーやデザインなどクリエイティブなことを担当する部署)
・自主プレ(オリエンテーションがなく、自主的にするプレゼンテーション)
・純広(広告会社の原稿による広告)
・タイアップ(スポンサーがいて制作協力する)

09 過去のトラブルに大きなヒントが
起こりうるトラブルと対処法

さまざまな想定をして トラブルを未然に防ぐ

結婚披露宴などで新郎新婦の上司がスピーチで使う定番に「人生には3つの坂がある」という教訓があります。3つの坂とは「上り坂」「下り坂」そして「まさか」。〝さか〟という単語にひっかけたシャレですが、ヒヤリとしただけで済む「まさか」もあれば**致命的なトラブルとなる「まさか」もあります。**致命傷を避けるためには、**トラブルが起きないようさまざまなことを想定して細心の注意を払うとともに、起きてしまったら最善の対処をすることが必要です。**

どんな小さなトラブルにも 未然防止の教訓がある

たとえば、上司が「明日の会議の資料を作っておいて」と部下に頼んだとき、部下は資料を作成して上司にメールで送信しました。会議当日に、出席者全員の机上に資料を配布してほしかった上司はカンカンです。でも言葉だけとらえたら、部下は言われたとおりのことをしています。

これは意思疎通の不足というよりも、上司の言葉足らずと、部下の確認不足です。上司が正しく指示をしていたら、あるいは部下が復唱して確認していたら、防げたミスでしょう。この程度のトラブルは致命傷にはなりませんが、このパターンのトラブルが別の場面で発生したとき、たとえばお客様との大きな取引の際に起きたら、大変なことになってしまいます。**どんな小さなトラブルにも、今後の未然防止につながる教訓が含まれています。会社には過去に起きてしまったさまざまなトラブルと、その原因究明および解決策の蓄積がありますから、まずはそれらを紐解いてみることが必要です。**次に同様の事態が起きたときにはどう対処すればよいか。事例の講習を行ったり、緊急時の連絡網を作っておくなど、過去のトラブルからの教訓をトラブル防止に活かしましょう。

トラブルを防ぐのは 日ごろの信頼関係

また、人間関係もトラブルを生む元になり得ます。互いの信頼関係が破綻してしまうと、どんな正論も相手に届きません。信頼関係を日ごろから損なわないために効果的なのが、この本の前半で述べてきたビジネスマナーです。「単純接触効果」（200ページ）も役立ちます。

トラブルは未然に防ぐのが不可欠

トラブル処理は、心理的にも時間的にも負担が大きいものです。

個人でできること

- これくらい大したことないと考えない
- 変更が生じたら必ず共有する
- 困りごとを1人でためこまない
- 日ごろから信頼関係をつくっておく

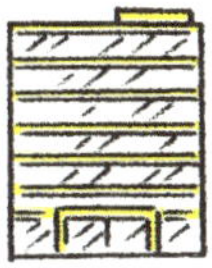

会社で対応すること

- マニュアルを整備する
- 過去のトラブルをまとめ、閲覧できるようにする
- チームミーティングを徹底する

起きてしまったトラブルへの対処

気をつけていても起こりうるのがトラブルです。対応を誤り、さらなるトラブルに発展させないようにします。


自分では想像もしないところにも影響が及ぶことがあります、必ず、迅速に上司に報告しましょう。

報告を受ける側も、さらに上への報告や的確な対応指示をします。

1つのトラブルのなかで、どこから手を打つかは、右の図を参考にしましょう。

■ 手を打つべき順

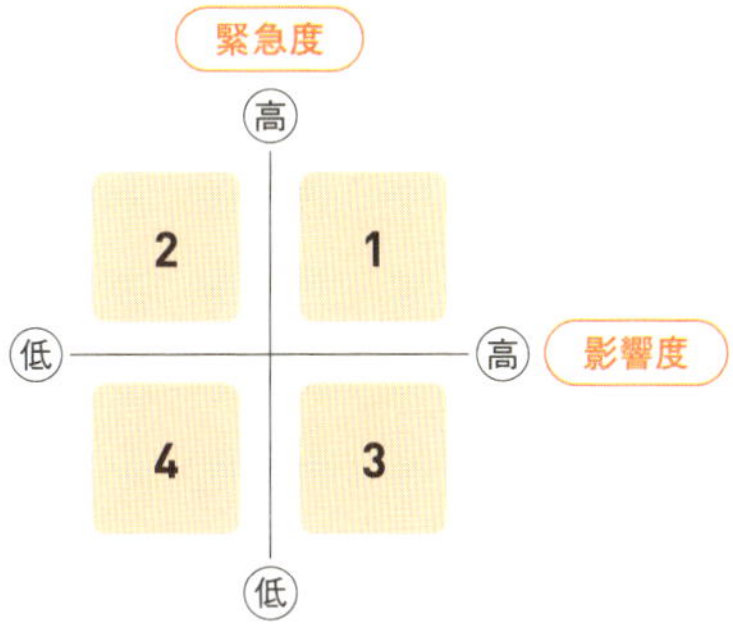

他山の石として

エンジニア・30歳

同業他社のネット炎上をきっかけに、どんなときにトラブルが起きるのか、いま、抱えている火種はないのか、部門内で話し合う機会をもちました。他人事ではないんだという意識が芽生えました。

誤った情報をうっかり拡散

事務・35歳

不審なメールで寄せられた偽の情報を拡散させてしまったことがあります。取引先からの連絡で知り、関係各所にお詫びの連絡をしましたが、ITリテラシーの必要性を痛感しました。知らないアドレスからの不審なメールは、まずセキュリティ担当者に確認することにしています。

10

決して1人で戦わないで モンスタークレーマーへの対応

初期対応では苦情と同じくしっかり話を聞こう

クレーム対応については、74ページで説明しました。ここでは、苦情や要望のレベルを超えた、理不尽極まりない過度な要求をする人について取り上げます。

クレームを入れてくる相手を、はじめから「モンスター」と扱ってはいけません。最後まで丁寧な対応でしっかり話を聞いて状況を把握し、それから事実関係を確認して対応策を講じます。よほど初めから暴力的な人を除いては、ここまではどんなクレーマーに対しても同じです。苦情の場合、たとえ感情的になっていたとしても、相手はお客様としての立場で本当に困っていることを訴えていますから、その立場を尊重して困ったことが解消される対処について誠意をもって示せば、感情的な高ぶりは静まり、こちらの解決策に耳を傾けてくれるはずです。

個人の言い分ではなく会社の見解を伝える

一方、モンスターと呼ばれるクレーマーの言い分には、そもそも感情が含まれておらず、立場だけを主張することがほとんどです。ですから、通常の苦情対応と同じことをしても聞く耳はもってもらえません。その場合は、**自分1人で対応しないことが重要です。必ず上司に報告し、指示を仰ぎましょう。理不尽な要求に折れてはいけません。相手に伝える対応策は、窓口となった1人の社員の言い分ではなく、会社としての見解であることを毅然とした態度で伝える必要があります。**

揚げ足を取られないためにも、業務に関連するひととおりの法的な知識を日ごろから頭に入れておくことも必要です。電話の場合は通話を録音することも効果的ですが、その場合は必ず最初に録音している旨を伝えましょう。最終的には、警察に通報する必要も出てくるかもしれません。

必ず、上司や先輩に相談しよう

クレームは貴重な改善のヒントになることもあります。まずは真剣に相手の話を聞きましょう。火に油を注いでしまった場合は、対応の仕方に問題があったかもしれません。自分を見直す機会だと受け止めて、上司や先輩に相談しましょう。

クレームには冷静に対応する

クレームを言う人はたいてい怒っています。
不用意なひと言で相手の感情をさらに悪化させることのないよう、冷静に対応します。

チェックポイント

- □ まず、不快にさせたことを詫びる
- □ 相手の話を聞く
- □ 相手の要望や言い分を把握する
- □ 伝えてくれたことにお礼を言う
- □ 事実（思いは入れない）と対応策を伝える

NG

- 相手の怒りにつられて激高しない
- おびえて事実を伝えなかったり、捻じ曲げられた話を承諾したりしない

冷静に対応すれば、
相手が無用に
モンスター化
しないかも

■ モンスター対応は組織で行う

クレームを受ける → **上司に報告する** → **対応する**

クレームを受ける
- 事実確認

上司に報告する
- 常識に照らして不当な要求であれば、法務部や弁護士に相談を

対応する
- 謝罪すべきはする
- 事実はあいまいにせず伝える
- 不必要に謝らない

クレームから
自分の非に気づく
こともあるね

■ どこに相談したらいい？

ひまわりほっとダイヤル

0570-001-240
（土祝日を除く　10:00〜12:00／13:00〜16:00）
日本弁護士連合会と、全国52の弁護士会が提供運営する、中小企業経営者のための相談受付窓口。契約、金銭問題、労働問題など仕事上の相談ごとを受けつけている。

弁護士費用保険Mikata

0120-741-066（土日祝を除く　10:00〜17:00）
いざというときの弁護士費用を補償する保険。たとえばこういう備えをしておくのも一手。

早い報告が不可欠

テレアポ・25歳

あることがきっかけで、消費者から執拗に苦情を言われるようになりました。会社のFacebookにも悪質な書き込みをされ、出社がつらくなりました。このタイミングで上司に報告しましたが、最初のクレームを受けたときに相談していたら状況は違っていたのかなと後悔しています。

11

人とのつながりはプライスレス
人脈を大切にする

メリットがあるかないかで人を選んではいけない

ビジネス書では「人脈は大事」「人脈を広げよう」とうたわれています。上層部や他部署の情報を入手したい、ビジネスをいまより広く展開したい、独立・転職を考えたいというようなとき、確かに人脈は役立ちます。しかし「この人は役に立ちそうだから仲良くしておこう」といった考え方で人を選ぶのは、あまり感心しません。自分の利益を求めること自体は悪いことではありませんが、損得勘定で人とつながろうとするとき、「この人は自分にとってメリットがないな」と、人を選別してしまうからです。**どこで誰が、どのようにあなたの力になってくれるかわかりません。くれぐれも損得勘定で人に価値をつけてはいけません。**

肩書きで人を判断する人は肩書きでしか判断されない

どこに勤めているとか、どんな役職に就いているといった肩書きだけで人を判断してもいけません。肩書きで他人をランクづけするような人は、その人自身も周りから同じように肩書きで判断されます。つまり、いまの会社という看板がなくなればあなたに興味はありませんから、いざ独立というときに肩書だけで選んだ人脈は、まったくあてにならないのです。肩書きではなく、その人自身を見てつき合うようにしましょう。

さまざまな人との出会いが視野を広げてくれる

とはいえ、人との出会いは値段をつけられない価値があります。知り合いが多ければ多いほどあなたと気が合う人も見つけやすくなりますし、互いに高め合える存在となることもあるでしょう。さまざまな人と出会うことはあなたの視野を広げてくれます。セミナーや異業種交流会では、普段接する機会のない人と知り合うこともできます。ただ参加するだけでなく、そのあとの懇親会にも出席したほうが、互いをわかり合えるチャンスが増えるでしょう。自分が得をすることだけを考えずに、相手にどれだけのものを与えられるかが大事であることもわかってくるでしょう。人との出会いそのものは、素晴らしい財産です。**損得勘定ではなく、出会った相手を大切にすること。それこそが、本当の意味で「人脈を大切にすること」なのです。**

どんな人脈が必要か

互いにメリットのある人脈が築けるといいですね。

■ 仕事をするうえで、人脈は必要か

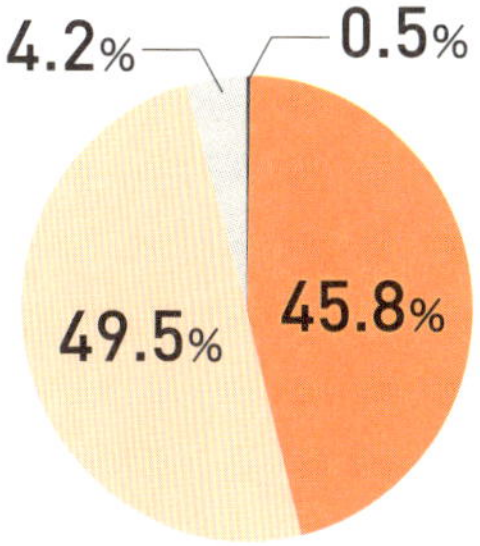
4.2%
0.5%
45.8%
49.5%

■とても必要だと思う
■まあ必要だと思う
■あまり必要だと思わない
■まったく必要だと思わない
（回答者：全国の20～59歳の有職者826人）

■ どのような人脈が必要だと思うか

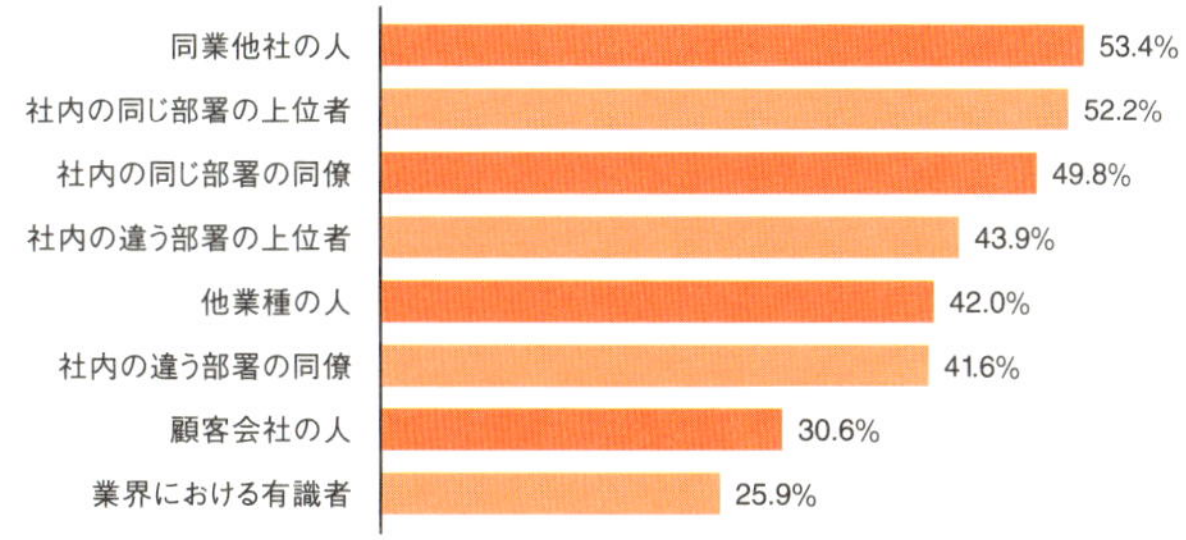
同業他社の人 53.4%
社内の同じ部署の上位者 52.2%
社内の同じ部署の同僚 49.8%
社内の違う部署の上位者 43.9%
他業種の人 42.0%
社内の違う部署の同僚 41.6%
顧客会社の人 30.6%
業界における有識者 25.9%

（回答者：前問で「まったく必要だと思わない」回答者を除く822人）

出典：株式会社インテージが2017年に実施した自主調査

NG

欧米では、握手や自己紹介などあいさつのあとに、名刺を渡します。日本では、名刺はその人そのものというくらい大切に扱いますが、ただ名刺を配るだけでは無意味。それをきっかけに生まれる、相手の人となりを知る会話やアイコンタクトを大事にしましょう。

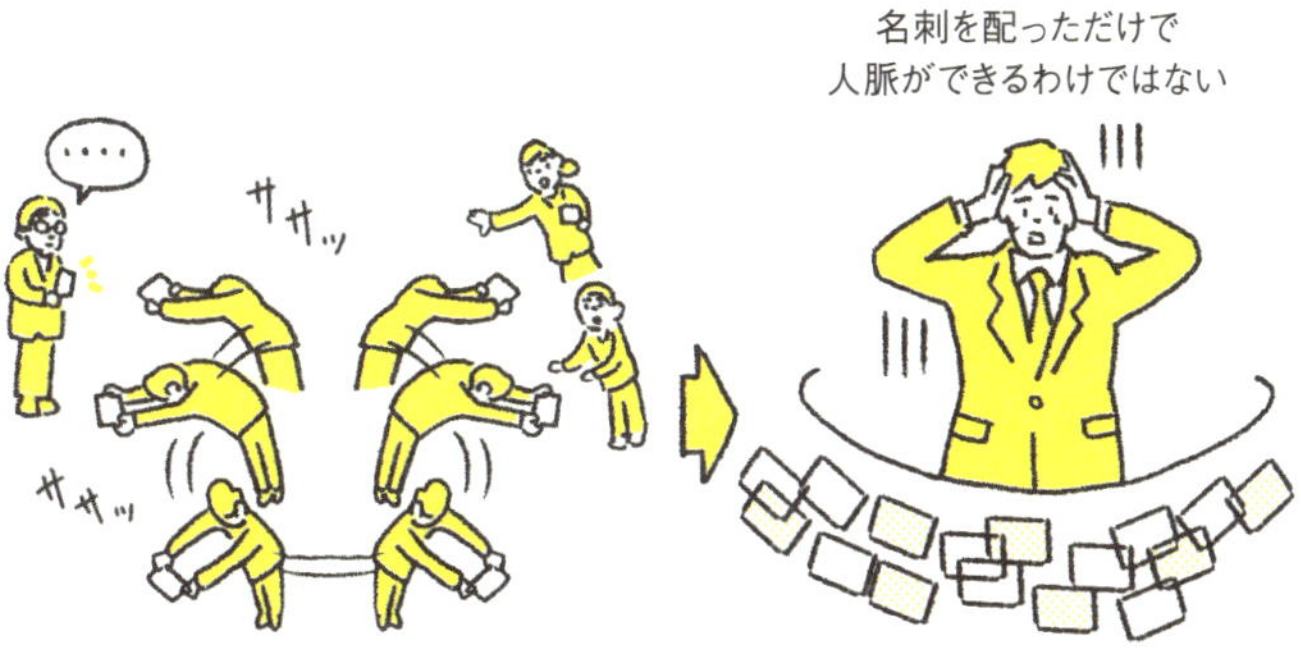
名刺を配っただけで
人脈ができるわけではない
サササッ
サササッ

プレゼンのヒントを他部署から得た

営業・27歳

新事業に乗り出すある企業の、アウトソース先として入札に参加したときのこと。企画の目玉を何にするか、定めきれないでいたところ、すでにその企業と取引がある他部署の人から、今回の新事業と並行して進んでいる関連情報を得ることができました。そこで一気に方向性が見え、企画書をまとめた経験があります。社内の人脈って大切だなと思いました。

分けへだてをして気まずい雰囲気に

経理・40歳

得意先の新任支店長に、常務と一緒にあいさつに伺ったときのこと。汚れた作業服で庭の手入れをしている庶務らしい方がいました。私は「おはようございます」とあいさつを交わしましたが、常務は素通り。受付で支店長を待つこと10分、現れたのは先ほど庭の手入れをしていた方でした。バツの悪そうな常務を見て、漫画のような話があるものだと思いました。

12

多種多様な価値観を楽しもう

働き方も考え方も認め合う

同じ職場内でも人によって
働く価値観はさまざま

年功序列で終身雇用の時代には、会社のために24時間戦えば出世できるし、会社も裏切らないという価値観が当たり前で、その枠内では「一生懸命、残業してでも会社に尽くす」という考え方は当然のものでした。日本国民の大多数が自分を中流階級だと意識する「一億総中流」という言葉も生まれました。それだけ多くの人が似たような価値観をもって生活していたのです。

しかし16ページで説明したように、**年功序列・終身雇用が崩れた現代では、さまざまな人が、さまざまな価値観をもって働いています。その働き方も多種多様です。**職種や業種によって価値観が違うのはもちろんですが、同じ職場にいる人同士でもさまざまな価値観をもつ人たちが存在します。働く人のもつ背景はそれぞれ。**働くモチベーションもプライベートの環境も人によって違います。**家族との時間を大切にしたいから時短で働きたいという人もいれば、とにかく出世したいのですべてを会社に捧げたい、という人もいるでしょう。フルタイムで働くけれど趣味も大事にしたいから時間外労働はしたくない人もいれば、一方で、納得いくまで突き詰めたいから残業を認めてほしいという人も。

それならば、自分の価値観を押しつけることなく互いにそれぞれの価値観を認め合って働いたほうが、チームとして同じ方向を向いて進んでいけるのではないでしょうか。これは働く価値観の多様性ばかりでなく、ダイバーシティ、つまり、**性別や年齢、国籍などの多様性を認め合うことも同じです。視点の異なる人たちが同じ目的をもって働くことで、豊かな発想が生まれます。**

すべての人に好かれる
必要はないと考える

その一方で、さまざまな価値観をもつ人が集まると、どうしても意見のぶつかり合いは生じます。歩み寄ろうと努力しても相容れないこともあるかもしれません。そんなとき**すべての人に好かれる必要はないと考え、割り切ることも大切です。**本当に合わない人がいたとしても、その職場で永遠に一緒にいる可能性は低いのですから、投げやりになったりせずに、自分のスキルを磨くことに集中しましょう。

多様性を認めるのは会社も同じ

これからは、働き方や考え方が経営理念の範囲内であれば多様性が認められる時代です。

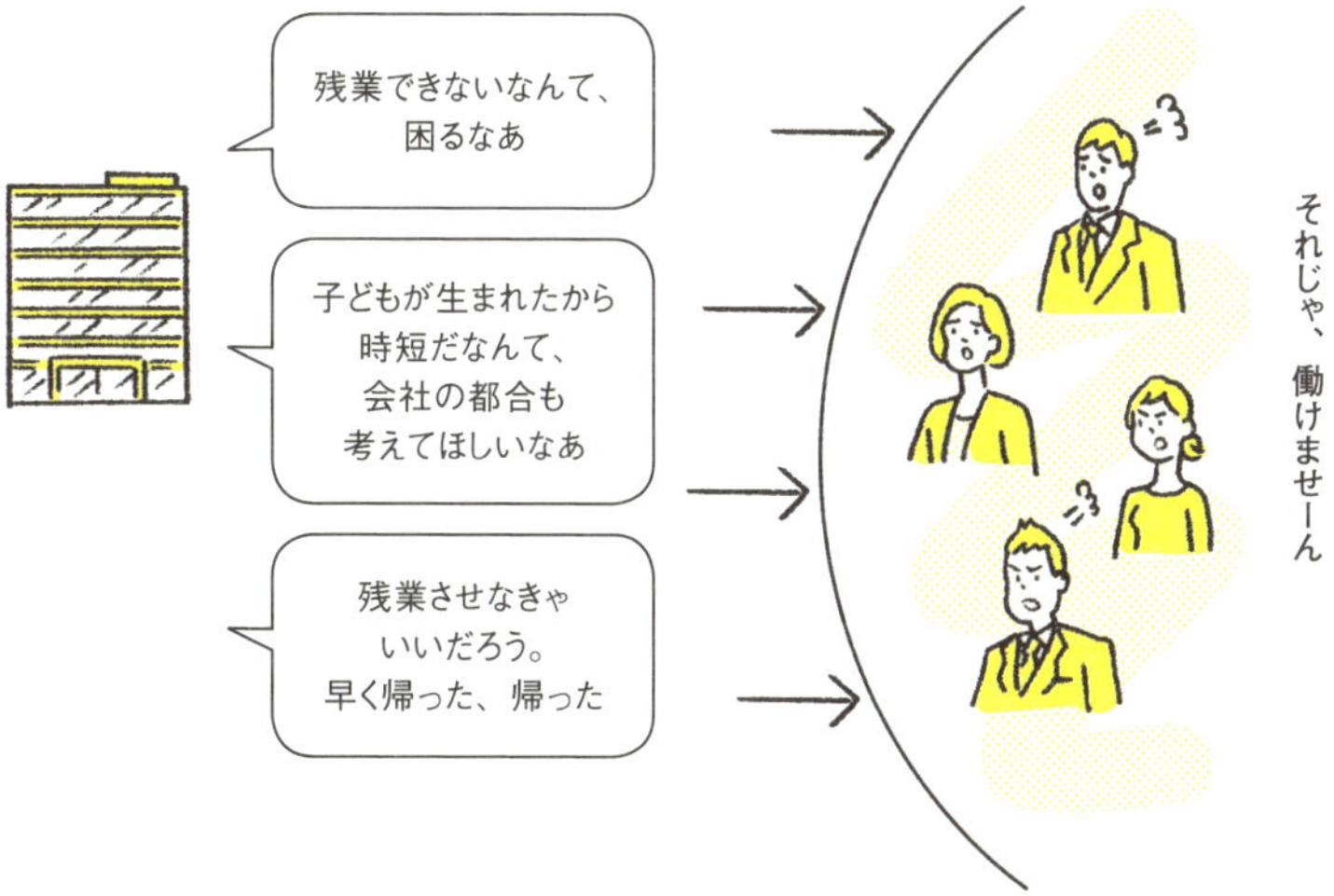
残業できないなんて、
困るなあ
子どもが生まれたから
時短だなんて、
会社の都合も
考えてほしいなあ
残業させなきゃ
いいだろう。
早く帰った、帰った
それじゃ、働けませーん

会社の仕事は回らないし、働き手もせっかくのスキルを活かせなくなり、双方にとって好ましくない

会社側の価値観・働き手側の価値観

「働き方改革」で推進される副業。企業側と違い、働き手は副業をもつことで本業にも好影響があるととらえています。

■企業側：兼業・副業を認めるにあたっての課題・懸念（いくつでも）

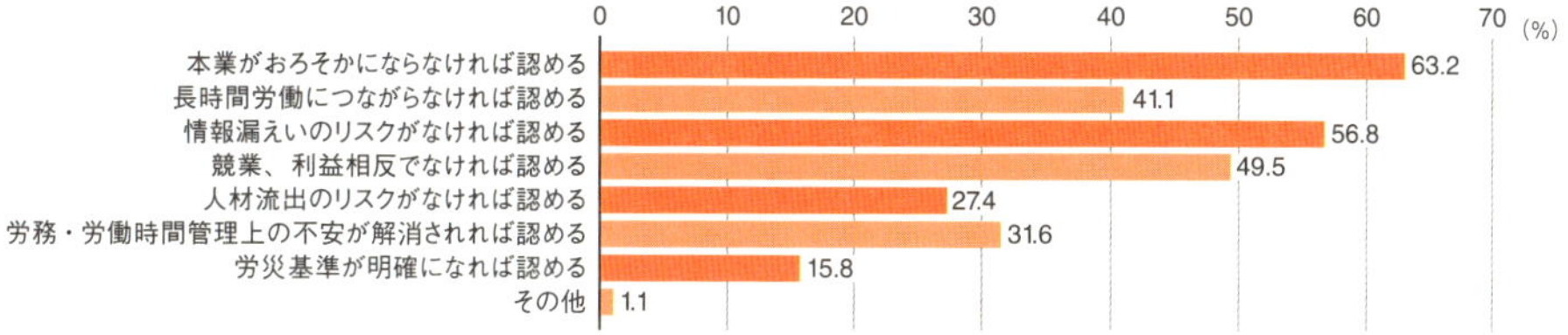
0
10
20
30
40
50
60
70
(%)
本業がおろそかにならなければ認める 63.2
長時間労働につながらなければ認める 41.1
情報漏えいのリスクがなければ認める 56.8
競業、利益相反でなければ認める 49.5
人材流出のリスクがなければ認める 27.4
労務・労働時間管理上の不安が解消されれば認める 31.6
労災基準が明確になれば認める 15.8
その他 1.1

出典：「働き方改革に関する企業の実態調査報告書」経済産業省

■働き手側：兼業・副業による本業（雇用関係あり）への影響（ひとつだけ）

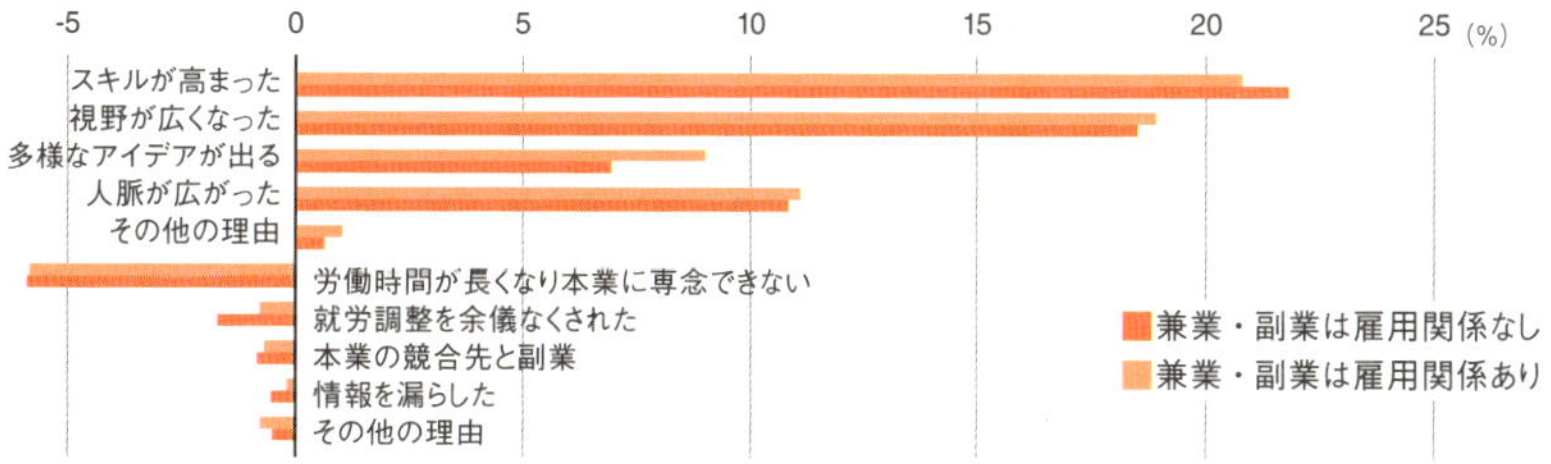
-5
0
5
10
15
20
25
(%)
スキルが高まった
視野が広くなった
多様なアイデアが出る
人脈が広がった
その他の理由
労働時間が長くなり本業に専念できない
就労調整を余儀なくされた
本業の競合先と副業
情報を漏らした
その他の理由
兼業・副業は雇用関係なし
兼業・副業は雇用関係あり

出典：「新たな産業構造に対応する働き方改革に向けた実態調査」経済産業省

13

辞めたくなったときは 仕事を新たに探すときの心得

若者の自己都合退職理由は「人間関係」が増加

厚生労働省が発表している「雇用の構造に関する実態調査（転職者実態調査）」によると、平成18年と平成27年を比較した場合、20歳～24歳の「自己都合による離職の理由」として最も伸び率が高かったのは、「人間関係がうまくいかなかったから」でした。**人間関係は、職場環境を考えるうえで重要な要素になっていることがわかります。**

しかし、人間関係を理由に仕事を辞めてしまうと、次の会社でもまた人間関係が理由で退職することが多いようです。**精神的に追い詰められ、体にも不調をきたすような事態であれば、もちろん退職して治療に専念するのは当然のことです。でもそこまではないという場合、簡単に辞めてしまうのはおすすめできません。辞めるなら、いますぐではなく1年後にしてみてはいかがでしょうか。**

次の職場で活かすつもりで1年だけ頑張ってみる

1年後に辞めると決心すると、いままで嫌だったコピーとりでさえなぜか興味がわいてきます。早いコピーのとり方を工夫したり、カラーコピーと白黒コピーのコストの差を気にかけたり、役員の会議で使う書類がどんなものなのか……といったことに関心が向くようになってきます。外回りの場合でも、1年後の転職先で活かすことを意識して営業トークをするようになったり、1件でも多く訪問できるように研究したりといった工夫をするようになります。たとえ叱られても、「いまは本番に向けて練習中。なのにお金（給料）をもらえてラッキー」という考え方になるので、苦になりません。**次の職場で、あるいは、独立した際に活躍するための予行演習だと思えば、もっと大変な仕事や、もっと面倒な仕事でも、意欲的に取り組むことができます。**

辞めたいと思ったときは、このように期限を決めて、そのときまでは一生懸命やろうと決意してみてください。**仕事への取り組み方が変わると、周囲からのあなたへ評価が変わります。**辞めようと思った期限がくるころには、いつの間にか会社から求められる存在となり、自分自身も、会社のことが好きになっているかもしれません。どんな結論を出しても自分のためになるはずです。

離職理由は？　給与はどうなる？

転職する理由は人それぞれですが、仕事を続けるモチベーションが続かなければまた離職することになりかねません。

転職した人が前職を辞めた理由

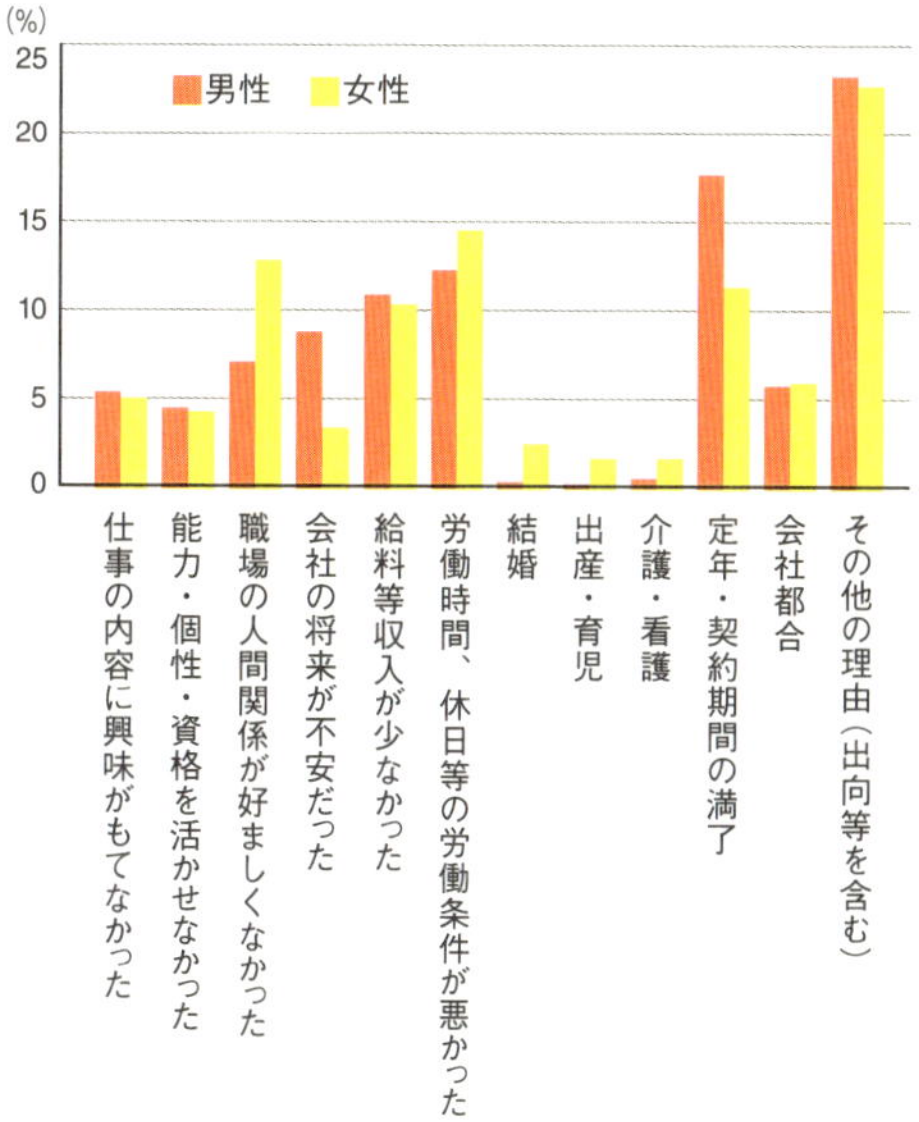

出典：「平成29年雇用動向調査結果の概況」厚生労働省

転職後の給与の増減

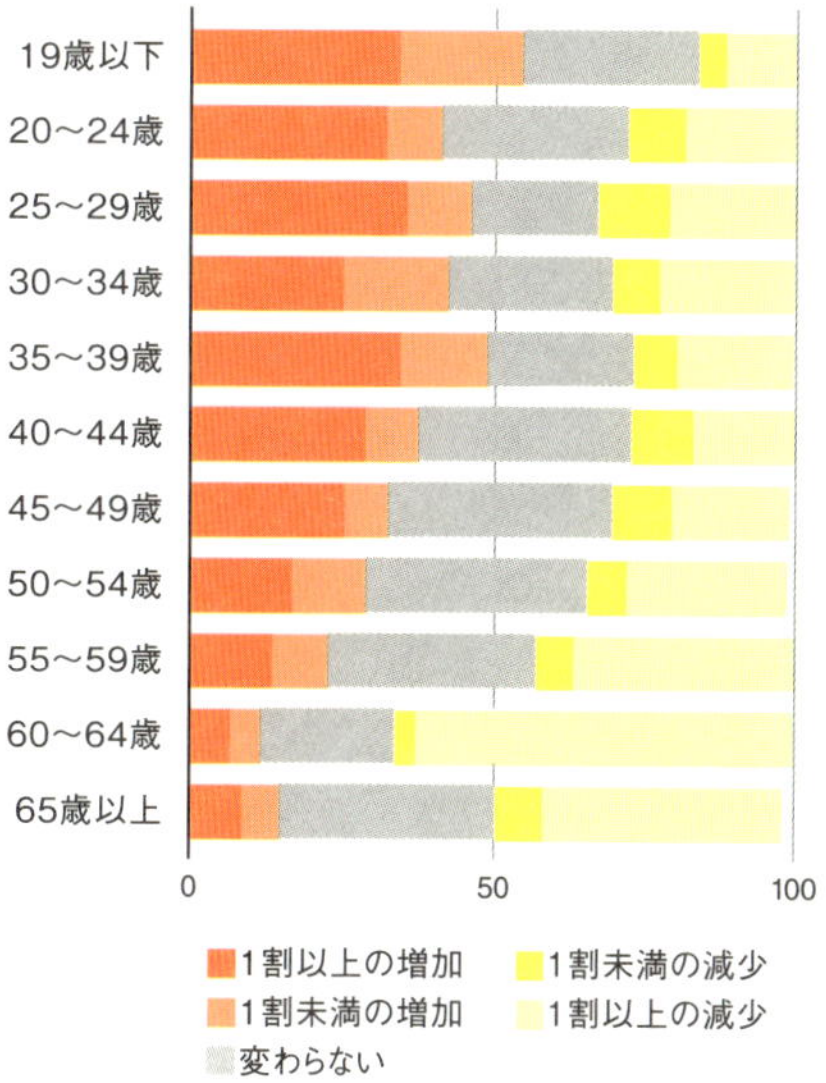

出典：「平成29年雇用動向調査結果の概況」厚生労働省

転職は一度すると繰り返しやすい

転職を経験すると、転職することへの心理的ハードルが下がり、転職を繰り返す傾向にあります。

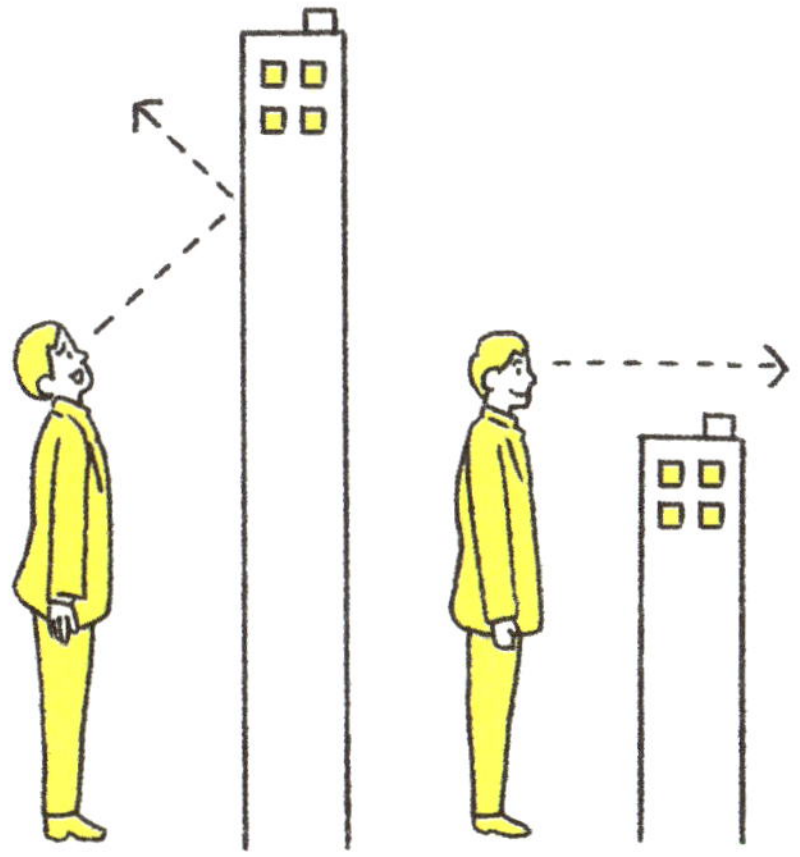

腐らず、自分を磨く

責任を転嫁する、嫌味を言う、ヤル気がないなど、嫌な上司の下で働く機会があります。ここで注意するのは、ヤル気を失わないこと。配置換えや、転勤・退職で離れる可能性が高いのです。一緒にダメ社員でいる暇はありません。認められたい、一緒に成長したいと思える上司就任のその日に備え、スキルアップや自己啓発に励み、自分を磨いておく必要があります。

リアルなお仕事事情

真摯に仕事をしていれば
きっと評価してくれる人がいる

立川美紀さん（仮名）　34歳　女性

フリーアナウンサーの立川さんは、企画運営を担う制作会社との業務提携で講演会の司会などを担当していました。その日も、いつものように準備をしていると、制作会社のディレクターが

「今日はアナウンスだけじゃなくて、照明の操作もやって。演台に水やお手拭きを用意するのも忘れずに。それと、開始までにすべての座席に資料も配って。遅れて入ってきた人がいたら座席までちゃんと案内して。途中で質疑応答が入るからマイクランナーも頼む」

と、一度にたくさんの指示を与えてきました。立川さんはメモを取り、時間軸で整理して1つひとつやっていきました。ところがディレクターは講演会が始まってからも思いつくままに立川さんに追加の指示を与えてきます。さすがに同時にいくつものことはできないので、

「お待ちください。いまこちらを済ませてからとりかかります」

と答えたのですが、ディレクターは真っ赤になって怒り始めました。口ごたえをしたと受け取られたのです。講演会終了後にお詫びをしましたが、聞く耳をもってもらえず、業務提携の解消を言い渡されてしまいました。

肩を落とす立川さんに声をかけたのは、一部始終を見ていた主催社の担当者。日ごろの立川さんの働きぶりを評価していて、制作会社を通さない直接契約を打診されたのです。制作会社の手前もあり、お気持ちだけいただいてお断りせざるを得ませんでしたが、この一件で立川さんは自分の仕事に自信がもてるようになったそうです。

役立つ資料集

覚えておきたいビジネス用語

仕事の現場でよく使われる言葉、特にカタカナ語を取り上げて紹介します。

ア行

アサイン

英語の「assign（選任する、命じる）」。業務委託を受ける場面では、承諾や了承という意味で、またIT業界では、特定機能や処理を記号や番号など一定の操作に割り当てるという意味で使う。

アジェンダ

ラテン語の「実行に移されるべき事柄」という意味に由来し、ビジネス用語としては会議の議題や議事日程、またそれらをまとめた資料のことを指す。

アンバサダー

英語の「ambassador（大使、代表）」。最近では「企業の商品やブランドを応援、支援する顧客」「広報大使」という意味で用いられる。

インバウンド

英語の「inbound（入ってくる、内向きの）」。最近は外国人の訪日旅行および訪日旅行客を指すことが多い。また、一般企業では顧客が自発的に企業に接触することを指す場合もある。

エビデンス

英語の「evidence（証拠、証言）」。医療業界では、病気を治療するうえで効果がある、適切であると言える臨床結果や科学的根拠を、またIT業界ではシステムが発注どおりに動作するかを示す書類やデータなどを指す。

カ行

キュレーション

博物館や図書館の学芸員を意味する英語の「curator」が語源。インターネット上の情報を収集しまとめ、その情報を分類し、つなぎ合わせて新しい価値をもたせて共有することを指す。

クラウドソーシング

インターネット上で、不特定多数の人に対して、仕事を発注したり、受注者の募集を行うこと。また、そのような受発注ができるウェブサービスのことを指す。

クロージング

直訳すると「終わり」や「締めくくり」という意味だが、ビジネスでは「最終的な契約を結ぶこと」「商談を成立させること」という意味で用いられる。

コアコンピタンス

企業の中核をなす独自の能力や競争力のこと。これに資源を集中して他社との差別化をはかり、競争力を高める経営手法をコアコンピタンス経営という。

コミット

英語の「commitment（約束、義務）」。ビジネスでは「責任を負う」「約束する」という意味で用いられる。

コンセンサス

英語の「consensus（意見の一致、合意）」。合意を得たり意見を一致させるために事前に働きかけをする「根回し」という意味でも使われる。

コンバージョン

英語の「conversion（変換、転換、交換）」。マーケティング分野では、商用ウェブサイト上で得られる最終的な成果やサイトにおける最終目標の達成を意味する。

コンプライアンス

英語の「compliance（順守、準拠、従順）」。企業が法律や条例、業界団体などが定めたルールにのっとって、公正・公平に業務を遂行することを意味する。

サ行

サードパーティー

「第三者」を意味し、当事者からは独立した立場である団体、企業、機関を指す。日本ではコンピュータ業界でしばしば用いられる。

サマリー

英語の「summary（概要、要約）」。文章や情報などの要点を簡潔にまとめたもののこと。会議の資料が膨大になるときなどに、冒頭にまとめておくなど。

シナジー効果

英語の「synergy（相乗作用）」。複数の組織が連携して活動することによって、単独の場合よりもコストの節約や技術の相互補完などにより大きな付加価値を生み出すこと。

シンギュラリティ

日本語では技術的特異点。人工知能（AI）が人類の知能を超える時点のことを言い、2045年ごろ到達するのではという説がある。

ステークホルダー

企業等組織の事業活動に関し利害関係にあるとされる人々のこと。株主、従業員、消費者、投資家、取引先、債権者、地域社会、自治体などを指す。

セグメント

英語の「segment（部分）」。マーケティング用語では対象者の属性（年齢、性別、職業など）によって分けられたもの、IT用語ではデジタルデータの分割単位を指す。

タ行

ダイバーシティ

英語の「diversity（多様性）」。人種、性別、年齢、信仰などにこだわらずに多様な人材を活かし、最大限の能力を発揮させようという考え方。

タスク

英語の「task（仕事、作業）」。IT業界では、コンピュータが処理する最小単位のことを言うが、一般的には自分が一定の期間内に果たすべき仕事、課題を指す。

デフォルト

英語の「default（債務不履行）」。借入金の返済ができなくなった状態のことを指す。コンピュータなどの電子機器では、初期値のことをいう。

ナ行

ナレッジ

英語の「knowledge（知識）」。有益な情報、付加価値のある経験や知識、情報といった意味をもつ。個々の従業員が蓄積してきたノウハウを企業全体で共有・活用する管理手法をナレッジマネジメントと呼ぶ。

ニッチ

一般的には窪み・隙間を意味し、そこから転じ大企業がターゲットにしないような小さな市場や、潜在的にはニーズがあるが、まだビジネスの対象として考えられていない分野を意味するようになった。

ハ行

バジェット

英語の「budget（予算）」。名詞のときは予算の意味で使われるが、形容詞として使われるときは「低予算の、低価格の、格安の」といった意味になる。

バッファ

英語の「buffer（衝撃を和らげるもの）」が語源で、バッファをもつなどの言い方で、予備、余裕をもっておくことを表すのに使う。コンピュータでは、データの一時的な記憶領域のこと。

フィックス

英語の「fix（修理、修正、固定する）」。ビジネスで使用されるときは「最終決定」という意味をもつことが一般的。会議で最終決定を出したときや、プロジェクトで方針が確定したときなどに使用される。

フェーズ

英語の「phase（段階）」。単位に表せない、過程の一区切りを表す言葉として使われる。主に開発、治験などの各段階のことをフェーズと呼ぶ。また文書では「ph」という略語で表される場合もある。

ブルー・オーシャン

直訳すると「青い海」で、競争のない未開拓市場、新しい市場を指す。対して、競合企業が乱立し激しい競争が行われている既存市場のことを「レッド・オーシャン」と呼ぶ。

ブレスト

ブレーンストーミングの略。あるテーマに対して、参加者が自由に意見を述べ合ってアイデアを集める手法。批判禁止で、思いつくままに多角的に発言する。

ボトルネック

もともとはガラス瓶の口に近い細くなっている部分のことを指す。そこから転じて、仕事全体の進行・発展の妨げとなる要因のことを意味するようになった。

マ行

マージン

英語の「margin（利ざや）」。原価と売価の差額のことで、販売手数料や委託手数料なども指す。バックマージンとは、そのマージンの一部を販売元に戻すこと。

マイルストーン

英語の「milestone（里程標、一里塚）」が語源。ビジネスでは大きな節目、経過点、中間目標点といった、プロジェクトがどこまで進んでいるか確認するポイントという意味で使う。

マネタイズ

IT用語で、インターネット上の無料サービスから収益を上げること。広告やサービス内課金などが主な手法である。

メソッド

英語の「method（方法、方式）」。目的達成のための体系的にまとめられた方法や方式のことを指す。

ヤ行

ユーザビリティ

コンピュータやソフトウエア、ウェブサイトなどの使いやすさ、使い勝手のこと。

ラ・ワ行

リスクヘッジ

英語の「risk（危険）」と「hedge（回避）」を組み合わせた言葉で「危険回避」を意味する。単にヘッジと表現されることもある。

リスケ

「リスケジュール（reschedule）」の略で、「スケジュールを組み直す」「計画を変更する」という意味で使用される。

リテラシー

英語の「literacy（識字）」が語源。特定の分野の知識に加えて、その分野の応用、活用力、理解力を意味する。

レジメ（レジュメ）

フランス語の「resume」が語源。論文を要約したものや、セミナーや講演会などで参加者に配布される、内容を要約した資料のことを指す。近年では、履歴書・職務経歴書の意味でも使われる。

ワーク・ライフ・バランス

仕事と生活のバランスのこと。もともとは欧米で普及した概念で、最近は個人のライフステージやライフスタイルに応じた多様な働き方の実現を目指す考え方として、日本でも用いられるようになった。

英字

AIDMA（アイドマ）

Attention（注意）、Interest（関心）、Desire（欲求）、Memory（記憶）、Action（行動）の頭文字を取った略語。消費者が商品の認知から購買に至るまでのプロセス・モデルとして用いられる。

ASAP（アサップ）

「as soon as possible（できるだけ早く）」の略で「エー・エス・エー・ピー」と呼ばれることも。日常会話よりもビジネスメールで使用するのが一般的。

労働基準法 抜粋

労働基準法は、日本国憲法第二十七条に定められた、労働権を守るための法律で、公務員を除くすべての労働者に適応されます。就業規則や、フリーランス等との個別に契約を結んだりする場合、この法律に準拠したものでなければなりません。有給休暇や労働時間も、この労働基準法で最低限のことが保障されています（平成31年4月1日改正）。ここでは一部を抜粋、全文は厚生労働省のホームページなどでご確認ください。

第二章　労働契約

第十四条（契約期間等）

労働契約は、期間の定めのないものを除き、一定の事業の完了に必要な期間を定めるもののほかは、三年（次の各号のいずれかに該当する労働契約にあっては、五年）を超える期間について締結してはならない。

一　専門的な知識、技術又は経験（以下この号及び第四十一条の二第一項第一号において「専門的知識等」という。）であって高度のものとして厚生労働大臣が定める基準に該当する専門知識等を必要とする業務に就く者に限る。）との間に締結される労働契約

第十五条（労働条件の明示）

使用者は、労働契約の締結に際し、労働者に対して賃金、労働時間その他の労働条件を明示しなければならない。この場合において、賃金及び労働時間に関する事項その他の厚生労働省令で定める事項については、厚生労働省令で定める方法により明示しなければならない。

②前項の規定によつて明示された労働条件が事実と相違する場合においては、労働者は、即時に労働契約を解除することができる。

③前項の場合、就業のために住居を変更した労働者が、契約解除の日から十四日以内に帰郷する場合においては、使用者は、必要な旅費を負担しなければならない。

第十六条（賠償予定の禁止）

使用者は、労働契約の不履行について違約金を定め、又は損害賠償額を予定する契約をしてはならない。

第十九条（解雇制限）

使用者は、労働者が業務上負傷し、又は疾病にかかり療養のために休業する期間及びその後三十日間並びに産前産後の女性が第六十五条の規定によつて休業する期間及びその後三十日間は、解雇してはならない。ただし、使用者が、第八十一条の規定によつて打切補償を支払う場合又は天災事変その他やむを得ない事由のために事業の継続が不可能となつた場合においては、この限りでない。

②前項但書後段の場合においては、その事由について行政官庁の認定を受けなければならない。

第二十条（解雇の予告）

使用者は、労働者を解雇しようとする場合においては、少くとも三十日前にその予告をしなければならない。三十日前に予告をしない使用者は、三十日分以上の平均賃金を支払わなければならない。但し、天災事変その他やむを得ない事由のために事業の継続が不可能となつた場合又は労働者の責に帰すべき事由に基いて解雇する場合においては、この限りでない。

②前項の予告の日数は、一日について平均賃金を支払つた場合においては、その日数を短縮することができる。

③前条第二項の規定は、第一項但書の場合にこれを準用する。

第二十一条（解雇予告の除外）

前条の規定は、左の各号の一に該当する労働者については適用しない。但し、第一号に該当する者が一箇月を超えて引き続き使用されるに至つた場合、第二号若しくは第三号に該当する者が所定の期間を超えて引き続き使用されるに至つた場合又は第四号に該当する者が十四日を超えて引き続き使用されるに至つた場合においては、この限りでない。

一　日日雇い入れられる者

二　二箇月以内の期間を定めて使用される者

三　季節的業務に四箇月以内の期間を定めて使用される者

四　試の使用期間中の者

第三章　賃金

第二十四条（賃金の支払）

賃金は、通貨で、直接労働者に、その全額を支払わなければならない。ただし、法令若しくは労働協約に別段の定めがある場合又は厚生労働省令で定める賃金について確実な支払の方法で厚生労働省令で定めるものによる場合においては、通貨以外のもので支払い、また、法令に別段の定めがある場合又は当該事業場の労働者の過半数で組織する労働組合があるときはその労働組合、労働者の過半数で組織する労働組合がないときは労働者の過半数を代表する者との書面による協定がある場合においては、賃金の一部を控除して支払うことができる。

②賃金は、毎月一回以上、一定の期日を定めて支払わなければならない。ただし、臨時に支払われる賃金、賞与その他これに準ずるもので厚生労働省令で定める賃金（第八十九条において「臨時の賃金等」という。）については、この限りでない。

第二十六条（休業手当）

使用者の責に帰すべき事由による休業の場合においては、使用者は、休業期間中当該労働者に、その平均賃金の百分の六十以上の手当を支払わなければならない。

第二十七条（出来高払制の保障給）

出来高払制その他の請負制で使用する労働者については、使用者は、労働時間に応じ一定額の賃金の保障をしなければならない。

第二十八条（最低賃金）

賃金の最低基準に関しては、最低賃金法（昭和三十四年法律第百三十七号）の定めるところによる。

第四章　労働時間、休憩、休日及び年次有給休暇

第三十二条（労働時間）

使用者は、労働者に、休憩時間を除き一週間について四十時間を超えて、労働させてはならない。

②使用者は、一週間の各日については、労働者に、休憩時間を除き一日について八時間を超えて、労働させてはならない。

第三十二条の二（一カ月単位の変形労働時間制）

使用者は、当該事業場に、労働者の過半数で組織する労働組合がある場合においてはその労働組合、労働者の過半数で組織する労働組合がない場合においては労働者の過半数を代表する者との書面による協定により、又は就業規則その他これに準ずるものにより、一箇月以内の一定の期間を平均し一週間当たりの労働時間が前条第一項の労働時間を超えない定めをしたときは、同条の規定にかかわらず、その定めにより、特定された週において同項の労働時間又は特定された日において同条第二項の労働時間を超えて、労働させることができる。

②使用者は、厚生労働省令で定めるところにより、前項の協定を第三十二条の二（略）「行政官庁に届け出なければならない。

第三十二条の三（フレックスタイム制）

使用者は、就業規則その他これに準ずるものにより、その労働者に係る始業及び終業の時刻をその労働者の決定に委ねることとした労働者については、当該事業場の労働者の過半数で組織する労働組合がある場合においてはその労働組合、労働者の過半数で組織する労働組合がない場合においては労働者の過半数を代表する者との書面による協定により、次に掲げる事項を定めたときは、その協定で第二号の清算期間として定められた期間を平均し一週間当たりの労働時間が第三十二条第一項の労働時間を超えない範囲内において、同条の規定にかかわらず、同項の労働時間又は一日において同条第二項の労働時間を超えて、労働させることができる。

一　この項の規定による労働時間により労働させることができることとされる労働者の範囲

二　清算期間（その期間を平均し一週間当たりの労働時間が第三十二条第一項の労働時間を超えない範囲内において労働させる期間をいい、三箇月以内の期間に限るものとする。以下この条及び次条において同じ。）

三　清算期間における総労働時間

四　その他厚生労働省令で定める

事項

②清算期間が一箇月を超えるものである場合における前項の規定の適用については、同項各号列記以外の部分中「労働時間を超えない」とあるのは「労働時間を超えず、かつ、当該清算期間をその開始の日以後一箇月ごとに区分した各期間(最後に一箇月未満の期間を生じたときは、当該期間。以下この項において同じ。)ごとに当該各期間を平均し一週間当たりの労働時間が五十時間を超えない」と、「同項」とあるのは「同条第一項」とする。

③一週間の所定労働日数が五日の労働者について第一項の規定により労働させる場合における同項の規定の適用については、同項各号列記以外の部分(前項の規定により読み替えて適用する場合を含む。)中「第三十二条第一項の労働時間」とあるのは「第三十二条第一項の労働時間(当該事業場の労働者の過半数で組織する労働組合がある場合においてはその労働組合、労働者の過半数で組織する労働組合がない場合においては労働者の過半数を代表する者との書面による協定により、労働時間の限度について、当該清算期間における所定労働日数を同条第二項の労働時間に乗じて得た時間とする旨を定めたときは、当該清算期間における日数を七で除して得た数をもってその時間を除して得た時間)」と、「同項」とあるのは「同条第一項」とする。

④前条第二項の規定は、第一項各号に掲げる事項を定めた協定について準用する。ただし、清算期間が一箇月以内のものであるときは、この限りでない。

第三十二条の三の二

使用者が、清算期間が一箇月を超えるものであるときの当該清算期間中の前条第一項の規定により労働させた期間が当該清算期間より短い労働者について、当該労働させた期間を平均し一週間当たり四十時間を超えて労働させた場合においては、その超えた時間(第三十三条又は第三十六条第一項の規定により延長し、又は休日に労働させた時間を除く。)の労働については、第三十七条の規定の例により割増賃金を支払わなければならない。

第三十四条(休憩)

使用者は、労働時間が六時間を超える場合においては少なくとも四十五分、八時間を超える場合においては少なくとも一時間の休憩時間を労働時間の途中に与えなければならない。

②前項の休憩時間は、一斉に与えなければならない。但し、行政官庁の許可を受けた場合においては、この限りでない。

③使用者は、第一項の休憩時間を自由に利用させなければならない。

第三十五条(休日)

使用者は、労働者に対して、毎週少くとも一回の休日を与えなければならない。

②前項の規定は、四週間を通じ四日以上の休日を与える使用者については適用しない。

第三十六条(時間外及び休日の労働)

使用者は、当該事業場に、労働者の過半数で組織する労働組合がある場合においてはその労働組合、労働者の過半数で組織する労働組合がない場合においては労働者の過半数を代表する者との書面による協定をし、これを行政官庁に届け出た場合においては、第三十二条から第三十二条の五まで若しくは第四十条の労働時間(以下この条において「労働時間」という。)又は前条の休日(以下この条において「休日」という。)に関する規定にかかわらず、その協定で定めるところによって労働時間を延長し、又は休日に労働させることができる。

②前項の協定においては、次に掲げる事項を定めるものとする。

一　この条の規定により労働時間を延長し、又は休日に労働させることができることとされる労働者の範囲

二　対象期間(この条の規定により労働時間を延長し、又は休日に労働させることができる期間をいい、一年間に限るものとする。第四号及び第六項第三号において同じ。)

三　労働時間を延長し、又は休日に労働させることができる場合

四　対象期間における一日、一箇

月及び一年のそれぞれの期間について労働時間を延長して労働させることができる時間又は労働させることができる休日の日数

五　労働時間の延長及び休日の労働を適正なものとするために必要な事項として厚生労働省令で定める事項」

③「前項第四号の労働時間を延長して労働させることができる時間「は、当該事業場の業務量、時間外労働の動向その他の事情を考慮して通常予見される時間外労働の範囲内において、限度時間を超えない時間に限る。

④　前項の限度時間は、一箇月について四十五時間及び一年について三百六十時間（第三十二条の四第一項第二号の対象期間として三箇月を超える期間を定めて同条の規定により労働させる場合にあっては、一箇月について四十二時間及び一年について三百二十時間）とする。

⑤第一項の協定においては、第二項各号に掲げるもののほか、当該事業場における通常予見することのできない業務量の大幅な増加等に伴い臨時的に第三項の限度時間を超えて労働させる必要がある場合において、一箇月について労働時間を延長して労働させ及び休日において労働させることができる時間（第二項第四号に関して協定した時間を含め百時間未満の範囲内に限る。）並びに一年について労働時間を延長して労働させることができる時間（同号に関して協定した時間を含め七百二十時間を超えない範囲内に限る。）を定めることができる。この場合において、第一項の協定に、併せて第二項第二号の対象期間において労働時間を延長して労働させる時間が一箇月について四十五時間（第三十二条の四第一項第二号の対象期間として三箇月を超える期間を定めて同条の規定により労働させる場合にあつては、一箇月について四十二時間）を超えることができる月数（一年について六箇月以内に限る。）を定めなければならない。

⑥使用者は、第一項の協定で定めるところによって労働時間を延長して労働させ、又は休日において労働させる場合であっても、次の各号に掲げる時間について、当該各号に定める要件を満たすものとしなければならない。

一　坑内労働その他厚生労働省令で定める健康上特に有害な業務について、一日について労働時間を延長して労働させた時間二時間を超えないこと。

二　一箇月について労働時間を延長して労働させ、及び休日において労働させた時間　百時間未満であること。

三　対象期間の初日から一箇月ごとに区分した各期間に当該各期間の直前の一箇月、二箇月、三箇月、四箇月及び五箇月の期間を加えたそれぞれの期間における労働時間を延長して労働させ及び休日において労働させた時間の一箇月当たりの平均時間　八十時間を超えないこと。

⑦厚生労働大臣は、労働時間の延長及び休日の労働を適正なものとするため、第一項の協定で定める労働時間の延長及び休日の働について留意すべき事項、当該労働時間の延長に係る割増の率その他の必要な事項について、労働者の健康、福祉、時間外労働の動向その他の事情を考慮して指針を定めることができる。

⑧第一項の協定をする使用者及び労働組合又は労働者の過半数を代表する者は、当該協定で労働時間の延長及び休日の労働を定めるに当たり、当該協定の内容が前項の指針に適合したものとなるようにしなければならない。

⑨行政官庁は、第七項の指針に関し、第一項の協定をする使用者一及び労働組合又は労働者の過半数を代表する者に対し、必要な助言及び指導を行うことができる。

⑩前項の助言及び指導を行うに当たっては、労働者の健康が確保されるよう特に配慮しなければならない。

⑪第三項から第五項まで及び第六項（第二号及び第三号に係る部分に限る。）の規定は、新たな技術、商品又は役務の研究開発に係る業務については適用しない。

第三十七条（時間外、休日及び深夜の割増賃金）

使用者が、第三十三条又は前条第一項の規定により労働時間を延長し、又は休日に労働させた場合においては、その時間又はその日の労働については、通常の労働時間又は労働日の賃金の計算額の二割五分以上五割以下の範囲内でそれぞれ政令で定める率以上の率で計算した割増賃金を支払わなければならない。ただし、当該延長して労働させた時間が一箇月について六十時間を超えた場合においては、その超えた時間の労働については、通常の労働時間の賃金の計算額の五割以上の率で計算した割増賃金を支払わなければならない。

②前項の政令は、労働者の福祉、時間外又は休日の労働の動向その他の事情を考慮して定めるものとする。

③使用者が、当該事業場に、労働者の過半数で組織する労働組合があるときはその労働組合、労働者の過半数で組織する労働組合がないときは労働者の過半数を代表する者との書面による協定により、第一項ただし書の規定により割増賃金を支払うべき労働者に対して、当該割増賃金の支払に代えて、通常の労働時間の賃金が支払われる休暇(第三十九条の規定による有給休暇を除く。)を厚生労働省令で定めるところにより与えることを定めた場合において、当該労働者が当該休暇を取得したときは、当該労働者の同項ただし書に規定する時間を超えた時間の労働のうち当該取得した休暇に対応するものとして厚生労働省令で定める時間の労働については、同項ただし書の規定による割増賃金を支払うことを要しない。

④使用者が、午後十時から午前五時まで(厚生労働大臣が必要であると認める場合においては、その定める地域又は期間については午後十一時から午前六時まで)の間において労働させた場合においては、その時間の労働については、通常の労働時間の賃金の計算額の二割五分以上の率で計算した割増賃金を支払わなければならない。

⑤第一項及び前項の割増賃金の基礎となる賃金には、家族手当、通勤手当その他厚生労働省令で定める賃金は算入しない。

第三十八の二(みなし労働時間)

労働者が労働時間の全部又は一部について事業場外で業務に従事した場合において、労働時間を算定し難いときは、所定労働時間労働したものとみなす。ただし、当該業務を遂行するためには通常所定労働時間を超えて労働することが必要となる場合においては、当該業務に関しては、厚生労働省令で定めるところにより、当該業務の遂行に通常必要とされる時間労働したものとみなす。

②前項ただし書の場合において、当該業務に関し、当該事業場に、労働者の過半数で組織する労働組合があるときはその労働組合、労働者の過半数で組織する労働組合がないときは労働者の過半数を代表する者との書面による協定があるときは、その協定で定める時間を同項ただし書の当該業務の遂行に通常必要とされる時間とする。

③使用者は、厚生労働省令で定めるところにより、前項の協定を行政官庁に届け出なければならない。

第三十九条(年次有給休暇)

使用者は、その雇入れの日から起算して六箇月間継続勤務し全労働日の八割以上出勤した労働者に対して、継続し、又は分割した十労働日の有給休暇を与えなければならない。

②使用者は、一年六箇月以上継続勤務した労働者に対しては、雇入れの日から起算して六箇月を超えて継続勤務する日(以下「六箇月経過日」という。)から起算した継続勤務年数一年ごとに、前項の日数に、次の表の上欄に掲げる六箇月経過日から起算した継続勤務年数の区分に応じ同表の下欄に掲げる労働日を加算した有給休暇を与えなければならない。ただし、継続勤務した期間を六箇月経過日から一年ごとに区分した各期間(最後に一年未満の期間を生じたときは、当該期間)の初日の前日の属する期間において出勤した日数が全労働日の八割未満である者に対しては、当該初日以後の一年間においては有給休暇を与えることを要しない。

六箇月経過日から起算した継続勤務年数	労働日
一年	一労働日
二年	二労働日
三年	四労働日
四年	六労働日
五年	八労働日
六年以上	十労働日

③次に掲げる労働者（一週間の所定労働時間が厚生労働省令で定める時間以上の者を除く。）の有給休暇の日数については、前二項の規定にかかわらず、これらの規定による有給休暇の日数を基準とし、通常の労働者の一週間の所定労働日数として厚生労働省令で定める日数（第一号において「通常の労働者の週所定労働日数」という。）と当該労働者の一週間の所定労働日数又は一週間当たりの平均所定労働日数との比率を考慮して厚生労働省令で定める日数とする。

一　一週間の所定労働日数が通常の労働者の週所定労働日数に比し相当程度少ないものとして厚生労働省令で定める日数以下の労働者

二　週以外の期間によつて所定労働日数が定められている労働者については、一年間の所定労働日数が、前号の厚生労働省令で定める日数に一日を加えた日数を一週間の所定労働日数とする労働者の一年間の所定労働日数その他の事情を考慮して厚生労働省令で定める日数以下の労働者

④使用者は、当該事業場に、労働者の過半数で組織する労働組合があるときはその労働組合、労働者の過半数で組織する労働組合がないときは労働者の過半数を代表する者との書面による協定により、次に掲げる事項を定めた場合において、第一号に掲げる労働者の範囲に属する労働者が有給休暇を時間を単位として請求したときは、前三項の規定による有給休暇の日数のうち第二号に掲げる日数については、これらの規定にかかわらず、当該協定で定めるところにより時間を単位として有給休暇を与えることができる。

一　時間を単位として有給休暇を与えることができることとされる労働者の範囲

二　時間を単位として与えることができることとされる有給休暇の日数（五日以内に限る。）

三　その他厚生労働省令で定める事項

⑤使用者は、前各項の規定による有給休暇を労働者の請求する時季に与えなければならない。ただし、請求された時季に有給休暇を与えることが事業の正常な運営を妨げる場合においては、他の時季にこれを与えることができる。

⑥使用者は、当該事業場に、労働者の過半数で組織する労働組合がある場合においてはその労働組合、労働者の過半数で組織する労働組合がない場合においては労働者の過半数を代表する者との書面による協定により、第一項から第三項までの規定による有給休暇を与える時季に関する定めをしたときは、これらの規定による有給休暇の日数のうち五日を超える部分については、前項の規定にかかわらず、その定めにより有給休暇を与えることができる。

⑦使用者は、第一項から第三項までの規定による有給休暇（これらの規定により使用者が与えなければならない有給休暇の日数が十労働日以上である労働者に係るものに限る。以下この項及び次項において同じ。）の日数のうち五日については、基準日（継続勤務した期間を六箇月経過日から一年ごとに区分した各期間（最後に一年未満の期間を生じたときは、当該期間）の初日をいう。以下この項において同じ。）から一年以内の期間に、労働者ごとにその時季を定めることにより与えなければならない。ただし、第一項から第三項までの規定による有給休暇を当該有給休暇に係る基準日より前の日から与えることとしたときは、厚生労働省令で定めるところにより、労働者ごとにその時季を定めることにより与えなければならない。

⑧前項の規定にかかわらず、第五項又は第六項の規定により第一項から第三項までの規定による有給休暇を与えた場合においては当該与えた有給休暇の日数（当該日数が五日を超える場合には五日とする。）分については、時季を定めることにより与えることを要しない。

⑨使用者は、第一項から第三項までの規定による有給休暇の期間又は第四項の規定による有給休暇の時間については、就業規則その他これに準ずるもので定めるところにより、それぞれ、平均賃金若しくは所定労働時間労働した場合に支払われる通常の賃金又はこれらの額を基準として厚生労働省令で定めるところにより算定した額の賃金を支払わなければならない。ただし、当該事業場に、労

働者の過半数で組織する労働組合がある場合においてはその労働組合、労働者の過半数で組織する労働組合がない場合においては労働者の過半数を代表する者との書面による協定により、その期間又はその時間について、それぞれ、健康保険法（大正十一年法律第七十号）第四十条第一項に規定する標準報酬月額の三十分の一に相当する金額（その金額に、五円未満の端数があるときは、これを切り捨て、五円以上十円未満の端数があるときは、これを十円に切り上げるものとする。）又は当該金額を基準として厚生労働省令で定めるところにより算定した金額を支払う旨を定めたときは、これによらなければならない。

⑩労働者が業務上負傷し、又は疾病にかかり療養のために休業した期間及び育児休業、介護休業等育児又は家族介護を行う労働者の福祉に関する法律第二条第一号に規定する育児休業又は同条第二号に規定する介護休業をした期間並びに産前産後の女性が第六十五条の規定によって休業した期間は、第一項及び第二項の規定の適用については、これを出勤したものとみなす。

第四〇条（労働時間及び休憩の特例）

別表第一第一号から第三号まで、第六号及び第七号に掲げる事業以外の事業で、公衆の不便を避けるために必要なものその他特殊の必要あるものについては、その必要避くべからざる限度で、第三十二条から第三十二条の五までの労働時間及び第三十四条の休憩に関する規定について、厚生労働省令で別段の定めをすることができる。

②前項の規定による別段の定めは、この法律で定める基準に近いものであつて、労働者の健康及び福祉を害しないものでなければならない。

第六十五条（産前産後）

使用者は、六週間（多胎妊娠の場合にあつては、十四週間）以内に出産する予定の女性が休業を請求した場合においては、その者を就業させてはならない。

②使用者は、産後八週間を経過しない女性を就業させてはならない。ただし、産後六週間を経過した女性が請求した場合において、その者について医師が支障がないと認めた業務に就かせることは、差し支えない。

③使用者は、妊娠中の女性が請求した場合においては、他の軽易な業務に転換させなければならない。

第六十六条

使用者は、妊産婦が請求した場合においては、第三十二条の二第一項、第三十二条の四第一項及び第三十二条の五第一項の規定にかかわらず、一週間について第三十二条第一項の労働時間、一日について同条第二項の労働時間を超えて労働させてはならない。

②使用者は、妊産婦が請求した場合においては、第三十三条第一項及び第三項並びに第三十六条第一項の規定にかかわらず、時間外労働をさせてはならず、又は休日に労働させてはならない。

③使用者は、妊産婦が請求した場合においては、深夜業をさせてはならない。

第六十七条（育児時間）

生後満一年に達しない生児を育てる女性は、第三十四条の休憩時間のほか、一日二回各々少なくとも三十分、その生児を育てるための時間を請求することができる。

②使用者は、前項の育児時間中は、その女性を使用してはならない。

第六十八条（生理日の就業が著しく困難な女性に対する措置）

使用者は、生理日の就業が著しく困難な女性が休暇を請求したときは、その者を生理日に就業させてはならない。

困ったときの相談窓口

雇用主との間に労働に関するトラブルが起きたときや、心配事があるときに、相談できる窓口を紹介します。（連絡先は変更される可能性もあります。営業時間等は組織によって異なります）

◆労働局　総合労働相談コーナー

解雇、雇止め、配置転換、賃金の引き下げ、募集・採用、いじめ・嫌がらせ、パワハラなどのあらゆる分野の労働問題を対象。各都道府県労働局、全国の労働基準監督署内などの380か所に設置されている。

・北海道労働局
TEL：011・707・2700
・宮城労働局
TEL：022・299・8834
・東京労働局
TEL：03・3512・1608
・愛知労働局
TEL：052・972・0266
・大阪労働局
TEL：0120・939・009／06・7660・0072
・広島労働局
TEL：082・221・9296
・愛媛労働局
TEL：089・935・5208
・福岡労働局
TEL：092・411・4764

◆かいけつサポート（法務大臣認証）

法律にかかわるさまざまな裁判外紛争解決手続きの相談に応じている。民間事業者が行うサービス。ここでは、労働に関する相談を受け付けている窓口を紹介する。

・社会保険労務士会
TEL：該当の都道府県の社会保険労務士会
・特定非営利活動法人
個別労使紛争処理センター
TEL：03・6802・6837
・公益財団法人　全国中小企業振興機関協会（下請け取引に関する紛争）
TEL：0120・418・618
・一般社団法人　日本産業カウンセラー協会
TEL：03・3438・4568
・東京都行政書士会　行政書士ADRセンター東京（外国人の職場環境等に関する紛争）
TEL：03・5489・7441
・大阪府行政書士会　行政書士ADRセンター大阪（外国人の職場環境等に関する紛争）
TEL：06・6943・7511

◆こころの耳（メンタルケア）

働く人のメンタルヘルス・ポータルサイト。過労死、うつ病、自殺予防、職場復帰、パワハラ・セクハラなど、働く本人やその家族、企業の人事労務担当者向けのコンテンツがある。
https://kokoro.mhlw.go.jp/

◆東京都労働相談情報センター

東京都産業労働局の出先機関で、賃金・退職金等の労働条件や労使関係など労働問題全般にわたる相談を受け付けている。

・電話労働相談
TEL：0570・00・6110
・センター（飯田橋）
TEL：03・3265・6110（労働相談来所予約）
・大崎事務所
TEL：03・3495・4872（代表）／03・3495・6110（労働相談来所予約）

・池袋事務所
TEL：03・5954・6501（代表）／03・5954・6110（労働相談来所予約）

・亀戸事務所
TEL：03・3682・6321（代表）／03・3637・6110（労働相談来所予約）

・国分寺事務所
TEL：042・323・8511（代表）／042・321・6110（労働相談来所予約）

・八王子事務所
TEL：042・643・0278（代表）／042・645・6110（労働相談来所予約）

◆労働相談ホットライン

全国労働組合総連合が運営。長時間・過重労働、賃金不払い、セクハラ・パワハラなど労働のなどの相談を受け付けている。専用フォームからのメール相談もある。
TEL：0120・378・060

◆職場のトラブル相談ダイヤル

全国社会保険労務士会連合会が運営。解雇、退職、未払い残業代など職場のトラブル全般が対象。
TEL：0570・07・4864

◆労働組合ネットワークユニオン東京

業種や職種に関係なく個人単位でも職場単位でも加入できる労働組合。雇用や労働環境、パワハラ・セクハラなどの相談も受け付けている。
TEL：03・5363・1091

◆MU東京　東京統一管理職ユニオン

解雇、退職勧奨、パワハラ・セクハラ、賃金カットなどの労働に関する相談を受け付けている。
TEL：03・5957・7757

◆管理職ユニオン・関西

働き先に関係なく個人的に加入できる企業外の労働組合。労働問題の相談・支援を行っている。
TEL：06・6881・0781

◆ソーシャルハートフルユニオン

障がい者を対象にした労働組合が運営している。労働問題全般が対象である。相談は投稿フォームから行う。
http://sh-union.or.jp

◆ブラックバイトユニオン

学生アルバイトの労働問題の相談に対応。相談受付のメールフォームもある。
TEL：03・6804・7245

◆APFS労働組合（APFSユニオン）

移住労働者を対象。賃金カット、労働災害、不当解雇など労働相談全般に対応している。
TEL：03・3358・6577

※2019年2月時点の情報です。

入学卒業年早見表

生まれ	高校入学	高校卒業	大学入学	大学卒業	入社
1974年4月2日～1975年4月1日	1990年4月	1993年3月	1993年4月	1997年3月	1997年4月
1975年4月2日～1976年4月1日	1991年4月	1994年3月	1994年4月	1998年3月	1998年4月
1976年4月2日～1977年4月1日	1992年4月	1995年3月	1995年4月	1999年3月	1999年4月
1977年4月2日～1978年4月1日	1993年4月	1996年3月	1996年4月	2000年3月	2000年4月
1978年4月2日～1979年4月1日	1994年4月	1997年3月	1997年4月	2001年3月	2001年4月
1979年4月2日～1980年4月1日	1995年4月	1998年3月	1998年4月	2002年3月	2002年4月
1980年4月2日～1981年4月1日	1996年4月	1999年3月	1999年4月	2003年3月	2003年4月
1981年4月2日～1982年4月1日	1997年4月	2000年3月	2000年4月	2004年3月	2004年4月
1982年4月2日～1983年4月1日	1998年4月	2001年3月	2001年4月	2005年3月	2005年4月
1983年4月2日～1984年4月1日	1999年4月	2002年3月	2002年4月	2006年3月	2006年4月
1984年4月2日～1985年4月1日	2000年4月	2003年3月	2003年4月	2007年3月	2007年4月
1985年4月2日～1986年4月1日	2001年4月	2004年3月	2004年4月	2008年3月	2008年4月
1986年4月2日～1987年4月1日	2002年4月	2005年3月	2005年4月	2009年3月	2009年4月
1987年4月2日～1988年4月1日	2003年4月	2006年3月	2006年4月	2010年3月	2010年4月
1988年4月2日～1989年4月1日	2004年4月	2007年3月	2007年4月	2011年3月	2011年4月
1989年4月2日～1990年4月1日	2005年4月	2008年3月	2008年4月	2012年3月	2012年4月
1990年4月2日～1991年4月1日	2006年4月	2009年3月	2009年4月	2013年3月	2013年4月
1991年4月2日～1992年4月1日	2007年4月	2010年3月	2010年4月	2014年3月	2014年4月
1992年4月2日～1993年4月1日	2008年4月	2011年3月	2011年4月	2015年3月	2015年4月
1993年4月2日～1994年4月1日	2009年4月	2012年3月	2012年4月	2016年3月	2016年4月
1994年4月2日～1995年4月1日	2010年4月	2013年3月	2013年4月	2017年3月	2017年4月
1995年4月2日～1996年4月1日	2011年4月	2014年3月	2014年4月	2018年3月	2018年4月
1996年4月2日～1997年4月1日	2012年4月	2015年3月	2015年4月	2019年3月	2019年4月
1997年4月2日～1998年4月1日	2013年4月	2016年3月	2016年4月	2020年3月	2020年4月
1998年4月2日～1999年4月1日	2014年4月	2017年3月	2017年4月	2021年3月	2021年4月
1999年4月2日～2000年4月1日	2015年4月	2018年3月	2018年4月	2022年3月	2022年4月

※浪人や留年をせず、高校は3年制、大学は4年制を卒業した場合です。

●監修者
石川和男（いしかわ　かずお）
建設会社総務部長、大学講師、セミナー講師、税理士、時間管理コンサルタントと５つの仕事を掛け持ちするタイムマネジメントのスペシャリスト。深夜残業ばかりの日々に嫌気がさし、一念発起。ビジネス書やセミナー受講によりタイムマネジメントのノウハウを取得、実践することで残業を減らす仕事術を確立。自ら習得した「時間管理術」をベースに、生産性を下げずに残業しない研究を日々続けている。『残業しないチームと残業だらけチームの習慣』（明日香出版）他９冊を執筆。

●著者
宮本ゆみ子（みやもと　ゆみこ）
コミュニケーションコンサルタント。元FM石川アナウンサー。ラジオ・テレビ各局にて番組を担当するかたわら、数々の雑誌に経営者からアスリート、アイドルに至るまで幅広くインタビュー記事を執筆。「伝える＆受け取る技術」をメディア以外にも役立てようと2009年より企業研修や大学・専門学校等の講師として「コミュニケーションを基盤とした人間関係の潤滑油としてのマナー」を指導している。

STAFF
イラスト／田渕正敏
本文デザイン・DTP／加藤美保子
装丁／俵社（俵拓也）
編集・DTP協力／株式会社エディポック
校正／関根志野　曽根 歩　木串かつこ

最新《さいしん》ビジネスマナーと
今《いま》さら聞《き》けない
仕事《しごと》の超《ちょう》基《き》本《ほん》

2019年 3月30日　第1刷発行
2020年 4月20日　第7刷発行

監　修　石川和男
著　者　宮本ゆみ子
発行者　橋田真琴
発行所　朝日新聞出版
〒104-8011
東京都中央区築地5-3-2
電話（03）5541-8996（編集）
（03）5540-7793（販売）
印刷所　図書印刷株式会社

Published in Japan by Asahi Shimbun Publications Inc.
ISBN　978-4-02-333266-9

コピーして使える！　ToDo リストと伝言メモ

※片方だけ使うときは、2枚コピーして使いたいほうを横に並べて再度コピーしてください。

ToDoリスト

Date [　　　　　　　]

	やることリスト	優先度
□		
□		
□		
□		
□		
□		
□		
□		
□		
□		
□		
□		
□		
□		
□		
□		
□		

月　　日（　　）

：

様

様より

お電話がありました。

□折り返しTEL（　　　　　　　）

□またかけるそうです。

□伝言

受け